Michael Opoczynski
Eigenbedarf

Michael Opoczynski

Eigenbedarf

Der dritte Fall für die Gesellschaft
für unkonventionelle Maßnahmen

Kriminalroman

BENEVENTO

FSC
www.fsc.org
MIX
Papier aus verantwortungsvollen Quellen
FSC® C014138

Sämtliche Angaben in diesem Werk erfolgen trotz sorgfältiger Bearbeitung ohne Gewähr. Eine Haftung der Autoren bzw. Herausgeber und des Verlages ist ausgeschlossen.

1. Auflage

Medieninhaber, Verleger und Herausgeber:
Red Bull Media House GmbH
Oberst-Lepperdinger-Straße 11–15
5071 Wals bei Salzburg, Österreich

Satz: MEDIA DESIGN: RIZNER.AT
Gesetzt aus der Minion Pro
Umschlaggestaltung: Büro Jorge Schmidt
Umschlagmotiv: © Getty Images
Printed by Finidr, Czech Republic
ISBN 978-3-7109-0066-2

»Na, Alter?«

Vural Tabak stand vor dem Laden seines Vaters in Neukölln. Teepause an einem kühlen und sonnigen Oktobertag. Tabak trug einen weißen Kittel, seine Arbeitskleidung. So stand er an der Fleischtheke des Supermarkts Istanbul, verkaufte Lammfleisch und Hammel, auch Kalbfleisch, scharf gewürzte Knoblauchwürste. Aber kein Schwein! Es war ein türkischer Supermarkt, darauf legte sein Vater Wert. Er wurde von den in diesem Ortsteil wohnenden türkischen und arabischen Kunden gut besucht, aber auch Deutsche kamen, weil es vieles gab, was sie für den Alltag brauchten, und vor allem, weil sie freundlich bedient und beraten wurden. Der Laden gehörte seinem Vater Mehmet Tabak, er hatte ihn in den Achtzigern gegründet. Es gab acht Angestellte. Er, Vural Tabak, war der Juniorchef.

»Hörst du mich?«

Er hielt einen halb vollen dampfenden Pappbecher in der Hand und ließ seine Gedanken schweifen, zum Beispiel was er ändern müsste an dem Laden, vor allem am Sortiment – und das alles ziemlich bald. Wenn sein Vater ihn nur ließe. Aber der Alte wehrte immer ab und vertröstete ihn. Lange geht es nicht so weiter, dachte Tabak gerade, da sprach ihn der Typ von der Straße schon wieder an.

»Alter! Was'n los? Ich rede mit dir!«

Tabak drehte sich weg. Es gab in Berlin mehr als in anderen Städten eine große Zahl von Sonderlingen und Spinnern, die friedlich vor sich hin lebten und die anderen in Ruhe ließen. Aber es gab auch welche, die lästig oder sogar aggressiv waren. Dann war es am besten auszuweichen. Widerworte hätten Eskalation bedeutet, Geschrei, vielleicht sogar Kampf. Nicht dass Tabak hätte Angst haben müssen. Er war Kampfsportler, durchtrainiert, groß und muskulös, leitete in seinem Sportverein einen Übungskursus für Jugendliche. Im Gegenteil: Er musste aufpassen, es bei einer tätlichen Auseinandersetzung nicht zu übertreiben. Tabak war gewissermaßen überqualifiziert.

Das Wegdrehen nützte nichts.

»Ich kann dir helfen«, sagte der Fremde.

Es nützt nichts, dachte Tabak. Der verschwindet nicht von allein. Er wandte sich dem Typ zu. »Was willst du?«

»Dir helfen!«

»Fuck!«, sagte Tabak. Er stand vor dem Supermarkt seines Vaters. Und sagte es einfach so vor sich hin: »Fuck!« Er sprach in die Luft, ohne den lästigen Typ, der sich an ihn rangemacht hatte, direkt anzusprechen oder ihn eines Blickes zu würdigen. »Fuck« benutzte er selten, eigentlich nur in dringenden Fällen.

»Bruder, ich weiß, wo's brennt.«

Tabak blickte die Straße auf und ab. Es war viel los in der Karl-Marx-Straße. Schließlich war sie eine der Hauptadern von Neukölln. Viele Autos auf der Fahrbahn, viele Menschen zu Fuß, manche mit Fahrrädern, mit Tüten und Taschen. Versteckten sich in der Menge noch andere? Hatte der Typ vielleicht Komplizen? War das eine Anmache? Oder eine Verwechslung? Was sollte er tun?

Der Fremde stand einfach nur da, sah ihn an und schwieg. Nein, das war ganz sicher keine Verwechslung. Der andere schaute ihn an.

Er war ein arabisch aussehender mittelalter Mann, schwarze Haare, Undercut, gepflegter Bart, in schwarzen Jeans, schwarzem T-Shirt mit der Aufschrift »Converse« und mit weißen Sneakers. Sehr weißen Sneakers. Die nur so weiß sein konnten, weil sie entweder ganz neu waren oder weil sie vielleicht gerade frisch gewaschen worden waren. In der linken Hand schlenkerte er einen Autoschlüssel an einer längeren Kette. Einmal nach links geschlenkert, dann nach rechts. Wie eine Gebetskette. Die Automarke konnte Tabak nicht erkennen, aber es war ein ziemlich fetter Schlüssel mit eingebauter Elektronik, wie das heute bei den dicken Autos üblich war. Teuer, dachte Tabak und entschied sich für Kontaktaufnahme. Er sagte betont lässig: »Ja?«

Schweigen.

Also versuchte er es weiter: »Ja? Wo brennt's denn?«

Der Typ kam näher, zu nah, Gesicht vor Gesicht, so nah sollten sich Fremde eigentlich nicht kommen, und sagte sehr leise: »Weißt du doch am besten!«

Das war frech.

»Lass gut sein«, sagte Tabak, rückte ein Stück von ihm ab und blickte scheinbar interessiert in seinen Becher. Er sah einen Rest Tee. Dann sagte er: »Ich weiß genug. Ich brauche keine Hilfe.«

Nur eine kurze Arbeitspause hatte er machen wollen, mit dem Becher in der Hand. So machte er das immer: kurz rausgehen aus dem Laden, Tee trinken, ganz selten eine rauchen (diesmal aber nicht) und dann zurück in den Supermarkt. Hinter die Fleischtheke.

Die Situation wurde ihm unheimlich. Der Typ war hartnäckig, stand ihm gegenüber, sie behinderten die vorbeiflutenden Menschen, er war scheinbar freundlich, aber irgendwie nervig. Andererseits: Was konnte der ihm wollen? Tabak war durchtrainiert, in Bestform, und dann auch noch Mitglied in der Gesellschaft für unkonventionelle Maßnahmen. Also, was sollte passieren? Er sagte: »Stimmt was nicht mit dir?«

Der andere lachte. Legte Tabak die Hand auf die Schulter. Tabak zuckte zusammen. »Es läuft nicht gut. Das weiß ich. Ich kann dir helfen, und dann läuft's wieder«, sprach der Fremde leise.

Die Hand auf der Schulter war irritierend, genauso wie das, was der Typ gesagt hatte – weil: Da war was dran! Tabak entwand sich dem Zugriff und schaute sich den anderen genauer an. Zu korpulent, dachte Tabak. Kein Sport. Zu viel Essen. Vielleicht Alkohol. Den könnte ich locker schaffen, dachte er. Dann schaute er ihm in die Augen. Harte Augen. Lieber nicht …, dachte Tabak. Also nahm er Kontakt auf.

»Wer bist du?«

»Ist doch egal!«

»Bist du vom Clan?

»Clan?«

»Kommst du von der Partei?«

»Welche Partei?«

Tabak wurde es zu bunt. Er schüttelte den Kopf, goss den Rest Tee in den Rinnstein und ging auf den Eingang des Supermarkts zu. Die Glastüren schoben sich auf. Er ging hinein.

»Ich kann helfen!« Das hörte er noch, bevor die Türen sich schlossen. Er knöpfte sich nachdrücklich den weißen Kittel zu, warf seinem Vater, der neben einer der Kassen stand, einen Blick zu und ging zur Fleischtheke. »Wer war das? Ein Freund?«, fragte sein Vater. Tabak schüttelte den Kopf und ging weiter.

Vural Tabak, der Juniorchef des türkischen Supermarkts in der Karl-Marx-Straße in Neukölln, hatte Sorgen. Aber reden wollte er nicht. Und einen Fremden an sich ranlassen? Schon gar nicht.

***

Sie: »Wir wohnen da seit mehr als vierzig Jahren.«

Er: »In einem alten Haus. So eins aus den Gründerjahren. Wir haben eine Wohnung im ersten Stock. Das war mal richtig hochherrschaftlich, viele Zimmer, ein Salon mit Doppeltüren und dann noch eine große Diele.«

Sie (seufzend): »Bestimmt gab's da früher Stuck an der Decke.«

Er: »Lang her.«

Sie: »Das Haus hatte einen Bombentreffer, beim Luftangriff der Amerikaner, kurz vor dem Ende.«

Van de Loo blickte fragend.

Sie: »Kriegsende!«

Er: »Nein, nein, das haben wir nicht erlebt. Ich war noch Kind und lebte damals in Birkenwerder.«

Sie: »Ich in Königsberg! Bis '45!«

Die beiden Alten saßen in dem Laden in der Wollankstraße, Ortsteil Gesundbrunnen. Das war die Adresse der Gesellschaft für unkonventionelle Maßnahmen. Ein unscheinbares Ladengeschäft in einem Haus, das Anfang des zwanzigsten Jahrhunderts erbaut und ebenfalls im Krieg schwer beschädigt worden war. In den Fünfzigerjahren mit einfachsten Mitteln wiederaufgebaut. Dabei wurden die Wohnungen aufgeteilt und modernisiert, bis es pro Stockwerk mehrere Drei- oder Zweizimmerwohnungen gab, mit kleinen Bädern ohne Fenster.

Im Erdgeschoss zog damals ein kleines Gemüse- und Kolonialwarengeschäft ein, wo sich die Kinder ihre Bonbons einzeln kaufen konnten. Fünf Pfennig für fünf Stück. Der Händler betrieb den Laden bis in die Achtziger. Er wurde von den Supermärkten und Discountern verdrängt, gab den Laden auf, verdingte sich bei der Supermarktkette Bolle und wurde dort Abteilungsleiter.

Ein Schuster übernahm die Räume und reparierte jahrelang die Schuhe der einfachen Leute aus der Nachbarschaft. Es gab im Flur hinter dem Ladengeschäft eine Treppe in das Obergeschoss, dort wohnte die Schusterfamilie in zwei Zimmern, Küche und Bad. Als die Leute dazu übergingen, Billigschuhe zu kaufen, die nicht geputzt, nicht gepflegt und schon gar nicht repariert wurden, sondern nach einem Jahr einfach weggeworfen wurden, gab der Schuster auf. Der Laden stand lange leer. Der Geruch nach Leim, Öl und Schuhcreme hielt sich hartnäckig, auch nachdem 2017 die Gesellschaft für unkonventionelle Maßnahmen eingezogen war.

Die Gesellschaft brauchte einen Standort, unauffällige Räume für den Empfang ihrer »Kunden« und ein Zimmer mit großem Tisch und Stühlen für die Arbeitsbesprechungen. »Verbraucherbüro« sagte das Schild über dem Laden. »Gesellschaft für unkonventionelle Maßnahmen e.V.« stand auf dem kleinen Zettel, der hinter dem Glas der Eingangstür klebte. Das entsprach der Wahrheit und erklärte nichts. Die Scheiben des Schaufensters waren ungeputzt, die Auslage vollgestellt mit Pappdisplays mit sinnfreien Werbebildern, zum Beispiel glückliche junge Familien vor ihrem Eigenheim oder strahlende Autobesitzer vor ihrer glänzenden Neuerwerbung. Eine Spinne hatte sich ans Werk gemacht und an einem der Aufsteller ihren Arbeitsplatz eingerichtet. Manche Passanten dachten, hier habe sich eine Verbraucherzentrale eingerichtet. Anfangs, als die Tür des Ladens tagsüber geöffnet war, waren Menschen hereingekommen, um nach einem Beratungstermin zu fragen, da ging es dann um Kreditkonditionen, um Preisempfehlungen für Kühlschränke, um Mogelpackungen bei Lebensmitteln. Das war der Gesellschaft zu viel geworden. Also klebte irgendwann an der Eingangstür ein Zettel: »Termine nach Vereinbarung«, mit einer Telefonnummer und einer Mailadresse. Seitdem gab es keine Laufkundschaft mehr, und die Tür war meist verschlossen.

Aus dem ehemaligen Laden im Erdgeschoss waren der Tresen und die Schuhregale rausgeflogen. Stattdessen stand da ein alter einfacher Schreibtisch, dahinter ein Drehstuhl, davor mehrere alte Küchenstühle für die Hilfesuchenden. Die Möbel oben in den Wohnräumen stammten noch von der Schusterfamilie, manche sogar vom Sperrmüll. Wo der nicht genug hergegeben hatte, war Ikea eingesprungen. Repräsentative Räume, elegant eingerichtet, in guter Lage? Nein, niemand, nicht einmal ein fantasiebegabter Makler, hätte es gewagt, so zu texten.

Auf den alten Küchenstühlen saßen nun die beiden Alten vor Paul van de Loo, dem Vorsitzenden der Gesellschaft. Dank der Empfehlung einer Bekannten hatten sie hierhergefunden. Er gut achtzig Jahre alt, ziemlich kahl, mit Bauchansatz, gekleidet in eine Kombination aus cremefarbenen und beigen Sachen, die ihn noch älter aussehen ließen. Was ihm offensichtlich egal war. Sie war nicht viel jünger, wirkte aber so und sprach lebhafter. Schlank, weißes Haar, hinten hochgesteckt, blaues gemustertes Kleid, dunkelroter Mantel.

Die beiden hatten einen Termin vereinbart, jetzt saßen sie seit einer Viertelstunde vor dem alten Schreibtisch, ihnen gegenüber van de Loo, der dieses Gespräch persönlich führen wollte. Dass der schäbige Raum mit modernster Technik ausgestattet war, war ihnen nicht aufgefallen. Van de Loo hatte kurz vor Beginn Kameras und Mikrofone eingeschaltet, ohne seine Besucher ausdrücklich darauf hinzuweisen. Er hatte die Frau angeblickt, dann den Mann. »Wollen Sie etwas trinken?« Kopfschütteln. »Na, dann mal los!«

Er: »Also damals, nach dem Krieg, standen von unserem Haus nur noch die Mauern. Aber es wurde alles schnell wieder aufgebaut. Die Grundrisse blieben erhalten, die großen Wohnungen wurden aufgeteilt. Wir wohnen da jetzt seit mehr als vierzig Jahren.«

Sie, spitz: »Hab ich schon gesagt!«

Er, unbeirrt: »Ich war bei Reemtsma in Wilmersdorf, Betriebsleiter seit 1959. Peter Stuyvesant und West – kennen Sie, oder?«

Van de Loo hatte geraucht, vor vielen Jahren. Aber weder Stuyvesant noch West.

Sie: »Das interessiert den Herrn doch nicht!«

Van de Loo nickte.

Er: »Die Wohnung ist ja nicht groß, drei Räume, schmales Bad. Alles sehr hoch. Das ist teuer beim Heizen, auch wegen der alten Fenster. Und das mit der Treppe ist für uns nicht so einfach. Die Straße ist laut. Auch nachts.«

Sie: »Es wurde jahrelang nicht renoviert. Aber das war uns ganz recht: Die Miete wurde ja auch nie erhöht. Wir haben in der Wohnung vieles selber gemacht. Wir zahlen 550 kalt.«

Er: »Achtzig Quadratmeter.«

»Aber …«, sie holte Luft.

Er schaute sie an, sie schaute ihn an, dann schauten beide auf van de Loo und verkündeten laut und fast synchron: »Aber die hat einfach verkauft!«

Van de Loo schreckte hoch. »Wer ist die?«

Sie: »Die Frau Huth hat verkauft. Das Haus gehörte der Familie Huth. Seit den Dreißigern. Sie hatten es einer jüdischen Familie abgenommen. Wie das eben so war damals.«

»Arisiert nannte man das«, sagte er.

Sie: »Lass doch!«

Er: »Tja, war nicht schön damals.«

Sie: »Jetzt lass! Jedenfalls, die Tochter, die Frau Huth, hat es geerbt. Die ist heute auch nicht mehr jung. Und jetzt bekamen wir einen Brief von einer Firma, von deren Rechtsanwalt, die Frau Huth habe verkauft, genauso wie die Eigentümer der Häuser links und rechts. Er würde den neuen Eigentümer vertreten. Man würde bald renovieren. Man würde von ihm hören.«

Van de Loo nickte. Das war kein Einzelfall. In Berlin wurden zunehmend alte Mietshäuser aufgekauft, renoviert, in Eigentumswohnungen aufgeteilt und dann weiterverkauft. Auch das Virus und die Krise hatten die Investoren aus aller Welt nicht bremsen können. Berlin war im Vergleich zu anderen Metropolen noch billig, das zog Kapital an.

Er war vermögend und hätte auch gerne ein Haus mit Mietwohnungen erworben. Mit braven Mietern, mit ordentlicher Hausverwaltung und regelmäßiger Instandhaltung – ganz solide, um seine Altersversorgung abzusichern. Aber wo er auch nachfragte oder zur Besichtigung kam, waren schon junge Frauen oder Männer vor ihm da gewesen, die schneller waren und die mehr Geld boten. Manchmal sogar mehr Geld, als vom Verkäufer gefordert worden war. Van de Loo hatte jedes Mal das Nachsehen.

Sie war jetzt in Schwung und machte weiter: »Dieser Anwalt hat drei Häuser nebeneinander auf einmal gekauft, das muss man sich mal vorstellen. Drei Häuser! Dazu die Höfe und Hinterhäuser – alles gekauft! Die Leute reden, alle sind aufgeregt, es heißt, wir müssten bald alle raus. In unserem Alter!« Ihr Hände krampften sich um ihren Schirm, sie holte Luft.

Er: »Wir haben Angst!«

So war das mit dem Ehepaar Walter und Erna Szymanski. Fünfzig Jahre verheiratet. Seit mehr als vierzig Jahren Mieter in der Birkenstraße. Jetzt in Angst.

***

»›Wir haben Angst!‹, haben sie gesagt. Man sah es ihnen auch an«, berichtete van de Loo. Er zeigte auf den Monitor, auf dem das Ehepaar Szymanski im Büro zu sehen war.

Alle waren da. Sie saßen im ersten Stockwerk über dem Laden um den großen abgeschabten Küchentisch: Felicitas Hahmann, genannt Feli, schön, elegant gekleidet in ein Kostüm von Celine, ihren feinen Mantel über der Stuhllehne, da sie ihn nicht in der abgeschabten Garderobe auf einen verbogenen Drahtbügel hängen wollte. Dieser Shabby Chic (wie van de Loo schönfärberisch sagte) hier in der Wollankstraße war nicht so ihr Ding, aber die Ziele der Gesellschaft waren ihr wichtiger als das Umfeld. Sie hatte ihren Aktenkoffer dabei, denn sie war direkt aus ihrer Finanzberatungsagentur gekommen. Der Mini Cabrio parkte um die Ecke in der Steegerstraße.

Außerdem Eschweiler, Pfister, Tabak. Und Cromm, der nach van de Loo und vor den anderen gekommen war, seine Daunenjacke in die Garderobe gehängt und sich erst einmal vor den PC unten im Laden gesetzt hatte. Er wollte die jüngsten E-Mails lesen, bevor es losging. Außerdem alle Kameraaufzeichnungen kontrollieren, die den Laden und die Räume im Obergeschoss ununterbrochen überwachten. Sie waren sicherheitsbewusst, die Mitglieder der Gesellschaft. Sie hielten das für wichtig.

»Wir haben Angst«, zitierte van de Loo noch einmal die Szymanskis. Er hatte zu Beginn deutlich gemacht: Hier kam ein neuer Fall auf die Gesellschaft zu. Das sicherte ihm die Aufmerksamkeit. Jetzt machte er weiter: »Ich habe dann gedacht, das war's. Die beiden sind halt schon wirklich alt, gebeugt und gebeutelt. Ich habe gedacht, die wollen direkte Hilfe von uns. Aber so einfach sind die nicht gestrickt. Ich habe mich geirrt.«

Hatte van de Loo soeben »geirrt« gesagt? Das sagte er eigentlich nie! Die anderen horchten auf.

»Es ging nämlich weiter.« Er drückte auf Play. Das Standbild mit den Szymanskis begann zu laufen.

»Ja, das stimmt«, sagte sie, »wir haben Angst. Aber wir sind auch entschlossen.«

Ihr Mann nickte.

»Wir wollen uns wehren«, sagte sie.

Und er: »Wenn Sie mit Ihren Leuten einsteigen – gut. Wenn Sie uns und den Nachbarn sagen, was wir tun sollen – noch besser!«

Wieder blickten die Eheleute Szymanski sich symbiotisch an. Sie nickten sich zu, als müssten sie sich in ihrem Entschluss bekräftigen. Dann wandte der Mann sich van de Loo zu und sagte mit fester Stimme: »Wissen Sie was? Wir sind alt. Wir haben nicht viel zu verlieren.«

»Genau!« Frau Szymanski pflichtete ihm bei und nickte.

Van de Loo drückte auf Stopp. Im Raum herrschte Stille. Ein paar Sekunden. Dann rührten sie sich. »Donnerwetter!«, murmelte Pfister. Tabak presste die Lippen zusammen und nickte zweimal. Felicitas lächelte.

Van de Loo sagte: »Das ist alles. Ihr wisst ja, was auf dem Wohnungsmarkt los ist.« Dann schob er noch ein »Oder?!« nach.

Silvio Cromm leckte sich die Lippen. Tabak hatte seinen rechten Arm auf den Tisch gelegt und spannte seinen Bizeps an, betrachtete ihn und entspannte ihn. Immer wieder, gedankenverloren. Feli sah interessiert zu, zog dann die Kostümjacke aus und hängte sie über ihren Mantel. Pfister starrte die Wand an, auf der nichts zu sehen war außer einem Tapetenmuster aus den Siebzigern. In dem Raum herrschte eine Atmosphäre wie im Klassenzimmer vor dem Läuten der Schulglocke. Überheizte, dicke Luft – Pausenstimmung.

Sie saßen jetzt eine halbe Stunde zusammen. Es war neunzehn Uhr, draußen fuhren die Busse der BVG und die Konvois großer Lastwagen auch nach dem Ende des Berufsverkehrs durch die Straße und brachten Lärm und Gestank. Die Wollankstraße hatte sich zur Durchgangsstraße entwickelt. Das tat ihr nicht gut und den Menschen, die hier lebten, auch nicht.

Eschweiler zog sein Päckchen f6 heraus, legte es demonstrativ auf den Tisch und guckte auffordernd in die Runde. Van de Loo bemerkte die Demonstration und seufzte. »Zehn Minuten Pause.«

Die meisten standen zügig auf und verließen das Büro, an der Spitze Eschweiler, der letzte aufrechte Raucher. Er ging durch den Flur, durch das Treppenhaus hinab bis nach vorn auf die Straße. Vor dem Haus lebte ein Obdachloser in einem Pappkarton. Alle kannte ihn und grüßten beim Kommen und Gehen. Eschweiler ging zu ihm, bot ihm eine Zigarette an, nahm sich selbst eine. Die beiden rauchten schweigend und einträchtig.

Die anderen waren hinuntergegangen in den Hinterhof, zum Frische-Luft-Schnappen. Da standen ein paar Autos. Und viele Fahrräder, verflochten zu einem Verhau aus Reifen und Stahlrohren. Etwas abseits das Mountainbike von Tabak, sorgfältig abgeschlossen. Ein paar Büsche und Stauden wehrten sich gegen Müll.

Cromm war sitzen geblieben, lehnte sich jetzt weit zurück, sodass er den alten Küchenstuhl zum Ächzen und Kippeln brachte. »Entspann dich«, sagte er zu van de Loo.

Der guckte grimmig zurück. »Hier geht es doch um eine größere Sache. Und ihr lümmelt hier wie die Pennäler.«

»Herr Lehrer, sei nicht so autoritär! Die meisten von uns kommen von der Arbeit. Sie sind müde.«

»Na und?« Van de Loo konnte trotz seiner zweiundsiebzig Jahre Anstrengungen gut aushalten, bei anderen legte er ebenso Wert auf Zähigkeit. Auch äußerlich demonstrierte er Sorgfalt und Stil. Er war wie immer korrekt und konservativ angezogen, mit olivfarbener

Chino und langärmeligem weißem Hemd, das Jackett hing hinter ihm auf der Rückenlehne. Immerhin: keine Krawatte und das Hemd mit offenem Kragen. Dazu dunkelbraune glänzende Schnürschuhe – der verflossene Schuster hätte seine Freude gehabt.

Silvio Cromm, im Verein die Nummer zwei, ließ es zwar lockerer angehen, aber auf Stil legte er dennoch Wert. Rosa Polo, hellgrauer Pullover, klassische Jeans. Cromm war schwul. Schwul ohne Bekennerattitüde. Mit seiner Kleidung wollte er einfach gut aussehen und nichts signalisieren – weder ihr noch ihm.

»Ich hole mir was.« Cromm stand auf.

»Einen Wein? Mir auch!«

»Wenn noch welcher da ist …«

Cromm ging in die Küche, deren Möblierung aus der Zeit stammte, als die Familie des Schusters hier gelebt hatte. Er öffnete hoffnungsfroh den Kühlschrank. Ein angejahrter Privileg aus Quelle-Zeiten, aufgebockt auf einem Küchenhocker, angestoßen und dunkelweiß, aber das Ding arbeitete unverdrossen und kühlte alles, was man hineinstopfte. Müsste innen mal geputzt werden, dachte Cromm, aber der Gedanke ging nicht so weit, dass er selbst es sein würde, der den Lappen in die Hand nahm. Er nahm eine halb volle Flasche Weißwein heraus, holte zwei dicke Wassergläser aus dem Regal und füllte sie. Wein aus Wassergläsern fand er nicht in Ordnung. Aber er hatte Durst. Besser als Wasser aus Weingläsern dachte er, lachte laut über seinen Witz und trug die Gläser in den Konferenzraum.

»Da!« Er schob ein Glas über den Tisch.

»Du hast gelacht.«

»Ja. Über mich selbst.«

Van de Loo runzelte die Stirn und guckte fragend. Cromm erlöste ihn nicht und guckte unbewegt zurück. Dann setzte er sich, hob das Glas in Richtung van de Loo und nahm einen vorsichtigen Schluck. Er schmeckte dem Wein hinterher, war zufrieden und nahm einen zweiten und größeren Schluck.

Van de Loo schnupperte an dem Wein. »Italiener?«, fragte er.

»Rheinhessen. Sauvignon-Blanc von 2019.«

»Tatsächlich?« Van de Loo bezog seine Weinkenntnisse aus einer Zeit, als im Rheinhessischen noch Billigwein angebaut wurde. Da gab es doch mal diesen Skandal mit Glykol im Wein! Er nippte misstrauisch.

»Also«, sagte Cromm und schob das Glas von sich. »Du willst dich auf die Seite der Mieter schlagen?«

»Was heißt auf die Seite schlagen? Die Leute ahnen, dass sie bald unter Druck gesetzt werden. Es geht um ihre Wohnung. Sie wollen sich wehren. Es ist doch klar, dass wir auf deren Seite gehören!«

»Kann sein.«

»Na was denn sonst?«

»Objektiv bleiben!«

»Und das heißt?«

»Schau mal: dass eine Immobilie den Eigentümer wechselt, ist nichts Schlimmes!«

»Stimmt, aber …«

Cromm beugte sich vor: »Das ist nicht böse. Es ist auch kein Verbrechen, wenn einer alte Häuser renovieren will. Diese Stadt hat so viele alte und heruntergekommene Mietskasernen, da muss was passieren. Jedes Jahr ziehen Tausende junge Familien in die Stadt. Die wollen keine möblierten Zimmer mit Klo im Treppenhaus.«

»Darum geht's doch hier nicht.«

»Woher willst du das wissen?«

»Weil die beiden Alten …«

Mein Gott, dachte Cromm, jetzt ist er unsachlich. Und sagte: »Ja, die beiden Alten! Aber die haben *ihren* Blickwinkel. Und bisher hat sich nichts getan. Was da wirklich ist, das müssen wir noch klären.«

Van de Loo hatte das Gefühl, dass Cromm ihn für unprofessionell hielt, und war beleidigt: »Natürlich müssen wir das klären. So machen wir das immer. Was denkst du denn?«

»Wir müssen die Fakten rauskriegen und unsere Meinung bilden. So ein Gespräch mit Betroffenen zeigt immer nur deren Sicht. Bis jetzt ist doch noch gar nicht klar, ob der neue Eigentümer ein Böser ist oder ein Guter.«

Van de Loo fühlte sich falsch verstanden. Er schwieg. Nahm das Wasserglas und trank es in einem Zug aus. Dann schüttelte er sich.

»Schade um den Wein«, sagte Cromm.

»Ach was«, sagte van de Loo.

Die anderen kamen zurück und setzten sich. Eschweiler roch nach Tabak. »Kann jemand mal das Fenster öffnen?«, rief Pfister. Eschweiler prüfte den Zustand seiner Fingernägel und schien nichts zu hören. Als auch sonst niemand reagierte, stand Pfister entrüstet auf, ging zum Fenster und öffnete beide Flügel. Der Straßenlärm flutete den Raum, und es wurde kalt. Pfister setzte sich mit demonstrativ hängenden Mundwinkeln.

Die anderen begannen zu frieren und sahen sich stumm an. Cromm schüttelte den Kopf. Eschweiler stand ungerührt auf, ging zum Fenster und mit herausforderndem Blick auf Pfister machte er es wieder zu. Niemand kommentierte, niemand protestierte. Es war nur eine weitere Episode in dem ewigen Kleinkrieg zwischen Eschweiler und Pfister.

»So!« Van de Loo musterte seine Leute und räusperte sich. »Ihr habt sie gesehen und gehört, die Szymanskis. Die müssen wirklich Angst haben. Sie wissen, dass es üblich geworden ist, Mieter unter Druck zu setzen. Die einfachen Leute sind die Opfer. Es werden rabiate Handwerker eingesetzt, es wird saniert und danach teuer verkauft. Das könnte in diesem Fall genauso laufen. Aber ihr habt gehört, wie sie reden. Die sind entschlossen, sich zu wehren. Wir könnten sie unterstützen.«

In das zustimmende Nicken hinein fragte Tabak: »Was heißt unterstützen?«

Cromm, wieder entspannt auf seinem knarzenden Küchenstuhl, beugte sich vor: »Genau! Bitte nicht voreilig! Vor dem Unterstützen kommt das Untersuchen.«

»Natürlich!« Van de Loo schoss einen Blick Richtung Cromm. »Macht mal Vorschläge! Wie gehen wir vor?«

»Wir brauchen die Fakten«, sagte Cromm. »Wer ist der neue Eigentümer? Hat er eine Vergangenheit als Investor und falls ja: Wie sieht die aus? Wie ist er bei vergleichbaren Projekten vorgegangen?«

»Und wer ist er überhaupt?« Feli fragte in die Runde, richtete die Frage aber vor allem an sich selbst. Sie wedelte elegant-lässig mit der linken Hand: »Krieg ich alles raus. Ich muss nur Name und Adresse haben. Den Rest mache ich.« Sie wedelte immer noch.

Ja, das glaubten die anderen ihr sofort. Sie hatte beste Kontakte in die Berliner Bankenszene, zu den Bauträgern und Investoren. Sogar zu manchen Politikern. Felicitas Hahmann war freie Finanzberaterin. Sie arbeitete als selbstständige Partnerin in einer Agentur für Versicherungen und Geldanlageberatung. Sie hatte ihre eigenen Kunden, manche hatten sich von ihren Bankberatern abgewandt und kamen ausschließlich zu ihr. Feli kannte die Fallen und Schliche der Finanzwelt, die versteckten Risiken der Finanzprodukte. Sie beriet sachlich und unabhängig, kassierte keinerlei Provisionen oder Kickbacks, dafür schrieb sie ihren Kunden ganz schöne Rechnungen für ihre Arbeit.

Wie sie vorgehen würde? Das wollten die anderen gar nicht so genau wissen. Van de Loo blickte auf seinen Notizblock und sagte: »Hier ist der Name des Anwalts: Dr. Mike Gress, Kanzlei in Pankow, Breite Straße. Das ist alles, was uns die beiden Alten sagen konnten. Der Gress schreibt die Briefe. Er ist der Ansprechpartner. An den musst du ran.«

Feli schrieb mit und nickte. »Er ist aber nicht der mit dem Geld?«, fragte sie.

Van de Loo schüttelte den Kopf. »Den kennen wir noch nicht.«

Pfister, normalerweise ein großer Schweiger, hob die Hand: »Dann müssen wir auch herausfinden: Wie sieht es da in der Birkenstraße aus? Welche Häuser sind betroffen? Was sagen die anderen

Mieter? Wie viel Miete wurde bisher kassiert, und wie viel Miete will der Neue rausholen?«

Er war als Mitbewohner einer Männer-WG sehr engagiert, wenn es um das Mieten und Wohnen ging. Das ständige Drehen an der Preisschraube und den wachsenden Druck auf Mieter empfand er als persönliche Bedrohung, als Zerstörung der Berliner Lebensart. Da wurden Lebensentwürfe beschädigt, Kieze verloren ihre Besonderheit, Stadtteile wurden stromlinienförmig und langweilig. Dagegen musste man was tun, dachte er.

»Ich glaube, es geht um mehr«, sagte Cromm.

Pfister blickte verständnislos.

Cromm machte weiter: »Ich glaube, es geht um die Umwandlung in Eigentumswohnungen. Viele Investoren wollen den schnellen Gewinn und nicht über Jahre hinweg mit Hausverwaltung, Reparaturen und Mieterärger beschäftigt sein.«

»Mieterärger!«, knurrte Pfister. »So nennt man das nicht!«

»Ich krieg das raus«, sagte Feli.

»Mach das!«, sagte van de Loo. Er drehte sich zu seinem Gegenüber. »Eschweiler?«, fragte er.

Eschweiler, der Pfister betrachtet hatte und dessen Hand zufällig auf seinem Zigarettenpäckchen ruhte, blickte, ohne den Kopf zu bewegen, aus den Augenwinkeln zu ihm herüber.

»Dich und deine Technik brauchen wir«, sagte van de Loo. Eschweiler nickte.

»Besorg dir Kameras und Mikros und«, van de Loo suchte das richtige Wort, »na, du weißt schon, Bewegungszeug und Aufzeichnungsdinger oder so.«

Die anderen grinsten. Technikaffin konnte man van de Loo nicht nennen. »Du weißt am besten, was du brauchst. Die Szymanskis werden dir ihre Wohnung öffnen und auch Zugang verschaffen zum Treppenhaus, zum Hof, zum Dach. Ich werde dich bei ihnen anmelden.«

Eschweiler wusste, was sie von ihm erwarteten. »Und dann?«, fragte er.

»Irgendwann hast du alles installiert. Dann sagst du uns Bescheid. Und wenn wir uns einig sind, beginnst du mit dem Aufzeichnen. Kannst du die Bilder und Töne hierher senden?«

»Funkstrecke? Hm! Technisch geht das. Wird aber teuer. Ich muss das verschlüsseln, damit uns keiner zuhört.«

»Zu gefährlich«, sagte Cromm, der an die Möglichkeiten der Polizei dachte. »Lass doch einfach irgendwo in der Wohnung der Szymanskis die Aufzeichnung laufen. Das ist sicherer.«

Eschweiler zuckte mit den Schultern und nickte.

»Wir müssen«, sagte Cromm, »die Kontrolle über den Häuserblock haben. Damit wir sehen können, was der Investor vorbereitet.«

»Aber es kann Monate dauern, bevor es wirklich losgeht«, sagte Eschweiler.

»Wir wissen es nicht. Fang einfach an, wenn dein Job das zulässt!«

Sein Job? Das war Service und Reparatur von Geldautomaten in Berlin und Brandenburg. Er hatte in regelmäßigen Abständen die Automaten in Banken und Sparkassen zu kontrollieren, ihr Inneres zu reinigen, die Mechanik zur Einfärbung der Geldscheine scharfzustellen und manchmal neue Software aufzuspielen. Eschweilers Arbeit war sicherheitsrelevant, man hatte seine Vergangenheit überprüft und seinen Leumund. Er wohnte mit Ehefrau und zwei pubertierenden Töchtern in Köpenick, Nähe Müggelsee. Er hatte lange für einen Elektronikmarkt in Steglitz gearbeitet, war aber im Streit mit dem Chef ausgeschieden.

Sein jetziger Arbeitgeber saß in Paderborn und hatte ihn mit einem neutral aussehenden Dienstwagen mit den Anfangsbuchstaben PB auf dem Nummernschild ausgestattet. Er konnte das Fahrzeug auch privat nutzen, was er auch ausgiebig tat. Mit diesem PB-Kennzeichen konnte er sich ziemliche Frechheiten im Berliner Straßenverkehr erlauben. Meist wurde ihm verziehen, und falls er doch einmal beschimpft wurde, guckte er zurück und setzte dabei einen unschuldigen Provinzlerblick auf.

»Mein Job lässt vieles zu«, erklärte Eschweiler. Darum liebte er ihn auch. Viel Geld verdiente er nicht, aber er hatte Freiheiten, genug Zeit für die Gesellschaft, und abends war er meist zu Hause bei seiner Familie.

»Gut!« Van de Loo blickte in die Runde, sah allgemeine Zustimmung und schloss die Sache ab: »Beim nächsten Mal kommt alles auf den Tisch. Dann denken wir über eine Aktion nach. Wir werden bald viel zu tun haben!«

In den Augen der anderen sah er Erwartung und Neugier. »Einverstanden?«

Nicken und Stille.

»Habt ihr noch etwas?« Es war Cromm, der gefragt hatte. Er spürte Stimmungen eher als andere. Er blickte Tabak direkt an.

Vural Tabak, dem gerade ein Fremder »Ich weiß, wo's brennt!« verkündet und ihn damit getroffen hatte, blickte zurück, zögerte und sagte dann entschlossen: »Nein. Was erwartest du?«

»Vural!«, sagte Cromm. »Wir sind nicht nur für andere da. Wir helfen auch uns untereinander. Wenn was ist.«

»Ich weiß. Aber es ist nichts«, sagte Tabak leicht aggressiv. Jetzt wusste Cromm: Da war etwas. Da war etwas, nur wusste er nicht, was.

Van de Loo, dem es grundsätzlich auf gute Stimmung ankam, sagte versöhnlich: »Na schön, da haben wir doch einen spannenden Auftrag vor uns. Ich danke euch für heute. Bis zum nächsten Mal. Ihr erfahrt den nächsten Termin per App.«

Eschweiler blickte finster, denn er hasste WhatsApp und traute Zuckerberg alles Böse zu. Sein Widerstand war erfolglos.

»Kommt gut nach Hause.«

***

Diese Gespräche! Diese langen und sinnfreien Telefongespräche! Kriminalhauptkommissar Werner Dreier konnte nicht anders. Er musste zuhören. Sein Kollege saß ihm gegenüber und sprach seit vielen Minuten lange sinnfreie Sätze in sein privates Handy. Zum Beispiel: »Aber wenn der schon hundertachtzigtausend draufhat, woher soll ich wissen, dass der Zahnriemen okay ist?«

Ja, dachte Dreier, woher sollst du das wissen?

»Und wenn der mir dann reißt, wie steh ich dann da?«

Dann, dachte Dreier, stehst du blöd da. Aber das bist du sowieso, mit oder ohne Zahnriemen. Sein Gegenüber, als hätte er etwas gemerkt, blickte plötzlich hoch und sah ihn scharf an. Dreier lächelte unschuldig zurück und hob den Daumen.

»Sie müssen mir da schon entgegenkommen, wegen dem Zahnriemen …!«

Des Zahnriemens, du Vollpfosten, dachte Dreier, griff verzweifelt nach einer Mappe mit Akten und versuchte zu lesen.

»Da ist nichts zu machen? Sagen Sie, da ist nichts zu machen? Echt?«

Bei dir ist auch nichts zu machen, dachte Dreier und las sich fest.

»Also dann … ich glaube, dann wird das nichts. So ein Zahnriemen, wissen Sie, der kann bald reißen und dann …! Sie haben meine Nummer? Ja? Wenn Sie es sich überlegen, rufen Sie an. Aber wenn, dann bald. Ich hab noch was anderes im petto. Genau! Tschüs!«

In petto, dachte Dreier und las mit Konzentrationsfurchen auf der Stirn in der Akte. Sein Kollege drückte auf seinem Handy herum, warf es dann auf den Schreibtisch und sprach drauflos: »Stell dir vor, so eine alte Karre, nie den Zahnriemen gewechselt, und da will der nicht mit sich reden lassen. Der hat sie doch nicht alle, oder?«

Dreier markierte mit dem Zeigefinger die Stelle, von der er glauben machen wollte, er läse sie, blickte hoch und sagte: »Was?«

»Hast du gehört?«

»Nee«, log Dreier. »Ich bin hier gerade …«, er stupste mit dem Zeigefinger auf eine Stelle in der Akte, »… mittendrin. Diese neue Verordnung über den Einsatz der Videokamera.«

»Betrifft dich das?«

Das ging den Pfosten nichts an. »Man kann nie wissen. Wer weiß, was auf uns zukommt. Kennst du doch noch vom Personalrat, oder?«

Treffer! Der andere schwieg.

Sein Kollege war jahrelang freigestellter Personalrat der Berliner Polizei gewesen. Bis er wegen erwiesener Faulheit von seiner Gewerkschaft nicht mehr aufgestellt wurde. Da hatte er entdeckt, dass er von der Gewerkschaft und deren Zielen eh nicht viel hielt, und war ausgetreten. Jetzt musste er wieder Dienst tun, was er nicht mehr konnte und auch nicht wollte. So saß er seine Zeit ab, machte alles Mögliche im Internet und telefonierte jedem Gebrauchtwagen und jedem Ebay-Angebot hinterher. Täglich. Dauernd.

Das waren noch schöne Zeiten, dachte Dreier, als dieser Kerl im Personalratsbüro saß und ich dieses Zweierbüro für mich allein hatte. In diese Gedanken hinein klingelte sein Telefon. Er nahm ab, und es meldete sich »The Voice«: »Der Präsident wünscht Sie zu sehen! Können Sie?«

»Was soll ich können?«

»The Voice« wurde unwirsch: »Herr Kriminalhauptkommissar Dreier! Bitte kommen Sie zum Präsidenten.«

»Zu Befehl, gnädige Frau«, sagte Dreier, aber da war die Leitung schon tot. Er legte ganz sanft den Hörer auf und sagte: »Ich bin dann mal weg.«

Sein Kollege unterbrach das Studium der Gebrauchtwagenangebote bei mobile.de, sah hoch und fragte: »Was?«

»Ich komme wieder«, versprach Dreier und war schon draußen. Er ging den breiten schäbigen Korridor im Präsidium entlang bis zum Treppenhaus, ignorierte das Angebot des altersschwachen Aufzugs und nahm zwei Stufen auf einmal, bis er das präsidentielle

Geschoss erreicht hatte. Hier war der Korridor nicht mehr schäbig, die Wände leuchteten frisch gestrichen, und der Boden prunkte mit neuem Laminat. Er atmete dreimal kurz aus und dreimal kurz wieder ein, denn er wollte nicht atemlos das Herrschaftsgebiet des Chefs betreten. Dann klopfte er an die Tür zum Vorzimmer und trat im selben Moment ein.

Die Frau mit dem Namen Kathrin Stumm, Beamtin des gehobenen Dienstes, genannt »The Voice«, von manchen auch in einer Langfassung als »His Master's Voice« bezeichnet, saß am Empfangstisch. Sie war schlank, jung, blond, kurzhaarig, modisch gekleidet und hatte eine erstaunlich tiefe Stimme. Wenn sie sich am Telefon meldete, sagte sie: »Büro des Polizeipräsidenten, Stumm«, was manchmal dazu führte, dass die Anrufer sie mit »Herr Stumm« ansprachen und sie dann mit einem nachdrücklichen »Frau Stumm!« korrigierte.

Wäre man ihr in einem der Berliner Start-ups begegnet, hätte man denken können, sie sei eine der Gründerinnen. Der Job in dieser Vorhölle hatte sie jedoch geprägt. Als Bewacherin des Zugangs zum Präsidenten hatte sie sich einen unduldsamen Stil zugelegt. Manche sagten, »The Voice« bewege sich außerdem auf mehreren Ebenen. Sie habe Zugang zu einem geschlossenen Zirkel, in dem über die Polizei grundsätzlich kritisch nachgedacht werde. Genaueres wusste die Gerüchteküche nicht. Umso wilder die Spekulationen. Es hieß, »The Voice« werde von manchen vor allem deshalb sehr geschätzt, weil sie Zugang habe zu wesentlichen Informationen. Sie kannte Interna, sie durfte Personalakten einsehen, sie war des Präsidenten rechte Hand.

Dreier hatte solches Gemunkel gehört, Geraune von Leuten, die gerne spekulierten. Er hielt das für Gequatsche, für Wichtigmacherei. Aber das Gerede hatte mit der Zeit zugenommen.

»The Voice« hatte sich mit der Zeit einen rauen Tonfall angeeignet und ein Gehabe …, so wie jetzt auch: Sie hob nicht den Kopf, um den eintretenden Dreier zu begrüßen. Stattdessen betrachtete sie intensiv ein vor ihr liegendes Heft, hob den rechten Arm mit abgewinkeltem ausgestrecktem Zeigefinger in halbe Höhe und zeigte nach rechts, auf die dunkle doppelflügelige Holztür. »Der Präsident wartet!«, sagte sie.

Ich möchte hoffen, dass sie da nur einen Schnittmusterbogen liest, dachte Dreier, wobei, dachte er, gibt es denn überhaupt noch Schnittmuster? Vielleicht stöbert sie stattdessen in einem Waffenkatalog? Es juckte ihn, näher an ihren Schreibtisch zu treten und ihr über die Schulter zu schauen. Er verkniff es sich aber und sagte nur: »Herzlichsten Dank.« Seine Hoffnung, dass »The Voice« die Ironie heraushören könnte, zerschlug sich. In dieser Etage war man ironiefrei.

»Da sind Sie ja«, stellte der Polizeipräsident fest.

Das hat er gut erkannt, dachte Dreier und sagte: »Guten Morgen, Herr Präsident!«

»Setzen Sie sich!«

Dreier setzte sich auf den schönen Besucherstuhl, der wie alles in diesem Zimmer neu war. Nicht nur einfach neu, sondern alles stammte aus den Katalogen der gehobenen Büroeinrichtung. An dem Computer auf dem gläsernen Tisch prangte ein Apfel, obwohl ansonsten im ganzen Haus mit einfachen windowstauglichen PCs gearbeitet werden musste. Für die Techniker war es eine spezielle Aufgabe gewesen, den Präsidenten-Mac in das allgemeine System zu integrieren – eine Aufgabe, die Vorrang vor allem anderen gehabt hatte.

Der Präsident schnalzte mit der Zunge zwischen den Zähnen. »Tststs, ich habe Sie rufen lassen, weil ich eine spezielle Aufgabe für Sie habe.«

Er blickte Dreier an. Der schwieg und lauschte aufmerksam. Der Präsident schnalzte missmutig mit der Zunge, weil er Begeisterung oder mindestens Neugier erwartet hatte, und machte weiter: »Es geht um die zunehmenden und unsere Bürger in Unsicherheit versetzenden Aktivitäten auf dem Immobilienmarkt. Immer öfter werden Mieter unter Druck gesetzt. Sie sollen steigende Mieten zahlen, oder sie sollen ihre Wohnung zu hohen Preisen kaufen. Wenn die das nicht können, werden sie verdrängt.«

»Aber es gibt einen Mieterschutz!«

Der Präsident setzte sein Ich-weiß-mehr-als-du-Gesicht auf, schnalzte kurz und sagte: »Ja, ja, Mieterschutz. Von wegen! Der Mietendeckel ist jedenfalls gescheitert. Was sich manche Investoren dagegen einfallen lassen, jenseits von Recht und Gesetz, ist unglaublich.«

Dreier nickte. Wo er recht hat, hat er recht, dachte er.

»Deswegen habe ich Sie rufen lassen. Ich wurde informiert, dass die Entwicklung außer Kontrolle zu geraten droht. Diese Heuschrecken werden immer schamloser. Es gibt Unruhe in der Stadt. Die Bürger sind zu Recht verärgert. Sie könnten die Sache selber in die Hand nehmen. Das muss verhindert werden. Wir haben nächstes Jahr Wahlen …!«

Aha, dachte Dreier.

»… ja, Wahlen, aber das spielt natürlich keine Rolle.«

»Natürlich!«, sagte Dreier und fing sich einen kritischen Blick ein.

»Jedenfalls ist der Einsatz gegen den Mieterterror eine vorrangige polizeiliche Aufgabe. Und zwar ab sofort und ganz besonders für Sie, verstehen Sie? Lassen Sie sich von den zuständigen Kollegen vorinformieren.«

»Jawohl, Herr Präsident!« Dreier spürte, dass der Präsident Begeisterung erwartet hatte, und schob ein kräftiges »Selbstverständlich!« hinterher.

»Tststs«, sagte der Präsident. »Die Presse ist wie immer auch schon unterwegs. In der *Morgenpost* und im *Tagesspiegel* wurde bereits berichtet. Die fangen an zu fragen, was wir unternehmen. Sie sticheln gegen die Politik. In der Senatskanzlei ist man beunruhigt …«

Aha, dachte Dreier, alles klar. Die Politik sitzt dir im Nacken. Vor denen hast du Angst. Die haben dich damals auf diesen Posten gehoben und die könnten dich auch wieder herunterholen.

»... und will Taten sehen. Also, tststs, ich berufe Sie hiermit zum zeitweiligen Leiter einer Sonderkommission. Sie sind befugt, weitere Mitarbeiter hinzuzuziehen. Natürlich vorher Rücksprache bei mir. Nehmen Sie mal als Erstes Ihren Kollegen, der mit Ihnen zusammensitzt. Der muss beschäftigt werden.«

Du lieber Gott, dachte Dreier.

»Wenn Sie mehr Leute brauchen, also Spezialisten zum Beispiel, müssen Sie zuvor bei mir anfragen.«

Dreier schwieg. Und rang sich dann ein mühsames Nicken ab.

Der Präsident wollte mehr: »Haben Sie mich verstanden? Ich bitte Sie um angemessenes Vorgehen. Kein Porzellan zerschlagen, verstehen Sie? Es geht um ein sensibles Thema!«

»Jawohl, Herr Präsident«, sagte Dreier. »Ich werde sofort anfangen. Wie wollen wir die Kommission nennen?«

»Eine gute Frage, Dreier! Ich schlage vor, lassen Sie mich nachdenken, tststs ... wir nennen sie Sonderkommission Miethaie. Was sagen Sie?« Der Präsident blickte Beifall heischend. »Und? Haben Sie Fragen? Oder sonst noch was?«

Dreier sagte: »Sonderkommission Miethaie? Sehr gut, Herr Präsident. Wie Ihnen solche Namen einfallen! Also, ich fange mit dem Fischfang an!«

»Tststs« ließ der Präsident hören, denn er musste über das Wort Fischfang nachdenken. Dann, in schärferem Ton: »... und geben Sie Gas. Ich will Ergebnisse!« Letzteres hatte er irgendwo gelesen und fand es überzeugend. Weil es ihm so gut gefiel, wiederholte er: »Ergebnisse!«

Dreier stand auf, deutete einen Diener an, trotz des Wissens, dass Ironie hier nicht buchstabiert wurde, drehte sich um und ging hinaus. Im Vorbeigehen an der lesenden »Voice« sagte er: »Ich wünsche Ihnen einen ganz besonders schönen Tag!«, und draußen war er. So bekam er nicht mit, dass »The Voice« den Kopf hob und ihm nachsah.

***

Wieder in seinem Büro, holte Dreier das Strohpüppchen aus der obersten Schublade. Er hielt es auf seinem Schoß, nahm eine Büroklammer, bog sie auf und bohrte sie dem Püppchen durch die Brust. Viel Hoffnung machte er sich nicht. Er hatte das Office-Voodoo schon mehrfach praktiziert. Ohne Erfolg.

Dann blickte er auf, und sein Blick fiel auf seinen dumpfen Kollegen, ausnahmsweise einmal nicht telefonierend. Stattdessen studierte er den Monitor seines Computers und – das registrierte Dreier sehr genau, weil er beschlossen hatte, darauf zu achten – schaltete, als er sich beobachtet fühlte, ganz schnell auf eine andere Oberfläche.

Erwischt, Freundchen, dachte Dreier und beschloss, den Kollegen nicht zu unterschätzen. Aber ich kriege dich, dachte er und sagte: »Ich komme vom Präsidenten.«

»Ja? Und?«

»Er hat mich zum Leiter der neuen Sonderkommission Miethaie ernannt.«

»Was soll das sein?«

»Ich soll den Kerlen auf die Füße treten, die Mieter in Angst und Schrecken versetzen, indem sie ihre Mieten erhöhen oder sie aus ihren Wohnungen verdrängen.«

»Na, da wünsche ich viel Spaß«, sagte der Kollege und blickte wieder auf seinen Monitor.

»Es ist unser gemeinsamer Spaß!«, sagte Dreier schadenfroh, beobachtete sein Gegenüber und wartete.

Der andere sagte zunächst nichts. Dann schob sich sein Kopf seitlich am Monitor vorbei, sodass er Dreier gut sehen konnte, und sagte:

»Was?« Und als Dreier weiterhin schwieg, weiter: »Was hast du eben gesagt?«

»Das wird unser gemeinsamer Spaß, weil der Präsident verfügt hat, dass du mit mir arbeitest. Oder besser gesagt: unter mir arbeitest. Ich bin der Leiter.«

Das saß. Die Augen seines Gegenübers weiteten sich. Sein Atem stockte. Es dauerte einen Moment, bis ihm etwas einfiel: »Ich … ich kann doch nicht … ich bin doch hier!«

Es war eine ziemlich sinnfreie Feststellung.

»Ach ja? Was hast du denn gerade in Arbeit?«

»Ich … Grundsatzfragen … also ich bin noch lange nicht so weit …«

Dreier hatte seinen Spaß und gedachte nicht, das Spiel zu verkürzen: »Du bist Mitglied meiner Sonderkommission! Ab sofort. Alles andere kann warten.« Und als dem anderen nichts mehr einfiel, fügte er hinzu: »Hast du verstanden?«

Der Kollege schwieg verbissen.

»Du wirst das jetzt laut und deutlich bestätigen. Sonst müsste ich da oben …« Er griff zum Telefonhörer und begann eine Zifferntaste zu drücken.

»Halt!«, schrie der andere. »Halt! Stopp! Was soll das denn? Ja, ich bin dabei. Wenn der Präsident das will. Er wird schon wissen, warum. Wenn er mich für wichtig hält – na gut!«

Dreier nickte, legte auf und lächelte sein Gegenüber herzlich an: »Jawohl, wichtig! Willkommen an Bord, mein Lieber!«

Der Liebe stand auf und wankte hinaus.

Dreier hatte nach kurzem Nachdenken Sympathie entwickelt für die Aufgabe. Aber er musste sich zunächst in das Thema einarbeiten und sich auf dem Berliner Immobilienmarkt umsehen. Schließlich war er selber Mieter, und die Probleme waren ihm nicht unbekannt. Zudem musste er Wege finden, seinen Kollegen ab sofort einzuspannen, in Recherchen, in Ermittlungen und schließlich auch Aktionen. Schluss mit Ebay und mobile.de dachte er. Jetzt musst du ran!

***

Auf der Etage des Polizeipräsidenten wurde gearbeitet. Jedenfalls von manchen. Während der Präsident sich über das Protokoll der jüngsten Debatte im Berliner Abgeordnetenhaus beugte und hoffte, daraus Hinweise ableiten zu können, welche politischen Strömungen und Mehrheiten sich bildeten und wie er sich denen am besten nähern könnte, wurde in seinem Vorzimmer richtig gearbeitet.

Kathrin Stumm (»The Voice«) hatte vor sich auf dem Tisch den Plan mit der Organisationsstruktur der Polizei Berlin. Sie telefonierte mit einem Wissenschaftler der Humboldt-Universität. »Überlegen Sie mal«, sagte sie, »eine Neuorganisation, die uns effektiver macht, das könnten Sie doch mal in Ihrem Seminar zum Thema machen. Es wäre Wissenschaft mit konkretem Nutzen … Ja, genau das meint der Präsident, und er lässt Sie herzlich grüßen«, sagte sie und blickte dabei an die Decke. Und nach einer weiteren Zuhörpause: »Das wäre gut. Danke! Auf Wiedersehen, Herr Professor.« Zufrieden legte sie auf.

Sie griff zu ihrem privaten Smartphone, tippte auf einen Namen in ihrer Kontakteliste und sagte: »Hier Kathrin.« Die Sprechanlage auf ihrem Schreibtisch begann zu blinken. »Bleib mal dran …!« »Ja, Herr Präsident? Natürlich, ich komme gleich!« »Da bin ich wieder. Der Präsident will von mir die politischen Entwicklungen erklärt haben.« Sie kicherte. Dann hörte sie aufmerksam zu, das Mobiltelefon ans Ohr gepresst. »Ja, er war gerade hier. Ja, weiß ich«, sagte sie. »Ich kann jetzt nicht. Ich schreib dir. Wie immer. Alles klar.«

Sie beendete das Gespräch ohne Gruß, griff in Eile ihr Tablet und schrieb: »Ich habe mir den D. angeschaut. Könnte passen, aber ich bin noch nicht sicher. Ich werde wie üblich vorgehen. XXX« Dann drückte sie die Sendetaste, schob das Tablet in ihre geräumige Handtasche und sprang diensteifrig auf, wie es sich für eine ordentliche Vorzimmerdame des Polizeipräsidenten gehörte.

***

Der Lastwagen war am Freitagabend in die Birkenstraße hineingefahren. Es war schon Wochenendstimmung in der Straße. Der Autoverkehr hatte nachgelassen. Die Leute stellten sich auf einen schönen Herbstabend ein. Der Lastwagenfahrer hatte noch etwas zu erledigen. Auf Höhe der Hausnummern 30 und 31 fand er ausreichend Platz, fuhr rückwärts in die Parklücke und kam zum Stillstand. Den Motor ließ der Fahrer laufen, er stieg aus, griff nach Hebeln hinter dem Führerhaus, und dann hörte man das Zischen von Hydraulik und das Scheppern von Metall. Minuten später stand ein großer Schuttcontainer auf dem Parkplatz. Der Fahrer kletterte hinter sein Lenkrad, fuhr die Hydraulik ein und gab, ohne eine Miene zu verziehen, Gas. Das war der letzte Job dieser Woche gewesen.

»Schau mal«, sagte ein Zehnjähriger zu seinem Bruder. Die beiden trieben ihre Skateboards an dem Container vorbei. »Der war vorhin noch nicht da!« »Na und?«, fragte der Bruder. Die beiden fuhren weiter.

Das Ehepaar Szymanski hatte nichts mitbekommen. Sie hatten am Vortag im nahe gelegenen Copyshop einen Auftrag erteilt: zweihundert Zettel, Postkartengröße, auf denen stand in großen Buchstaben: »Vertreibung? Wir wehren uns! Und kleiner: Unsere Wohnungen sind in Gefahr! Damit man uns nicht einfach vertreibt, müssen wir uns gemeinsam wehren. Wir müssen uns treffen und besprechen, was wir tun können. Nächste Woche, Mittwoch um 18 Uhr, in der Gaststätte, im Hinterzimmer …« Das Ganze hatten sie mit ihrem Namen unterzeichnet und ihre Adresse daruntergesetzt.

Diese Zettel hatten sie abgeholt und jetzt waren sie mit einer Einkaufstasche unterwegs. Die meisten Briefkästen in ihrer Häuserzeile waren frei zugänglich. Er hielt die Tüte, sie griff hinein und stopfte die Zettel in die Kästen. Manchmal mussten sie klingeln, um in einen Hausflur zu gelangen. Beim ersten Mal zögerten sie noch. Beim zweiten Mal ging es schon wie selbstverständlich. »Man wird mutig bei Herausforderungen«, sagte er. Sie nickte.

Nachdem sie die drei Häuser und die zugehörigen Hinterhäuser abgeklappert hatten, waren noch ein paar Zettel übrig. Die klemmten sie an die Wischer der parkenden Autos. Auch das hätten sie sich selbst bis vor Kurzem nicht zugetraut.

Einträchtig gingen sie nach Hause, zufrieden mit ihrer Aktion. Sie kamen an dem Schuttcontainer vorbei, nahmen ihn aber nicht wahr und ahnten nicht, warum er vor dem Haus stand.

***

»Frische Lammkoteletts«, »Lamm-Lachse, mariniert«, »Lammschulter«. Tabak stellte das beschriftete Straßenmöbel mit dem Namen Kundenstopper auf die Karl-Marx-Straße vor den Laden. Dann ging er hinein und nahm seinen Platz an der Fleischtheke ein. Es war sieben Uhr früh, sein Arbeitstag begann.

Solange er denken konnte, war dieser Supermarkt der Mittelpunkt seines Lebens. Das war selbstverständlich, schließlich waren seine Eltern auch tagsüber dort. Als Kind spielte er hinten im Büro mit kleinen Soldatenfiguren und Legosteinen. Später, als Schüler der Carl-von-Ossietzky-Schule, machte er seine Hausaufgaben an Papas Schreibtisch, während seine Mutter mit Lieferanten telefonierte und die Buchhaltung machte. Sie wohnten in einer Mietwohnung um die Ecke. Dort waren sie aber nur sonntags und zum Schlafen. So toll war das nicht, denn Vater und Mutter lebten kein harmonisches Leben. Sie stritten oft. Dann, als er vierzehn war, wurde seine Mutter krank, ehe sie schließlich starb.

Seine Lehrjahre verbrachte der junge Tabak in einem Lebensmittelmarkt in Kreuzberg. Zum Schluss, nach einer wenig schönen Zeit, in der man ihn immer wieder spüren ließ, dass man ihn für einen dahergelaufenen Türken hielt, überreichte man ihm ein Dokument, das ihm, Vural Tabak, bescheinigte, Einzelhandelskaufmann zu sein. Immerhin hatte er einiges gelernt über die verschiedenen Waren, über Marketing, Werbung und Buchhaltung.

Ausgestattet mit diesem Wissen, kam Tabak vor zwanzig Jahren zurück in den Supermarkt seines Vaters. So war es besprochen, er hielt sich daran und blieb all die Jahre dort. Nicht besprochen, aber irgendwie selbstverständlich war, dass er den Laden übernehmen sollte. Aber wann? Und bis dahin hatte er stillzuhalten? Leicht war das nicht.

Inzwischen war er siebenunddreißig Jahre alt, verheiratet, hatte zwei Töchter, sechs und neun Jahre alt, und lebte mit seiner Familie in einer schönen, alten Vierzimmerwohnung ganz in der Nähe vom Laden.

Und dann war da diese Gesellschaft. Eine Zufallsentdeckung. Cromm hatte ihn einfach und unvermittelt angesprochen, nach einer Sportvorführung seines Vereins, was ihm damals, er erinnerte sich heute noch, ungewöhnlich erschien. Dass Cromm ihn attraktiv fand, hatte er – es war auch besser für ihre Beziehung – nicht registriert. Ob er vielleicht Interesse hätte, für Gerechtigkeit zu kämpfen und dabei auch seine sportlichen Fähigkeiten einzusetzen? Wie wär's mit einer Probe?

Inzwischen hatte Tabak an einigen Aktionen der Gesellschaft teilgenommen. Zum Beispiel als Fahrer bei heiklen Einsätzen, wo das Können eines Stuntman gefragt war. Er war nicht nur gut, sondern er war sehr gut. Für die Gesellschaft ein echter Gewinn.

Jetzt stand er hinter der Fleischtheke, neben ihm Ahmed, ein Angestellter. Eine alte Frau kam, eine echte Berlinerin. Sie näherte sich der Fleischtheke langsamen Schrittes. Sie atmete schwer und schob einen Rollator vor sich her. Tabak wusste, wer sie war und was sie wollte. Sie lebte von einer kleinen Rente, musste sparsam wirtschaften, aber sie kochte täglich, und hin und wieder gönnte sie sich etwas Besonderes. Heute zum Beispiel.

»Da draußen steht ›Lammkotelett‹«, sagte sie und blickte Tabak hoffnungsvoll an. Er war ihre Bezugsperson.

»Genau«, sagte Tabak, »heute wieder ganz frisch!« Er griff in die Kühltheke und hob das Fleisch hoch: »Da, wirklich gut!«

»Lecker!«, sagte die Frau und zögerte. Dann sagte sie: »Was kostet eins?«

Tabak schnitt ein Kotelett aus dem Karree heraus, legte es auf die Waage, murmelte vor sich hin und sagte: »Drei Euro.«

Die Frau schwieg einen Moment, gab sich einen Ruck und sagte: »Packen Sie's ein!«

Tabak ließ die Waage das Preisschild ausdrucken, griff nach einem in der Theke lose liegenden Kotelett, legte es dazu, wickelte alles mit schnellen Griffen ein und klebte das Schildchen auf die Packung.

Die Frau war alt, langsam und bekam schwer Luft. Aber ihre Augen waren noch intakt. Sie griff nach dem Päckchen, blickte Tabak fest an und sagte »Danke!«.

Er zwinkerte ihr zu und rief »Guten Appetit!«.

Dann arrangierte er das Fleisch erneut in der Kühltheke, überprüfte die Preisschilder und tat geschäftig, ohne dass es notwendig gewesen wäre.

Tabak machte sich Sorgen. Er spürte, dass auch sein Vater sich Sorgen machte, und das übertrug sich auf ihn.

Die türkische Gemeinschaft in Berlin kam nicht zur Ruhe. Sie war zerrissen. Man war sich uneinig. Man stritt sich ausgiebig und manchmal erbittert über den Einfluss der Religion auf das alltägliche Leben. Es ging um die Beziehung zur Türkei, über den Umgang mit dem autoritären Regime, dann wurde um die Einstellung zu Deutschland und den Deutschen gestritten. Es gab zwischen den verschiedenen Lagern wenig Toleranz, keine Kompromisse und kein Verständnis für die Position der anderen Seite. Der Riss ging durch die Stadtviertel, durch die Gemeinden, manchmal durch Familien.

Inzwischen hatte der Streit auch die türkische Geschäftswelt erfasst. Händler waren ebenso betroffen wie Wirte. Das bekam auch der Supermarkt seines Vaters zu spüren. Manche Kunden waren einfach weggeblieben. Einmal hatte Tabak mitbekommen, wie zwei Männer seinen Vater, der damals an der Kasse saß, heftig verbal attackiert hatten. Er war dazugekommen, aber da waren die Männer schon eilig davongegangen.

»Was war los?«, hatte Tabak gefragt. Sein Vater hatte abgewinkt: »Ach weißt du, schwierige Zeiten.«

Sein Vater war ein liberaler Mann, ein Atatürk-Anhänger, ein türkischer Demokrat mit deutschem Pass, der Geschäft und private Meinungen nicht vermengen wollte. Genau das aber wollten andere nicht hinnehmen.

Und noch etwas. Der Supermarkt lief nicht mehr so gut. Wir müssen neue Kunden gewinnen, dachte Tabak, junge Kunden. Aber sein Vater führte ein autokratisches Regime. Alles musste so bleiben, wie er es einmal festgelegt hatte. Das war einmal erfolgreich gewesen. Dass sich die Dinge änderten, wollte er nicht sehen.

Tabak spürte eine körperliche Unruhe, ein Kribbeln im Bauch, er musste tatenlos zusehen, wie der Markt überalterte und die Kundschaft mit ihm. Er gestand es sich nur heimlich ein: Vater muss abgeben. Ich würde gerne übernehmen. Es wird Zeit für Änderungen.

Jedenfalls machten sowohl Tabak als auch sein Vater sich Sorgen, sehr unterschiedliche. Und bisher hatte keiner von ihnen den Mut aufgebracht, das offen anzusprechen. Ich glaube, ihm schlägt das inzwischen aufs Herz, dachte Tabak. Er hatte seinen Vater beobachtet, seine gebückte Haltung, die Hand, die manchmal verstohlen die Brust massierte.

***

Pfister hieß mit Vornamen Hans-Peter, und weil er diesen Namen hasste, bestand er auf H-P. Er war seit Jahren Mitglied der Gesellschaft für unkonventionelle Maßnahmen. So wie andere ein Hobby betrieben, investierte er seine freie Zeit in den Kampf gegen Ungerechtigkeit und Willkür. Er war kein Stratege wie Cromm und schon gar kein Finanzexperte wie Feli, sondern aus tiefer Überzeugung Handwerker. Er arbeitete als Schreiner in einem genossenschaftlichen Betrieb, baute Möbel aus vollem Holz auf Maß. Damit war er genauso zufrieden wie mit seinem Leben in einer Männerwohngemeinschaft. Er schätzte festgefügte Strukturen und klare Verhältnisse.

Aber es tat sich etwas bei ihm. So hatte er nach dem Treffen mit den Gesellschaftern beschlossen, sich selbst ein Bild zu machen. Solche Mietsachen gingen ihm nahe. Da wollte er mehr als Informationen von dritter Seite. Also – und das war der neue Pfister – hatte er seiner Freundin Eeva-Elina vorgeschlagen, einen Ausflug nach Moabit zu machen. Sie hatten sich am Zoologischen Garten getroffen und waren mit der U9 bis zur Birkenstraße gefahren.

Eeva-Elina hatte einen auffallend festen Blick. Immer. Egal wohin sie schaute, sie blickte immer sehr konzentriert und ernst, fast starr. Das löste Reaktionen aus. Menschen blickten irritiert zurück, anderen wurde unwohl, und sie fragten sich, ob sie irgendwas Unpassendes im Gesicht hatten. Hunde fingen an zu knurren.

Eeva-Elina war sich dessen nicht bewusst und wunderte sich manchmal, wie die anderen sie anschauten. Sie war Referentin für Kultur an der finnischen Botschaft. Sie saß in einem skandinavisch möblierten Büro am Rande des Tiergartens und sollte mit ihrer Arbeit dazu beitragen, den Deutschen finnische Kunst, Literatur und Musik nahezubringen. Eine schwierige Aufgabe angesichts der finnischen Sprache. Andererseits eine leichte Aufgabe, da sie sie vom Schreibtisch aus bewältigen konnte. Sie vermittelte Lesereisen, half bildenden Künstlern, eine Galerie zu finden, und finnischen Sängerinnen wies sie den Weg zu Veranstaltern. Da sie das alles per Telefon und Computer leistete und man ihren Blick nicht wahrnehmen konnte, stieß sie auf viel Wohlwollen.

Heute hatte Eeva-Elina einen freien Tag und daher Zeit für ihren Freund Pfister (genannt H-P, außer von ihr, sie mochte die Abkürzung nicht). Sie waren mit der U-Bahn gekommen und gerade die Stufen des U-Bahnhofs Birkenstraße hinaufgestiegen. Eeva-Elina blinzelte kurz in das herbstliche Licht, konnte aber sehr bald ihren festen Blick wieder in die gewünschte Richtung lenken.

»Schau«, sagte Pfister und zeigte auf die Häuser der Birkenstraße. Sie schaute. Sie schaute so intensiv und scharf, dass eine Frau, die es sich im offenen Fenster eines Hauses gemütlich gemacht hatte, mit Kissen unter den Ellenbogen, damit sie in aller Ruhe den Verkehr und die Passanten unter sich betrachten konnte, dass diese Frau – ohne zu wissen, warum – unruhig wurde, sich zurückzog, das Kissen ergriff und das Fenster schloss.

Eeva-Elina bemerkte das gar nicht. Sie sah ein Haus mit vier Obergeschossen, dessen Grundmauern aus dem Ende des 19. Jahrhunderts stammten. Es hatte mehrere Renovierungen erlebt und war jetzt gelblich glatt verputzt. Im Erdgeschoss ein Lokal mit hohen Räumen, die in den Jahrzehnten zuvor einmal eine Metzgerei beherbergt hatten.

Fast zwei Jahre waren die beiden schon zusammen. Niemand hätte gedacht, dass Pfister, der alternde Junggeselle, noch für eine Zweierbeziehung taugen würde. Oder dass er das überhaupt wollte. Und sie? Ihre Freundinnen und ihre Kollegen in der Botschaft hatten nicht erwartet, dass die aus Turku stammende Eeva-Elina etwas mit einem älteren Berliner Handwerker anfangen könnte. Zumal ihr Herzensthema nicht nur im Beruf die Kultur war und er es mit den kulturellen Themen nicht so hatte.

Egal, es hatte gefunkt, damals, als Pfister die von seiner Schreinergenossenschaft maßgearbeiteten Vollholzregale in der Botschaft eingebaut hatte. Er hatte in ihrem Büro auf der Leiter gestanden, ganz weit oben, und den Kopf senken müssen, um einen Dübel zu ergreifen. Dabei war eher versehentlich sein Blick auf die junge schwarzhaarige Frau gefallen. Die so guckte. Pfister verfiel diesem Blick.

Sie waren ein ungleiches Paar, in vielen Dingen aber durchaus einer Meinung. Dazu gehörte ihr gemeinsamer Abscheu vor Ungerechtigkeit, vor Ausbeutung und Drangsalierung einfacher Leute. Wenn jetzt hier in Moabit ganz durchschnittliche Mieter unter Druck gerieten, dann wollten sie helfen und eingreifen. Und wenn die Gesellschaft für unkonventionelle Maßnahmen das angehen wollte: nur zu! Es war zwar eigentlich nicht erlaubt, der Aktion der Gesellschaft vorzugreifen, aber Pfister war durch die Informationen der Szymanskis so aufgewühlt, dass er aktiv wurde.

Sie gingen Hand in Hand die Straße entlang, näherten sich den Hauseingängen, schauten sich ohne Scheu die Namen auf den Klingelschildern an, diskutierten lautstark miteinander und schließlich, als sich eine der Haustüren öffnete und eine junge Frau mit ihrem Fahrrad herauskam, sprachen sie sie an: »Hallo«, sagte Eeva-Elina mit ihrem schönen Finnisch-Deutsch, »wir suchen eine Wohnung. Ist hier was frei?«

Die junge Frau war kurz verwirrt, von dem Blick und dem fremden Klang, fing sich dann aber und sagte: »Nee, nicht dass ich wüsste. Fragen Sie doch mal im Lokal.«

»Machen wir«, sagte Pfister und äugte in den Hausflur, »ist nämlich schön hier.«

Die Frau zögerte. »Ja, schön ist es. Aber es gibt Ärger.«

»Ärger?«

»Die Häuser hier wurden gerade verkauft. Jetzt haben wir Angst, dass der neue Eigentümer uns rausschmeißt.«

»Wer ist das?«

»Der Eigentümer? Keine Ahnung. Lassen Sie lieber die Finger weg.« Und sie wiederholte: »Es gibt Ärger!«

Sie packte den Lenker ihres Rads und verabschiedete sich: »Tschüs. Ich muss los!«

H-P Pfister und Eeva-Elina schauten ihr nach. An ihnen vorbei drängte ein junges Paar ins Haus. Pfister sprach sie an: »Wohnen Sie hier?«

Beide nickten.

»Wir suchen eine Wohnung! Ist hier was frei?«

Die beiden stutzten und schwiegen.

»Weil«, sagte Pfister, »uns das Haus gefällt. Sieht aus, als könne man hier gut wohnen.«

Der junge Mann trug einen Arbeitsanzug aus schwerem grauem Stoff, mit vielen Taschen. Ein Zollstock ragte heraus. »Gut«, sagte er. »Wir leben hier gut.«

Und als wollte er sich rechtfertigen: »Ich komme aus Syrien.« Er zeigte auf seine Begleiterin: »Sie aus Palästina. Unsere Wohnung ist gut.«

Die Frau hatte mehrfach genickt, zum Schluss aber nicht mehr: »Wir fürchten hier die Zukunft«, sagte sie ungelenk, »wegen dem Besitzerwechsel.«

Ihrem Mann gefiel das nicht. »Lass!«, sagte er zu ihr. Und zu Pfister gewandt: »Wir sind gerne hier. Wiedersehn!«

Und er drängte nachdrücklich in den Flur. Die alte verschrammte Holztür fiel zu. Pfister beugte sich vor und studierte das Klingelbrett. Viele unterschiedliche Schildchen, manchmal nur Klebezettel, mit vielen Namen, deutschen und ausländisch klingenden. Es gab sechzehn Klingelknöpfe und 24 Namen. Voll belegt.

Sie steuerten das Lokal im mittleren Haus an und suchten sich einen Platz im Freien. »Hast du gehört? Die Mieter wissen, dass es Probleme gibt«, sagte er. »Da musst du was tun«, sagte sie. »Deswegen sind wir ja hier«, sagte er.

»Sie wünschen?«, fragte die Kellnerin. »Ein kleines Pils«, sagte Pfister unter dem ein wenig missbilligenden Blick seiner Freundin. Sie bestellte eine Bionade. »Gibt's nicht«, sagte die Bedienung, »wir haben Limo von Fritz Cola.« »Gut«, nickte Eeva-Elina. Die Kellnerin ging.

»Wir werden bald darüber sprechen«, versprach Pfister. »Beim nächsten Treffen.«

»Und dann?«

»Dann entscheiden wir. Wie wir vorgehen.«

»Erzählst du es mir?«

»Das darf ich nicht. Weißt du doch!«

Eeva-Elina büßte ihre gute Laune ein und blickte ihn mit voller Feuerkraft an. Pfister überlebte.

***

Unglaublich! Dreier staunte.

Mit seinem Zimmergenossen hatte er sich probeweise halbwegs versöhnt und der auch mit ihm. Sie hatten eine Art Waffenstillstand geschlossen, und der andere hatte sich bereit erklärt, nach bestem Können mitzuarbeiten in dieser Sonderkommission. Jetzt saßen beide vor ihren Computern und recherchierten.

»Unglaublich!«, rief Dreier. »Hör mal!«

Sein Kollege blickte auf.

Dreier zitierte aus seinen Unterlagen: »Seit Jahren läuft der Ausverkauf ganzer Häuserblocks mit Miethäusern. Es sind nicht nur die bekannten großen deutschen Gesellschaften, die ihr Kapital auf dem Berliner Immobilienmarkt einsetzen. Auch Ausländer sind aktiv, als Einzelpersonen und als Unternehmen. Sie kauften in den letzten Jahren einzelne Häuser, aber auch ganze Blocks, manchmal Hunderte, Tausende von Wohnungen mit einem einzigen Abschluss.«

Sein Kollege nickte mäßig interessiert. Dreier ließ sich nicht aufhalten, das Vorlesen diente ihm als Selbstvergewisserung, dass die übernommene Aufgabe wichtig war.

»Da gibt es ein englisches Familienunternehmen, das hat sich in ein paar Jahren unter unterschiedlichen Firmennamen fast zehntausend Wohnungen im Stadtgebiet von Berlin zusammengekauft. Bis vor Kurzem wusste man nicht, wer hinter den vielen verschiedenen Namen steckt, bis bekannt wurde, dass es sich um einen einzigen Investor handelte. Die Mieter selber hatten das herausbekommen. Und dann die Skandinavier! Die kaufen Häuser in Berlin, als wäre es geschnitten Brot. Es sind nicht die Mieten, die sie attraktiv finden, sie setzen auf den Wertzuwachs im Lauf der Jahre.«

»Die Mieten steigen immer weiter. Wer soll sich das noch leisten können?«, bemerkte der Kollege.

»Ja, ja«, kommentierte Dreier und las vor: »Jüngster Fall ist der Aufkauf dreier Mietshäuser in Moabit. Gekauft hat eine Firma namens Thirtynine Limited.«

»Das sind die jüdischen Banker aus dem Ausland«, ging der Kollege dazwischen, »die ihr Kapital hin und her schieben!«

Dreier stutzte kurz, überhörte das einfach und machte weiter: »... betroffen sind mehr als hundert Mieter. Ihnen stehen jetzt im beginnenden Winter Renovierungen und Umbauten ins Haus. Das hat der neue Verwalter den Mietern bereits angekündigt.«

Der Kollege wurde lauter: »So wird unser Volk ausgemerzt. Die Deutschen werden aus der Stadt vertrieben, damit die Juden und die Kanaken einziehen können. Und die Rot-Grünen wollen das genauso. Wir sollen alle ...«

»Jetzt reicht's! Hör auf damit!«

»Du willst es nicht wahrhaben. Aber unser Land ist rot-grün versifft!«

»Schluss!«, brüllte Dreier. »Solche Nazi-Parolen haben hier nichts verloren. Nicht in diesem Raum! Nicht bei der Polizei!«

»Hast du eine Ahnung!«

Dreier wurde still. Was hatte der gerade gesagt? Er holte tief Luft und sagte ganz ruhig: »Was hast du gesagt? Was meinst du?«

»Dass du keine Ahnung hast, was hier im Haus wirklich gedacht wird. Du kriegst nichts mit.«

Das musste Dreier erst einmal sacken lassen. Zunächst beschloss er, die vorübergehende Versöhnung mit dem Kollegen mit sofortiger Wirkung zu beenden. Und er versuchte halbwegs geordnet aus diesem Gespräch herauszukommen. »Mach mal langsam, mein Lieber«, sagte er. »Wir sind dazu da, Kriminalität zu bekämpfen. Und nicht, um Nazi-Parolen zu verbreiten. Ist das klar?«

Der andere merkte, dass er zu viel rausgelassen hatte, und hielt die Klappe.

Ich hätte keine Ahnung, hat er gesagt?, dachte Dreier. Na gut, ich werde es rauskriegen! Er blickte konzentriert auf seinen Monitor, als würde er weiter recherchieren, aber in Wirklichkeit dachte er an etwas anderes.

Der Kollege schwieg verbissen.

***

Sie bewegten sich in einem Chatraum, dem sie den Namen »Antifa-Polizei« gegeben hatten. Oder sie fanden sich einmal in der Woche, meistens abends, zu Videokonferenzen zusammen, so wie jetzt gerade, wobei die meisten ihre Kameras ausgeschaltet hatten. Eine Frau hatte die Kamera an ihrem PC grundsätzlich abgeklebt, ein anderer hatte das Objektiv auf ein Plakat an seiner Kellerwand gerichtet, das die Marx Brothers zeigte. Nur drei Beamte zeigten ihr Gesicht. Drei von achtzehn Teilnehmern.

»Ich habe mich umgehört«, sagte The Voice. »Dreier ist in Ordnung. Er macht einen guten Job. Er zeigt sich allerdings genervt von den Karrierebeamten, wie mein Chef einer ist. Das geht ihm sichtlich auf den Geist. Und nicht nur das, es gibt Anzeichen dafür, dass er durch den in seinem Büro sitzenden Kollegen – ihr wisst, wen ich meine – auf die Nazigruppierung gestoßen ist.«

»Anzeichen?«, fragte einer. »Hat er denn aktiv was dagegen unternommen?«

»Anzeichen, mehr nicht«, sagte sie. »Was machen wir daraus?«

»Nichts«, sagte eine Polizistin aus dem mittleren Dienst, »wenn er nicht aktiv gegen den Typ vorgeht, passt er nicht zu uns!«

»Mal langsam«, warnte eine Männerstimme, »wir leiden nicht gerade an Mitgliederüberschuss. Wir sollten ihm eine Chance geben. Kathrin, schau ihn dir näher an.«

»Mache ich«, sagte The Voice knapp und fügte hinzu: »Ich habe das Gefühl, dass wir denen langsam den Hahn zudrehen sollten, bevor sie zu stark werden.«

»Nun ja«, tönte es aus dem Lautsprecher. »Wir verfolgen die ja schon eine Weile. Sie haben Zulauf, das gefällt mir gar nicht. «

Ein anderer sagte: »Ich schlage vor, wir bereiten uns auf die Enthüllung vor.«

»Gut«, sagte sie, »ich leite alles in die Wege, okay?«

»Okay!«

»Schluss für heute. Bis nächste Woche.«

Die virtuelle Konferenz war beendet. Sie trafen sich nie zu echten Gesprächen. All ihre Planungen fanden in der virtuellen Welt statt, es waren Vorbereitungen für ein von ihnen sogenanntes »Ermittlungsergebnis«, für das es noch kein feststehendes Datum gab und auch keinen Empfänger. Sie waren alle Polizisten, beheimatet bei der Berliner Polizei, ein paar Anwärter, ansonsten gestandene Beamte, bis hoch zum Polizeioberrat.

***

Im rheinhessischen Saulheim (ein nicht allzu hipper Ort in Rheinland-Pfalz) saß Giselher Kapp in seinem Labor. Oder genauer, er hielt sich in seinem frisch erworbenen Haus auf, und zwar in jenem Raum, den er Labor nannte. Das Haus stand in einer sehr geraden Straße, in einer Reihe mit sehr geraden gleichförmigen gleichaltrigen Achtzigerjahre-Siedlungshäusern, alle im Stil ähnlich, alle mit grau gepflasterten Einfahrten, mit Garagen aus Fertigbeton und Zäunen aus Schmiedeeisen. Vor den Garagen standen meist Opel-Limousinen. Die Marke fuhr man hier, in Sichtweite zur Fabrik in Rüsselsheim. Man würde hier noch Opel fahren, wenn es sonst niemand mehr tun würde.

Dieses unauffällige Haus, Kapps stolze Neuerwerbung, hatte zwei Dreizimmerwohnungen auf vierhundert Quadratmetern Grundstück. Hinten eine kleine Rasenfläche mit Blumenbeet. Aber es gab eine Besonderheit, die dieses Haus von den Nachbarhäusern unterschied. Der Vorbesitzer hatte seinerzeit ein Hallenbad angebaut, eingelassen auf Kellerniveau, ausgelegt mit himmelblauen Kacheln, vier Meter breit, sechs Meter lang, obendrauf ein Dach aus Plexiglas. An den Folgekosten, vor allem der Heizung, war der damalige Eigentümer verzweifelt. Er war froh, in Kapp einen Interessenten gefunden zu haben, und verkaufte das Ganze unter Wert.

Genau das brauche ich, hatte Kapp damals gedacht. Bezahlt hatte er das Haus mit dem Geld aus dem Verkauf seines Abfüllbetriebs, zwei Drittel überwiesen, ein Drittel schwarz. Danach waren Renovierungen und Umbauarbeiten fällig geworden. Jetzt hatte er die Wohnung im Obergeschoss an einen Opelarbeiter mit Frau und Kind vermietet. Er selbst wohnte mit seiner Frau in den drei Zimmern im Erdgeschoss und hielt sich tagsüber in dem ehemaligen Schwimmbad auf. Daraus war sein Labor geworden, mit gekachelten Wänden, Fußbodenheizung und einem voll verglasten Dach. Der ehemalige Umkleideraum war jetzt das Büro. Kapp wollte sich nicht zur Ruhe setzen. Noch nicht. Dazu war er auch mit Mitte fünfzig zu jung. Er wollte neue Getränke entwickeln und auf den Markt bringen und, wenn es sein musste, auch persönlich verkaufen. Er hatte noch was vor.

Kapp saß in dem Labor und hantierte mit einem Erlenmeyerkolben. Die Klingel hörte er nicht. Seine Frau kam herein, im Schlepptau Müller, den ehemaligen Prokuristen aus dem Abfüllbetrieb. »Da«, sagte seine Frau und blickte hinab in das blau gekachelte Becken, »der Müller.« Das war Saulheimer Sprachgebrauch und keineswegs unfreundlich. »Hm«, antwortete Kapp.

Eigentlich hatte Müller damals fristlos kündigen wollen, nachdem Kapp überraschend die in die Jahre gekommene Abfüllfabrik an einen Bauträger verkauft hatte. Kapp war zu Geld gekommen, und alle Mitarbeiter hatten ihren Arbeitsplatz verloren. Aber dann hatte Müller sich auf dem Arbeitsmarkt umgesehen, und das Ergebnis seiner Recherchen hatte ihn ernüchtert. Es gab keine Nachfrage nach sechzigjährigen Prokuristen mit Erfahrung im Umgang mit veralteten Maschinen. Also hatte Müller geschluckt, sich überwunden und Kapp gefragt, ob er denn für ihn noch etwas zu tun habe.

Müller kam einmal in der Woche, um die Buchhaltung der Kapp Getränke Innovation GmbH auf Stand zu bringen. Da war bisher nicht viel buchzuhalten. Es gab keine Einnahmen aus dem Verkauf von Getränken oder gar irgendwelchen Innovationen. Kapp benötigte Müller als Sparringspartner, als Zuhörer, vielleicht als Coach. Kapp wollte ein neues Getränk erschaffen, mit dem er den Markt erobern konnte. Das war sein Ziel. Dem ordnete er zum Ärger seiner Frau sein privates Leben unter und er setzte einen Teil seines aus dem Verkauf gewonnen Vermögens ein. Müller kannte seine Rolle.

Kapp hatte sich von seinem Besucher gleich wieder abgewandt. »Nimm dir einen Stuhl«, knurrte er. »Setz dich!« Manchmal duzte er ihn.

Müller kletterte die Schwimmbeckenleiter hinab in das blau gekachelte Labor. Auf dem Tisch mit der Platte aus rostfreiem Edelstahl drängten sich große Glasflaschen, kleine Glasflaschen, Messbecher, Ständer mit Reagenzgläsern, Filter, kleine Zentrifugen. Dann war da noch ein Esge-Zauberstab. Kapp goss eine himbeersaftfarbene Flüssigkeit aus einem Messbecher in ein Reagenzglas.

»Ich hab's gleich«, murmelte er vor sich hin. »Ich hab's gleich. Ein Volltreffer!«

Müller, der die gleiche Feststellung vor vier Wochen, vor zwei Wochen und zuletzt vor einer Woche gehört hatte, sagte: »Aha!«

»Es muss was laufen, sonst mache ich hier dicht«, stellte Kapp fest, und der Ton sagte: Widersprich mir nicht. »Sie sehen ja«, er siezte ihn jetzt und zeigte auf seinen vollen Tisch, »ich habe was getan.«

»Hmhm, fleißig!«

»Wir machen das dann alles selbst! Wir werden das dann auch selbst vermarkten.«

Wovon spricht er?, dachte Müller. Ist er verrückt geworden?

»Sie denken vielleicht, ich bin verrückt geworden? Aber haha! Da werden Sie noch schauen!«

Nun ja, dachte Müller, ich schaue jetzt schon.

»Sagen Sie doch was!«

»Da bin ich aber gespannt!«

»Gut«, sagte Kapp zufrieden, als Äußerung echten Interesses reichte ihm das aus. »Wir werden ein Partygetränk herstellen. Das kommt genau richtig zum nächsten Frühling. Das passt in die Zeit. Alle wollen Party feiern. Das Elend vergessen. Sonnenwende! Grillfest! Junggesellenabschied! Egal, wir liefern jetzt den dazu passenden Kick.«

Du lieber Gott, dachte Müller und sagte stimmlos: »Kick …«

»Halloween!«, rief Kapp. »Ich habe Halloween vergessen!«

»Ja, vergessen!«

»Ich bin auf dem richtigen Weg. Hier«, er hob den Erlenmeyerkolben, »mische ich Traubensaft, süßen Wein, flüssigen Zucker, Aroma und Farbstoff. Ich arbeite gerade am richtigen Mischungsverhältnis. Und da!« Kapp zeigte stolz auf seinen Labortisch, wo diverse Reagenzgläschen mit bunten Flüssigkeiten warteten. »Gleich hab ich's!«

Er hat sie nicht alle, dachte Müller.

Kapp redete finster entschlossen weiter: »Jawohl, nur noch das Mischungsverhältnis mit dem Alkohol. Ich bin nah dran. Ha, das ist dann mein Geheimnis.«

So schlimm wie heute war es noch nie. Müller musste den Mann beruhigen: »Ja, Herr Kapp, Sie machen das gut! Lassen Sie sich Zeit!« Es half nichts.

»Zeit? Zeit hab ich später! Mein Geheimrezept muss ich sofort bei der Sparkasse im Tresor einschließen. Und diese Mischung hier, die füllen wir in kleine Fläschchen. Die wir mit echten Korken verschließen. Das ist unser Special.« Er sagte Späschell, rheinhessisch. »Von Anfang an müssen wir hier selber produzieren, klar?«

Müller nickte.

»Und wissen Sie, wie wir das Ganze nennen? Jetzt kommt's!«

»Sie machen mich neugierig.« Das klang nicht gerade kraftvoll, aber Kapp merkte nichts. Er brauchte nur ein Gegenüber, keinen Widerspruch.

»Sie kennen doch noch die Liebfrauenmilch? Diesen süßen Wein, mit dem unsere Winzer halb Europa vergiftet haben?«

Müller ahnte Schlimmes.

»Den Wein trinkt kaum noch jemand. Aber alle kennen das Wort. Und deswegen nenne ich unseren Partydrink …«

Partydrink! Müller musste jetzt stark sein.

»… Liebgrauenmilch!« Kapp blickte Müller begeistert an. »Liebgrauenmilch! Mit großem G!« Kapp kicherte. Er konnte sich kaum bremsen: »LiebGrauenmilch! Ein G zum Grauen! Mit einem Vampirkopf auf dem Etikett! Hier sind die Zutaten.« Er reichte Müller einen kleinen handbeschriebenen Zettel. »Die stimmen schon. Es geht nur noch um die Mischung. Bestellen Sie das alles, und zwar zügig. Außerdem brauche ich schnellstens einen begabten und billigen Grafiker, der mir das Etikett entwirft. Ich habe mir da schon Gedanken gemacht«, sagte er und klopfte auf einen bemalten Zettel auf seinem Labortisch.

Müller reagierte nicht mehr.

»Kümmern Sie sich um alles. Machen Sie hin, Müller! Tempo! Worauf warten Sie noch?«

Müller ging schweigend. Er wankte ein wenig. Sein Halbtags-Buchhalter-Job hatte sich in eine ungeahnte Richtung entwickelt. Er verließ das Labor, indem er die Schwimmbeckenleiter emporkletterte, dann betrat er sein kleines Büro und warf den Computer an.

***

Um sieben Uhr ging es los. Vor den Häusern mit den Nummern 29 und 30 parkten zwei große Lastwagen, voll beladen bis oben hin mit Metallrohren und Gestängen und Planken aus Stahl. Die Fahrer dieser Lastwagen hielten mitleidlos in der zweiten Reihe, womit sie mehrere parkende Fahrzeuge blockierten und Radfahrer zum gefährlichen Schwenk auf die Gegenfahrbahn zwangen. Aus den Führerhäusern sprangen Arbeiter mit Arbeitshandschuhen und in weißen T-Shirts mit der Aufschrift Gerüstbau Goldhorn. Sie begannen schnell und professionell die Metallteile abzuladen. Sie stellten sie hoch und montierten die Streben und Kupplungen. Nach nicht einmal zwei Stunden stand das Gerüst in einer Höhe bis zum ersten Obergeschoss vor den Häusern in der Birkenstraße.

Das war der Anfang. Inzwischen waren weitere Lastwagen vorgefahren. Weitere Gerüstteile wurden abgeladen. Die Truppe der Arbeiter umfasste fünfzehn Leute, sie arbeiteten im Akkord.

Als Frau Szymanski den Lärm hörte und das Fenster öffnete, stand dicht vor ihr ein Arbeiter und grinste sie an. Sie fuhr zurück und rief nach innen über die Schulter: »Kommst du mal …?!«

***

»Der ist die Nummer eins!« Feli bearbeitete ihr Tablet. Die Mitglieder der Gesellschaft saßen in der Wollankstraße beisammen und erwarteten ihren Bericht.

Nummer eins? Was hieß das? Also wiederholte sie: »Der Anwalt ist die Nummer eins. So wird er bezeichnet. Jedenfalls auf diesem Portal. Ihr kennt das?«

Feli blickte in fragende Gesichter. Sie nahm ihr Tablet vorsichtig wie ein wertvolles Schmuckstück von dem narbigen Küchentisch hoch und schwenkte es vor den anderen. In diesem Tempo konnten sie kaum etwas erkennen. Eschweiler empfand das als nicht hilfreich: »Soll ich dein Ding an den Monitor anschließen?«, bot er an.

Sie nickte.

Eschweiler griff nach ihrem Tablet, tippte vor sich hin, schaltete dann den großen Monitor ein. Es erschien eine Internetseite mit dem Namen und der Adresse dieser angeblichen Nummer eins: Dr. Mike Gress.

»Ich erzähle mal weiter.« Feli hatte recherchiert und wollte ihr Wissen weitergeben. »Es gibt Portale. Für Ärzte. Oder für Anwälte. In jeder Stadt Deutschlands gibt es eigene Ranglisten.«

»Braucht man so was?«, fragte Pfister.

Cromm mischte sich ein: »Ich kenne das auch für Kneipen. Die Lokale meiner Schwester werden da auch beurteilt.«

»Und?«, fragte van de Loo neugierig.

»Keine Ahnung. Meine Schwester ignoriert das und rät auch mir, nicht hinzugucken. So ein Portal ist ein Sammelplatz für Selbstdarsteller und Meckerer. Da braucht nur mal ein Kellner ein bisschen mehr Zeit, schon wird das ganze Lokal und die Küche niedergemacht. Kollegen von meiner Schwester haben versucht, gegen die Stänkerer zu klagen. Kann man vergessen. Da hilft nur: einen guten Job machen und die Beschwerden ignorieren.«

»Ich lese das aber«, stellte Eschweiler fest. »Da denke ich manchmal: Vielleicht ist was dran?«

»Ach was, das sind Neurotiker, die da schreiben. Wir haben gemerkt, dass sie dem Geschäft nicht schaden.«

Eschweiler zuckte die Achseln und dachte: Red du nur!

»Ja«, sagte Feli. »Aber es scheint doch irgendwie und für manche Bedeutung zu haben. Vor allem: Dahinter steckt ja etwas anderes, eine Geschäftsidee, diese Portale sind Geldmaschinen für die Betreiber. Ist deine Schwester noch nicht gefragt worden, ob sie zahlen will?«

Cromm guckte sie fragend an.

»Normalerweise wird man angefragt. Ob man bezahlen will. Dann erhält man ein virtuelles Siegel als angeblicher Testsieger, mit dem man Reklame machen darf, und wird mit elektronischem Tamtam zur Nummer eins erklärt. Das soll Kundschaft bringen.«

»Hat meine Schwester nicht nötig«, verkündete Cromm stolz. »Falls sie mal gefragt wurde, hat sie bestimmt abgelehnt.«

»Jedenfalls ist dieser Anwalt die Berliner Nummer eins bei einem auf Rechtsanwälte spezialisierten Portal. Vielleicht hat auch er mit Geld nachgeholfen. Er soll jedenfalls der Beste sein in der Kategorie ›Juristen als Immobilienverwalter‹.«

»Na toll!« Das kam von Pfister.

»Und dieser Anwalt arbeitet für die Immobilienfirma Thirtynine.«

»Eine englische Firma?«

»Kann sein. Muss aber nicht. Ich habe keine Aktivität in England gefunden. Es gibt deutsche Firmen, die sich englische Namen geben und sich in England als limited anmelden. Klingt hier in Deutschland irgendwie besser, denken die.«

»Kriminelle Firmen?«

»Nicht unbedingt. Manche wollen einfach nicht die deutschen Vorschriften für die GmbH-Zulassung einhalten.«

»Der Anwalt ist also deren Vollstrecker.«

»Er macht jedenfalls den Verwalter-Job. Der oder die Leute hinter dem Namen Thirtynine Ltd sind zwar Unbekannte, aber sie verfügen über Geld. Es geht ihnen um zusammenhängende zum Verkauf stehende ältere Häuser, die sie übernehmen, um sie dann zu modernisieren. Das machen sie seit Jahren. Wichtig ist ihnen, dass es mehrere Häuser sind, möglichst ein ganzer Block.«

»Woher weißt du das?«

Feli studierte ihr Tablet. »Weil sie Spuren hinterlassen haben.«

Sie wischte und drückte auf das Tablet. »Hier!« Man sah auf dem Monitor eine Zeile von herausgeputzten Mietshäusern, alle schneeweiß angestrichen, alle mit neuen Fenstern und mit nachträglich davorgehängten Balkonen aus Stahl.

»Dieses hier ist in Wilmersdorf. Da wurden fünf alte und komplett vermietete Häuser gekauft. Den Mietern wurden die Modernisierungen kurzfristig angekündigt, und dann ging es auch schon los.«

Pfister unterbrach sie: »Das ist Terror!«

Feli blickte ihn fragend an: »Terror?«

»Ja! Wurden die Mieter terrorisiert?«

Feli zuckte mit den Schultern. »Ansichtssache. Dieser Dr. Gress kennt sich aus mit dem Mietrecht. Er dehnt die Gesetzeslage zu seinen Gunsten so weit wie möglich. Er ist damals am Rande der Legalität vorgegangen. Dass dann wochenlang das Treppenhaus voller Schutt war, dass die Bohrhämmer von morgens bis abends ratterten, dass der Staub in alle Wohnungen kroch … tja, kann auch Zufall sein, oder?!«

Feli referierte sachlich-kühl, aber Pfister ballte die Fäuste. Die anderen schüttelten die Köpfe.

Pfister konnte nicht mehr an sich halten: »Ich war da!«

Plötzlich war Stille im Raum. Nur der Straßenlärm war zu hören. »Du warst wo?«, fragte van de Loo ganz ruhig.

»In der Birkenstraße.« Pfister merkte an der unfreundlichen Stille, dass er sich erklären musste. »Ich hatte die Szymanskis beim letzten Mal hier auf dem Video gehört. Also, dass sie Angst haben. Dass sie sich wehren wollen, zusammen mit den anderen. Das hat mir keine Ruhe gelassen. Da bin ich einfach mal hingefahren und habe mir das da angesehen.«

»Verdammt!« Das war Cromm.

Tabak wiegte den Kopf.

»Du Dilettant!«, kam von Eschweiler.

»Pfister!«, sagte van de Loo in einem Tonfall, wie man mit einem ungezogenen Kind spricht, »du weißt doch, dass wir uns immer abstimmen und dass wir gemeinsam vorgehen, oder?«

Der Angesprochene schwieg bockig.

»Du weißt, dass du mit einem Solo viel kaputt machen kannst?«

Eschweiler: »Mit Dilettanten wird das hier nix!«

Feli fragte ganz freundlich: »Was hast du dir gedacht?«

In die Enge getrieben, wurde Pfister aggressiv: »Die wollen sich doch gemeinsam wehren! Es geht darum, ob wir mitmachen. Stimmt's?«

Niemand sagte etwas.

»Deswegen habe ich mit ein paar Leuten dort gesprochen. Sie wissen, dass sie einen neuen Eigentümer haben. Sie fürchten sich.«

»Du bist rumgetrampelt wie ein Elefant«, stellte Eschweiler fest. »Ich fass es nicht!«

Van de Loo spürte die Stimmung und fühlte sich verpflichtet einzugreifen. »Mal langsam! Du hast mit den Leuten gesprochen?«

Pfister nickte.

»Hast du gesagt, dass du in unserem Auftrag unterwegs bist?«

Pfister schüttelte den Kopf.

»Aber wie hast du dich an sie rangemacht? Sag schon!«

Pfister druckste: »Na, ich war ja eigentlich eh in der Gegend ...«

»Ganz zufällig!«, höhnte Eschweiler.

»Jetzt lass mal!«, sagte Cromm.

»Und was hast du rausbekommen?«

»Ich wollte mir mal die Straße ansehen und die Häuser. Ich war da sowieso unterwegs mit meiner Freundin ...«

»Freundin!?« Feli fielen die Augen aus dem Kopf. Eschweiler war vorübergehend sprachlos. Cromm war überrascht. Pfister, der alte Hagestolz, mit einer – Freundin?!

Pfister wand sich auf seinem Küchenstuhl. »Wir gingen also die Straße lang, da ging eine Haustür auf …«

Eschweiler fand seine Sprache wieder: »Noch so ein Zufall!«

»… und da dachte ich, ich frage die mal, ob eine Wohnung frei ist. Nein, sagten sie. Aber sie sagten, dass man da gut wohnt. Und sie fürchten den neuen Vermieter. So, jetzt wisst ihr alles.«

So viele Sätze am Stück hatte er noch nie gesprochen.

»Gut. Pfister, ich sag dir etwas, was eigentlich klar ist. Aber jetzt extra für dich: Wir machen alles gemeinsam. Oder wir bestimmen, wer von uns was macht. Alleingänge können wir nicht gebrauchen. Aber warum muss ich das sagen? Du kennst doch die Regeln, oder?«

Pfister druckste. »Ich weiß, aber …«

»Kein Aber. Vergiss das nicht!«

Pfister nickte mit festem Blick auf die Tischplatte. Cromm und Feli guckten beide betont unbeteiligt. Eschweiler schüttelte heftig den Kopf und murmelte vor sich hin. Tabak schüttelte leicht den Kopf. Feli rückte auf dem Stuhl hin und her. Sie war noch nicht fertig.

»Ich schildere euch mal das Vorgehen der Thirtynine Ltd in Wilmersdorf. Damals hätten die Mieter wegen der Störungen durch die Handwerker ja die Miete kürzen dürfen. Doch die meisten wehrten sich nicht. Manche waren zu alt und schwach für den Streit, andere nur genervt. Zum Schluss warfen viele freiwillig das Handtuch und zogen aus. Nur ein junges Paar – er Jurist, sie Lehrerin – wehrte sich erfolgreich. Sie kürzten die Miete, verlangten Schadenersatz und drohten mit dem Gang vors Gericht. Der Anwalt bot ihnen ganz schnell dreißigtausend Euro an, wenn sie ausziehen würden, und das taten sie dann auch. Da war der Weg frei. Aus den Mietwohnungen wurde sogenanntes ›exklusives Wohneigentum‹. In diesem Frühjahr wurde alles fertig, mit neuen Balkonen und Aufzügen.«

»Und?«, fragte Cromm. »War es ein Geschäft?«

»Und ob«, sagte Feli und rief ein neues Bild auf. Es erschien eine glänzende Reklameseite mit Fotos der renovierten Häuser in Wilmersdorf, mit Wohnungsgrundrissen, mit virtuellen Darstellungen elegant eingerichteter Räume.

»Die ehemals einfachen Mietwohnungen wurden vermarktet als Teile einer ›Residenz am Volkspark‹. Dabei sind die Wohnungen nicht so, wie man sie sich in einer Residenz vorstellt, und der Volkspark ist ganz schön weit weg. Aber solche Sprüche gehören zu dieser Branche. Hat ja auch funktioniert. Denn die geforderten Preise wurden akzeptiert, die Käufer standen Schlange, wer über den Preis verhandeln wollte, wurde lächelnd weggeschickt.«

»Kennst du den Gewinn, den sie gemacht haben?«

»Mhmhm!« Feli nickte. »Die Häuser wurden für zwölf Millionen gekauft. Investiert wurden so etwa fünf Millionen. Aus dem Verkauf aller Eigentumswohnungen hat der Investor mehr als 28 Millionen erlöst. Also …?« Feli blickte in die Runde wie eine Lehrerin.

»Ich weiß was«, rief Eschweiler und schnipste mit erhobenen Fingern: »Elf!«

Feli nickte gnädig. »Ja, es wurden elf Millionen verdient.«

Ihre Zuhörer schwiegen beeindruckt.

»Na toll!«, rief van de Loo. »Und das läuft alles über diesen kleinen Anwalt?«

»Von wegen ›kleiner Anwalt‹! Ja, seine Kanzlei ist unauffällig. Aber er dreht ein großes Rad.«

»Das heißt?«

»Er hat Prokura. Er kauft die Immobilien im Namen der Gesellschaft. Er schreibt die bösen Briefe an die Mieter, beauftragt Architekten, vergibt Aufträge an Baufirmen. Und am Ende unterschreibt er die Kaufverträge, wenn die Wohnungen auf dem Markt sind.«

Feli machte eine Pause. »Letztlich verfügt er über viele Millionen. Das dürfte sich auch für ihn persönlich lohnen.«

»Wo sitzt der Kerl?«, fragte Tabak.

»Dr. Gress? Nicht weit von hier«, sagte Feli. »In Pankow. Da ist die Kanzlei in der Breiten Straße.«

»Soll ich da mal nachsehen?«, fragte Eschweiler hoffnungsfroh.

Van de Loo überlegte. »Keine schlechte Idee. Aber vorher muss die Wohnung der Szymanskis vernetzt werden. Das ist wichtiger.«

»Ich könnte ja einfach mal vorbeischauen?« Eschweiler reizte das mehr als die Verwanzung der Birkenstraße.

»Nee«, sagte van de Loo, »ich überlege mir gerade was. Würdest du die Anwaltspraxis knacken, also elektronisch? Damit wir alles mitkriegen?« Würdest du in das Haus reingehen, wenn man dir den Schlüssel gibt?«

Eschweiler nickte selbstgewiss: »Na klar! Ich muss bloß irgendwie in das Haus des Anwalts reinkommen, ich brauche vor allem Zugang zum Keller, wo ich an die Leitungen kommen kann.«

Er war mit seinem eigentlichen Job nicht ausgelastet, vor allem war er technisch unterfordert. Sein Wissen und seine Neugier suchten nach Herausforderungen. Es durfte ruhig ein bisschen riskant sein. Solche Aufgaben wie die Überwachung eines Spekulationsobjekts und das Aushorchen des Spekulanten empfand er als angenehme Abwechslung.

»Gut«, sagte van de Loo zu Eschweiler. »Du wirst reinkommen. Wart's ab.«

Cromm guckte ungläubig. Eschweiler sah zufrieden aus.

***

Sie kamen völlig unvermittelt. Freitagnachmittag, der Laden war voll. Tabak bediente gerade und hatte schon die nächsten wartenden Kunden im Blick. Zunächst hörte er ein Scheppern und dachte: Da ist was umgefallen. Er gab dem Kunden sein Päckchen mit Fleisch und Knoblauchwürsten und dachte zugleich: Unsere Leute werden das schon im Griff haben, als es schon wieder schepperte, dazu ein Krachen. Das Regal mit den Tee- und Kaffeepäckchen stürzte in den Gang.

Da begriff Tabak, dass da nichts versehentlich passierte. In zwei Sätzen sprang er hinter der Fleischtheke hervor und lief, so schnell er konnte, durch die Gänge.

Kunden kamen ihm entgegen. Sie flüchteten mit schreckgeweiteten Augen. Eine vollverschleierte Frau stand bewegungslos, die Augen fest zugepresst und die Hände auf den Ohren.

Tabak sah an den Kassen zwei junge Männer, die gleichförmig angezogen waren: Jeans, Hoodies, vollverspiegelte Sonnenbrillen und Atemschutzmasken. Sie griffen in die Kassen, während ein dritter irgendwo zwischen den Regalen Waren herausholte. Alle drei Kassiererinnen standen mit erhobenen Händen neben ihren Kassenboxen, schreckensbleich und stumm.

Er sprang einem der beiden Jungen mit einem großen Satz in den Rücken und drückte ihn auf die Knie, wollte sich gerade dem zweiten zuwenden, als er einen Schatten sah, dann war da ein Schlag, dann wurde es dunkel und still.

***

Zunächst spürte er die Berührung – wie in einem Traum, etwas unwirklich, letzten Endes aber hartnäckig und nicht wegträumbar. Jemand tupfte ihm mit etwas Kühl-Feuchtem auf den Hinterkopf. Das war zwar ganz schön, aber doch merkwürdig, sodass Tabak sich entschloss, die Augen aufzuschlagen. Er sah eine Frau in einer leuchtend roten Jacke, die sich über ihn beugte. Er sah auf der Jacke ein Kreuz, umrahmt von dem Schriftzug Deutsches Rotes Kreuz. Während er noch nachdachte, wie er in diese Situation gekommen war, registrierte er neben sich Füße und Beine, und als er den Blick hochwandern ließ, sah er zwei Sanitäter, die auf ihn hinabschauten und sich mit einer Bahre auf Rädern bereithielten.

Etwas zusammenhanglos sagte er zu der Frau: »Mir geht's besser!« Sie nickte und sagte: »Freut mich! Ich heiße Behrend und bin die Notärztin.«

»Was ist passiert? Bin ich gestolpert?«

»Sie wurden zusammengeschlagen. Können Sie meinen Finger sehen?« Sie führte ihren rechten Zeigefinger nach rechts, dann nach links und beobachtete, ob Tabaks Augen folgten. Sie folgten.

Dann war die Erinnerung da. Der Überfall. Seine Kassiererinnen mit erhobenen Händen. Die Jungen in den Hoodies. Den einen hatte er kaltgestellt. Dann war etwas passiert … »Wo ist mein Vater?«, rief er. »Wie geht es ihm? Ich muss nach meinem Vater sehen«, und er versuchte aufzustehen.

»Langsam, langsam«, sagte die Ärztin, »Sie bleiben ruhig liegen, bis ich fertig bin.«

Schließlich machte sie eine Kopfbewegung zu den Sanitätern: Sie sollten näher kommen. »Gibt es einen Raum, wo wir sprechen können?«, fragte sie.

Tabak nickte: »Aber ja, da hinten ist unser Büro!«

»Gut«, sagte die Notärztin und mit Blick zu den Sanitätern: »Helft mal, wir bringen ihn ins Büro.«

Im Büro wurde es eng, denn zwei Polizisten sprachen dort bereits mit den Mitarbeitern. Nacheinander wurden sie befragt, was sie gesehen hatten, wie die Täter ausgesehen hätten, ob sie wussten, wie viel Geld in den Kassen gewesen war.

Die Befragungen flossen in das polizeiliche Protokoll ein, das in aller Unschärfe feststellte, dass zwischen elf und elf Uhr fünfzehn drei Männer, junge Männer, in verhüllender Kleidung und mit Sonnenbrillen den Markt betreten hatten. Sie hätten wortlos auf die Kassen gedeutet und begonnen, sie zu plündern und gleichzeitig ein Regal auszuräumen. Der Sohn des Eigentümers habe versucht einzugreifen und sei tätlich angegriffen worden (beigefügt das Untersuchungsergebnis der Notärztin). Der Eigentümer habe während des Überfalls einen Herzanfall sowie einen Schock erlitten und sei in das nahe liegende Vivantes-Klinikum verbracht worden. Die Befragung der Mitarbeiter sei ergebnislos geblieben. Ein Verdacht, wer die Tat begangen haben könnte, sei nicht geäußert worden.

»Was!?«, rief Tabak. »Mein Vater ist im Krankenhaus? Ich muss zu ihm!«

Die Ärztin schüttelte den Kopf: »Das geht nicht. Sie sind selber ein Fall für die Klinik. Sie werden mindestens einen Tag bleiben müssen, bis feststeht, dass Sie keine Gehirnerschütterung haben.«

Tabak fügte sich widerstrebend. Als die Sanitäter ihn durch den Laden nach draußen schoben, rief er seinen Leuten, die im mittleren Gang in einer kleinen Gruppe beieinanderstanden, zu: »Ihr müsst aufräumen! Morgen müsst ihr wieder öffnen, klar?«

***

Sonnabendmittag. Überraschender Sonnenschein nach vielen düsteren Herbsttagen. Silvio Cromm saß auf dem Beifahrersitz und ließ sich chauffieren. Der Motor des Mercedes machte ein gleichmäßig vornehmes Geräusch. Sein Chauffeur hatte für diese Fahrt die Autobahn verschmäht und Landstraßen ausgesucht. Sie hatten etwa einhundert Kilometer zu fahren und sie hatten Zeit. Cromm blickte unauffällig hinüber zum Fahrer und erfreute sich an ihm. Sven Hertzog war sein Partner und Freund. Dieses Wochenende gehörte ihnen.

Ihr Ziel war die kleine Stadt Fürstenberg in Brandenburg. Hertzog hatte das Ziel vorgeschlagen und gesagt: »Achtung, das wird eine Tour zu einer schönen kleinen brandenburgischen Stadt an einem romantischen See. Aber ich will dort etwas besuchen, was mir wichtig ist – und das ist nicht so schön und gar nicht romantisch. Kommst du mit?«

Cromm empfand die Ankündigung als rätselhaft. Er wollte nicht nachfragen und hatte nur gesagt: »Gut. Ich bin gespannt.«

Sven Hertzog und Silvio Cromm waren ein Paar. Nicht amtlich verpartnert, wie das bei Jüngeren normal geworden war. Jeder von ihnen hatte seine eigene Wohnung. Jeder machte werktags sein eigenes Ding. Es gab auch nicht irgendwelche täglichen Telefonturteleien, bei denen man sich gegenseitig ewig währender Liebe versicherte. Hertzog und Cromm waren nüchtern, pragmatisch und schwul. Sie waren ein Paar, und das schon recht lange.

Hertzog arbeitete im Bundespresseamt. Er war gelernter Journalist mit einer journalistischen Vergangenheit in den politischen Redaktionen der Berliner Zeitungen. Aber bei der Presse war es in letzter Zeit immer schwieriger geworden: Personaleinsparungen, weniger Eigenständigkeit, aus Kostengründen abgelehnte Recherchen, stattdessen die Pflicht zur Übernahme vorgefertigter Artikel von Agenturen und Redaktionsnetzwerken. Die Arbeit bei der Tageszeitung hatte ihm zum Schluss keine Freude mehr bereitet. Das Angebot, im Bundespresseamt redaktionell das Magazin »Unser Deutschland« zu betreuen, hatte er vor drei Jahren angenommen. Da war dann wenigstens klar, was er zu tun hatte: in gutem Deutsch ein gutes Deutschland zu beschreiben, gut bezahlt.

»Du bist jetzt ein Werbetexter«, hatte Cromm ihn aufgezogen, als er dort anfing.

»Aber nicht so toll honoriert«, hatte Hertzog zurückgegeben und gedacht: dafür aber mit beamtenähnlicher Sicherheit.

Silvio Cromm hatte vor Jahren einen Schnitt gemacht und eine sichere Beamtenstelle der höheren Laufbahn aufgegeben. Damals, da war er noch keine fünfzig, hatte er um Versetzung in den vorzeitigen Ruhestand gebeten und das Landeskriminalamt kurz entschlossen verlassen. Einerseits, weil ihn die immer stärkeren Einsparungen und die zunehmende Politisierung des Dienstes nervte. Andererseits, weil man ihn als den einzigen offen Schwulen in der Abteilung immer wieder mobbte, heimlich zwar, aber das machte es ihm unmöglich, dagegen vorzugehen. So bezog Cromm seit fünf Jahren eine Pension, die zwar kaum zum Leben reichte, aber da war ja noch sein Gehalt als Mit-Geschäftsführer in dem Gaststättenbetrieb seiner Schwester Giuseppa. Sie betrieb mit Erfolg vier italienische Restaurants in Berlin. Er war zuständig für die Abrechnungen, das Personal, die Steuererklärung und den Einkauf der Waren (besonders die Beschaffung der Weine betrieb er mit großem Vergnügen). Cromm wohnte in einer sparsam und elegant möblierten Zweiraumwohnung in einem Apartmenthaus im Bauhausstil in Treptow. Hatte kein eigenes Auto, sondern lieh sich entweder den Lieferwagen seiner Schwester oder ihren kleinen Fiat.

Jetzt lehnte er sich in dem Ledergestühl des Mercedes zurück, betrachtete wohlwollend das Armaturenbrett im Design der Sechzigerjahre, die analogen Instrumente, das große Lenkrad mit Hupring. Schließlich wanderte sein Blick noch einmal vom Lenkrad zum Fahrer, zu Hertzog, und aus dem wohlwollenden Blick wurde ein liebevoller.

Hertzog fuhr entspannt. Er liebte seinen Oldtimer, diesen Roadster mit dem Beinamen Pagode, von dem es nicht mehr viele Exemplare gab. Das Auto wurde nur bei Sonnenschein und trockenen Straßen aus der Garage geholt. Hin und wieder steckten Kaufanfragen hinter den Wischern, die Hertzog trotz der gebotenen Summen kalt ignorierte.

Anderthalb Stunden gemächliche Fahrt. Sie kamen nach Fürstenberg, das sich Wasserstadt nannte, weil es von mehreren Seen und den sich verzweigenden Läufen der Havel umgeben war. Es gab ein Schloss, einen Segelhafen, Restaurants und Touristen aus Berlin. Sie hielten auf einem Parkplatz. Das Auto erregte Aufsehen.

»Komm«, sagte Hertzog, »wir gehen zum See.«

Bei richtigem Stand der Sonne und warmen Temperaturen konnte Brandenburg südeuropäisch wirken, und dieses Fürstenberg hatte italienischen Charme, zumal das Restaurant am Segelhafen sich Al Porto nannte. »Komm weiter«, sagte Hertzog zu Cromm und lotste ihn auf den Steg. Links und rechts dümpelten Jachten, sogar größere, denen man ansah, dass sie einen weiten Weg hinter sich hatten. Cromm fand das alles interessant, Hertzog interessierte es nicht.

Am Ende des Stegs blieb er stehen, wartete, bis Cromm aufgeholt hatte, und zeigte hinaus auf das Wasser: »Dies hier ist der Schwedtsee.« Dann zeigte er zum Ufer gegenüber: »Und da hinten, da will ich hin!«

Cromm blinzelte in die Sonne. Der See spiegelte und blendete ihn. Etwa einen Kilometer entfernt sah er flache Gebäude, eine breite gemauerte Anlandung zum See und mittendrin eine Stele oder Skulptur, schwer zu erkennen das Ganze. »Was ist da drüben?«

»Ravensbrück!«

»Aha?!«, sagte Cromm ratlos. »Was wollen wir da?«

»Wirst schon sehen!«

Sie gingen zum Parkplatz. Sie fuhren durch Fürstenberg, bogen am Ortsende rechts ab und fuhren durch halbhohe Kiefern- und Birkenwälder. »Schön hier, oder?«, sagte Hertzog. Der Tonfall passte nicht zur Wortwahl.

Aus der Asphaltstraße wurde eine mit Basalt gepflasterte, danach ein sandiger und geschotterter Weg. Rechts kamen sie an einem gemauerten Sockel vorbei, einer Art Denkmal, auf dem Sockel ein vom Alter sichtlich angenagter Panzer mit rotem Stern auf der Flanke, das Kanonenrohr streckte er ihnen entgegen. Sieht russisch aus, dachte Cromm.

Hertzog fuhr ganz langsam. Die Pagode war sportlich gefedert, jedes Schlagloch kam bei den Insassen an. Warum tut der so geheimnisvoll? Wo mag das enden?, dachte Cromm gerade, als sie einen Parkplatz erreichten. Hertzog kurvte auf einen freien Platz. Motor aus. Er wandte sich ihm zu: »Wir sind da!«

Vor ihnen ein strenges, flachdachiges und mit grauem Holz verschaltes Gebäude, auf der langen ihnen zugewandten Seite keine Fenster, nur Holzpaneele und darauf in großen Buchstaben: Ravensbrück Gedenkstätte Memorial.

Wir sind auf Nazi-Gebiet!, dachte Cromm erschrocken. »Das ist doch ein KZ!«, sagte er zu Hertzog. Der nickte und zog ihn schweigend hinter sich her zum Eingang des Informationszentrums. Sie gingen hinein, vorbei an Vitrinen und Bücherstapeln, ganz nach hinten.

»Ich bin Sven Hertzog«, sagte er zu der Frau am Schalter.

»Oh, da sind Sie ja! Es wurde etwas hinterlegt. Hier! Das ist für Sie«, sagte sie und überreichte ihm drei Blätter Papier.

Er bedankte sich, suchte sich einen Sitzplatz, forderte Cromm auf, sich neben ihn zu setzen, und studierte die Blätter. Als er gefunden hatte, was er suchte, reichte er ein Blatt an Cromm und zeigte auf eine Zeile.

»Da!«, sagte er. Es war eine schwache Kopie, gefüllt mit Tabellen in altertümlicher Schreibmaschinenschrift. Die Taste für den Buchstaben »o« hatte das Originalpapier durchgeschlagen, sodass in der Kopie viele runde dunkle Löcher zu sehen waren. Viele Namen, ausschließlich von Frauen, waren aufgelistet. Unter anderem stand da, dass eine Eva Hertzog im April 1944 eingeliefert worden war. Mit einem Transport aus Berlin-Pankow, zusammen mit einundsechzig anderen Frauen. Eine Anmerkung neben ihrem Namen sagte: politischer Häftling.

»Meine Großmutter«, sagte Hertzog. »Sie kam in dieses Frauen-KZ, weil sie Postkarten gegen Hitler in die Briefkästen ihrer Nachbarschaft eingeworfen hatte. Man hatte sie beobachtet. Man hatte sie denunziert.«

Nach einer Pause: »Siemens beschäftigte hier Tausende Frauen in Zwangsarbeit. Es sollen schreckliche Zustände geherrscht haben. Ich glaube, dass meine Oma dabei war.«

Cromm blickte ihn an.

»Sie hatte Glück. Sie überlebte bis zum Frühjahr '45. Dann kamen die Russen und holten die noch lebenden Frauen heraus. Zehntausende hatten dieses Glück nicht. Sie liegen hier gleich nebenan, verscharrt.«

Hertzog schwieg ein paar Sekunden, blätterte weiter, fand aber nichts.

»Sie hat nie darüber gesprochen. Das Thema war tabu. Aber meine Mutter wusste Bescheid.« Pause. »Ich will wissen, wie es hier aussieht. Kommst du mit?«

Gemeinsam gingen sie über das Gelände. Nur ein paar Baracken standen noch. Von anderen waren nur noch die Grundrisse markiert. Die meisten Gebäude hatten die sowjetischen Soldaten abgerissen.

Das Haus des Lagerkommandanten und die Gebäude der Bewacher konnte man besichtigen. In der Herbstsonne, mit den Birken und den Rasenflächen, wirkte alles wie ein Ferienlager. Sie kamen zum Ufer des Schwedtsees, setzten sich auf die grauen Stufen, die zum Wasser herabführten, hinter sich das Mahnmal.

»Kurz vor dem Ende haben die Nazis hier auch Männer eingeliefert«, sagte Hertzog.

»Auch Schwule?«

»Ja.«

»Solche wie uns?«

»Klar!«

Cromm hatte sich auf eine Rückfahrt in düsterer Stimmung eingestellt. Aber Hertzog wirkte zufrieden. Entspannt. Als hätte er etwas erledigt, was ihm seit Langem auf dem Herzen gelegen hatte. Und als könne er sich jetzt befreit neuen Themen zuwenden.

Ganz anders Cromm. Für ihn war es ein Schock gewesen, das samstäglich entspannte Städtchen Fürstenberg und in direkter Nachbarschaft das ehemalige Konzentrationslager zu erleben. Ihn schauderte. So war das damals auch, dachte er. Unter den Augen einer gleichgültigen Mehrheit wurde eine Minderheit ermordet. Dann dachte er jedoch: Geschichte wiederholt sich nicht. Und er beruhigte sich.

Hertzog hatte für die Rückfahrt die Autobahn gewählt und ließ die Pagode laufen. Er sprach über seine Arbeit, die Besprechungen im Presseamt, an denen er teilnehmen durfte, seit er Abteilungsleiter geworden war.

»Der Pressesprecher hat berichtet, dass es zwischen Kanzleramt und der Stadt Berlin immer wieder zu Spannungen kommt.«

»Das erzählt er euch?«

»Ja, unter dem Tagesordnungspunkt ›Verschiedenes‹.«

»Darf er das?«

»Ist ihm egal. Er macht den Job schon so lange, er hat das höchste Wohlwollen aus dem Kanzleramt, ihm kann keiner was. Na ja, vielleicht will er sich damit wichtigmachen, denn das gehört ja eigentlich nicht zu unseren Themen. Jedenfalls soll einer aus dem Bundeskanzleramt sich beim Regierenden Bürgermeister darüber beschwert haben, dass die Hauptstadt ins Gerede kommt.«

Cromm hörte aufmerksam zu.

»Berlin verliert an Attraktivität.«

Cromm schwieg.

»Wegen der zunehmenden Schwierigkeiten, Wohnraum zu finden. Wegen der Unruhe unter den Mietern. Immer öfter werden Investoren mit viel Geld aktiv, kaufen Häuser auf, setzen Mieter unter Druck, machen aus Mietshäusern Wohneigentum.«

»Das ist nichts Neues.«

»Aber es wird unerträglich. Die ganze Welt kauft sich in Berliner Immobilien ein. Und der Senat kriegt das gar nicht mit. Da hat ein Spekulant aus London in den letzten Jahren mehrere Tausend Wohnungen zusammengekauft und fängt jetzt an, kräftig die Mieten zu erhöhen. Keiner in der Stadtverwaltung hat's gemerkt. Die Mieter sind in Panik – und die Lokalpolitik pennt.«

»Was geht das das Kanzleramt an?«

»Es geht um den Ruf der Hauptstadt. Denen ist ziemlich egal, ob Mieter hohe Mieten zahlen müssen. Aber eine negative Presse weltweit, die ist schlecht.«

»Zumal die Regierung nichts dagegen tun kann.«

»Genau! Sie fordern, dass die Stadtregierung durchgreift! Hat mein Chef gesagt. Und dabei hämisch gelächelt.«

»Weil er denen nichts zutraut?«

»Genau. Man ist sich spinnefeind. Kanzleramt und Rotes Rathaus – das sind Hund und Katze.«

»Politiker!«, sagte Cromm verächtlich.

»Scheint aber gewirkt zu haben, erzählte er. Im Rathaus sei Feuer unterm Dach. Man hätte dem Polizeipräsidenten Dampf gemacht.«

»Warum gerade dem?«

»Weil die Polizei was tun soll. Mietwucher sei kriminell. Mietervertreibung auch. Sie soll eingreifen.«

»Na, da bin ich aber gespannt«, sagte Cromm und dachte an ihren Fall in der Birkenstraße.

Sie näherten sich der Stadtgrenze von Berlin. Die Sonne ging langsam unter. Ein goldener Schimmer über den Dächern ließ die Stadt vollkommen friedlich aussehen. Als wären alle Menschen, die hier lebten, glücklich.

***

Sein Vater lag im Urban. Das Krankenhaus in Kreuzberg war in den Sechzigerjahren gebaut worden, und wenn man genauer hinsah, war seitdem nicht viel verändert worden. Ein großes städtisches Krankenhaus, in die Jahre gekommen, leicht verwahrloste Flure und Räume, mit zu vielen Patienten und zu wenig Personal. Tabak eilte durch die Eingangshalle. Besuchszeiten wurden schon lange nicht mehr eingehalten. Jeder kam und ging, wie er wollte.

Tabak fragte sich durch bis zur Station, auf der sein Vater lag, und öffnete vorsichtig die Tür zu seinem Krankenzimmer.

»Wie geht es dir?«

»Was macht der Laden?«, kam als Antwort.

»Vater! Wie es dir geht?«, fragte er noch einmal mit Nachdruck.

Tabak seufzte. Sein Vater hatte einen Herzinfarkt überstanden. Eine Ärztin hatte mit ihm gesprochen. Dabei fiel die Formulierung »ungünstige Prognose«. Sie meinte, sein Vater sei ruhelos und besorgt, könne nicht schlafen, seine Herzsymptome seien beunruhigend. Warum er sich denn solche Sorgen machen müsse? Ob er, der Sohn, dem Vater nicht diese Last von der Seele nehmen könne? Tabak hatte genickt.

Zu seinem Vater sagte er jetzt: »Der Laden läuft gut. Sehr gut.«

»Aber die haben viel kaputt gemacht.«

»Wir haben alles wieder hinbekommen. Alles wie vorher. Mach dir keine Sorgen.«

»Die haben Kunden vertrieben. So was spricht sich rum.«

»Ich werde Security bestellen. Die können den Laden schützen, von morgens bis abends.«

»Was das kostet …!«

»Hauptsache, du wirst gesund.«

»Das kostet viel, oder?«

»Vater, deine Gesundheit ist jetzt wichtiger.«

»Der Laden …«

»Du …«

Sie redeten aneinander vorbei. Wie so oft.

Sein Vater lag in einem Doppelzimmer. Im Bett neben ihm ein Mann, älter als er, aber in offensichtlich besserer Verfassung. Tabak vermutete, dass es ein Armenier war, denn er konnte ihn zum Teil verstehen. Der Nachbar hatte seine Familie um sich geschart. Es ging laut und lebhaft zu. Das war nichts für Tabaks Vater, der gerade jetzt besondere Ruhe brauchte. Schließlich würde er noch eine ganze Weile im Krankenhaus bleiben müssen. Das hatte die Ärztin gesagt. Und hinzugefügt: »Danach braucht er ein paar Wochen Reha. Einen Infarkt steckt man nicht so einfach weg!«

»Kannst du aufstehen?«

Sein Vater nickte.

»Dann komm!« Tabak holte den alten seidenen Morgenmantel aus dem Schrank und half ihm hinein. Er hakte ihn unter. Sie gingen langsam auf den Gang und weiter den Flur entlang, bis der sich dort, wo die Fenster waren, weitete und ein paar schäbige Stühle bereitstanden. Sein Vater setzte sich, langsam und schwerfällig. Tabak holte einen Stuhl, setzte sich ihm gegenüber und schaute ihn an.

Sie schwiegen beide. Tabak kam es lang vor. Dann sagte er: »Was kann ich tun?«

Sein Vater schüttelte zunächst einmal den Kopf. Dann blickte er den Sohn fest an und sagte: »Mir geht's nicht gut.« Pause. »Ich möchte sie sehen.«

Tabak spürte plötzlich sein eigenes Herz. Es schlug heftig. »Du möchtest sie sehen?«

»Vor allem die Enkel.«

Tabak war betroffen und sagte: »Gut, Vater, du sollst sie sehen. Wir kommen.«

Der Vater nickte. »Alle. Und bald!« Er griff nach Tabaks Hand, seine eigene Hand war kalt. Er wiederholte: »Ich will sie alle sehen.«

Tabak nickte. »Wir kommen. Gleich morgen. Ist dir das recht?«

Sein Vater reagierte nicht, er wollte noch etwas anderes loswerden: »Du musst den Laden führen. Mach es, wie du willst, aber mach ihn nicht kaputt.«

Da war sie wieder, diese ewige Sorge, dass sein Sohn mit neumodischen Ideen das Geschäft zerstören könne.

Tabak spürte es und sagte leise und bewusst förmlich: »Der Laden ist von dir gegründet und groß gemacht worden. Ich werde diese Tradition ehren und weiterführen.«

Sein Vater nickte zwar, aber die Sorge, was der Sohn wohl machen würde, verschwand nicht. Gegen diese beständige Furcht konnte Tabak nichts tun.

Gleich am nächsten Tag kamen sie alle zusammen, die beiden Mädchen, seine Frau und er, die Kinder aufgeregt, jedes mit einem kleinen bunten Strauß in den Händen. Sie wurden bereits am Eingang zur Station von der Oberärztin empfangen. Ernster Blick. Leise Stimme. »Herr Tabak, können Sie bitte mitkommen?« Und mit Blick auf die zwei Mädchen: »Allein. Ihre Frau sollte bei den Mädchen bleiben. Das ist nichts für die Kinder!«

***

»Ich weiß auch nicht«, sagte Frau Kapp, während sie Müller in Richtung des Schwimmbeckenlabors führte, »er wird immer seltsamer.«

Müller nickte, sagte aber nichts. Er kletterte hinab zu Kapp, der an seinem Labortisch saß und aus einer großen gläsernen Kanne und unter Einsatz eines Trichters Fläschchen füllte.

»Ich hab's jetzt«, sagte Kapp. »Ich hab's beisammen. So muss das schmecken.« Er nahm einen Schluck und kicherte.

Der hat zu viel davon probiert, dachte Müller, konnte das aber nicht zu Ende denken, denn Kapp unterbrach ihn abrupt: »Da sind Sie ja endlich. Sie müssen mir helfen. Ich fülle das hier ab und mache dann einen Test. Ich werde die Zielgruppe finden, und dann werden Sie sehen, wie die mir das Zeug aus den Händen reißen!«

Die Fläschchen waren aus hellem Glas, mit einer Frontseite wie ein dreieckiges Verkehrsschild. Inhalt: 0,1 Liter. Die Flüssigkeit schimmerte rosa-violett. Müller fand es abstoßend, aber er trank generell keine Liköre oder Cocktails. Da kann ich nicht mitreden, dachte er, aber das soll Käufer finden?

Kapp war in der von ihm neu entdeckten Gastrozeitschrift auf das Wort Zielgruppe gestoßen und hatte es sich gemerkt. Für sein Getränk hatte er sich dann die Jungen und die Touristen ausgeguckt, idealerweise junge Touristen. Partygänger!

»Ich brauche fünfhundert Fläschchen. Sie können schon mal mit dem Etikettieren anfangen, während ich abfülle und verkorke.«

Müller nahm ein paar Päckchen mit den dreieckigen Etiketten. Von den schreiend violetten Papierchen guckten ihn gruselige Zombieköpfe an. Darunter der Schriftzug »LiebGrauenmilch«. Die durfte er jetzt Stück für Stück auf die Fläschchen kleben.

Kapp spürte trotz seines Wahns, dass Müller zögerte. Er deutete das falsch und sagte: »Wenn das erst läuft, kauf ich eine Etikettiermaschine. Dann geht hier die Post ab. Jetzt machen Sie es erst mal so!«

Müller gehorchte.

***

»Hallo!«

Sein Kollege hörte nicht. Ob der schon wieder auf einer Seite für gebrauchte Autos unterwegs ist?, dachte Dreier. Ich krieg ihn!

»Hallo! Hörst du? Halloohoo!«

Sein Gegenüber riss sich unwillig vom Monitor los: »Was ist denn? Ich bin hier gerade ...«

»Du bist gerade ... was?« Dreier wurde laut. »Du bist gerade abwesend, obwohl du hier hockst. Wie so oft in den letzten Tagen!«

Der Kollege öffnete den Mund, um zu protestieren.

Dreier sprang unvermittelt auf, ging blitzschnell um den Schreibtisch herum, riss im Schwung ein paar Akten vom Tisch, die um ihn herumflatterten, und erreichte den Schreibtisch des anderen. Er positionierte sich hinter seinem Kollegen und blickte auf dessen Computerbildschirm. Sein Kollege wollte den Monitor noch umschalten, schaffte es aber nicht rechtzeitig. Dreier sah auf die geöffnete Seite und war verblüfft.

Er hatte erwartet, gebrauchte Autos zu sehen. Oder Bilder nackter Mädchen. Oder das Portal von Ebay mit angeblichen Dachbodenfunden. Stattdessen sah er den goldenen Polizeistern mit dem schwarzen Bären im Zentrum. Aber das war ganz offensichtlich nicht das Intranet der Berliner Polizei, das war etwas anderes.

»Lass mal sehen«, sagte er und beugte sich vor.

»Ich will das nicht«, protestierte der andere und ließ die Seite mit einem Mausklick verschwinden.

»Was war das?«, fragte Dreier.

»Ach nichts.«

»Nichts? Ich habe das Polizei-Emblem gesehen. Was bedeutet das?«

Der Kollege wurde kurzatmig. »Das ist nur«, murmelte er, »so eine Seite von uns. Wir wollen die Polizei auch in der Freizeit also, wie soll ich sagen – unterstützen.«

»Aha!«, sagte Dreier. »Unterstützen? Das will ich auch! Und was heißt eigentlich Freizeit? Du bist hier im Dienst!«

Der Kollege schwieg beleidigt.

»Zeig doch mal!«

»Nee, nicht jetzt«, druckste der Kollege.

Dreier ahnte, wo es langging: Seine Befürchtung, es gebe parallele Welten in dieser Behörde, wurde konkreter. Er sagte ganz ruhig: »Ich habe vorige Woche unsere IT-Leute gebeten, dir zuzusehen, was du so auf deinem Dienstrechner treibst.«

»Das darfst du nicht!«

»Ach nein?«

»Ich werde mich beschweren!«

»Ach ja?«

»Laut Personalvertretungsgesetz …«

»Du bist kein Personalrat mehr!«

»Aber ich …«

»Na, dann beschwer dich! Bitte, hier …!« Er stand jetzt ganz nah neben seinem Kollegen, fast mit Körperkontakt, was reichlich unangenehm war, hob dessen Telefonhörer ab und hielt ihn hin: »Los! Ruf an! Beschwer dich! Hier!«

Der andere blickte wie hypnotisiert auf den Hörer.

»Ruf an!«

Der andere zögerte. Dreier hatte gewonnen. Er legte den Hörer auf, ging um den Tisch herum und setzte sich auf seinen Platz, seinen Kollegen fest im Blick. Wobei Augenkontakt nicht möglich war, denn der andere blickte auf die Tischplatte. Dreier atmete tief durch und sagte: »Du wirst jetzt Folgendes tun. Du gehst in den Keller. Ins Archiv. Ich habe dich angemeldet. Hast du verstanden?«

Der andere schwieg beleidigt.

»Ob du verstanden hast?«

Ein Brummen.

»Es geht um alle Anzeigen und Ermittlungen in Sachen Mietwucher, Drangsalierung von Mietern, Gewalt gegen Mieter. Alles aus den letzten fünf Jahren. Das suchst du raus. Wenn möglich, schickst du mir die Dateien. Wenn nicht, machst du Kopien.«

Und wenn es da unten so zugeht, wie ich vermute, musst du mit Tinte und Feder Abschriften auf Pergament machen, dachte Dreier. Er kannte den Stand der technischen Ausstattung und machte sich keine Illusionen.

»Wenn du fertig bist, gehst du hier am Rechner in das elektronische Pressearchiv und suchst alle Zeitungsartikel zum Thema raus. Auch Kommentare. Kommentare ganz besonders! Hast du kapiert?«

Brummen.

»Der Präsident hat sein wohlwollendes Auge auf dich geworfen. Also mach hin!«

Das wirkte. Der Kollege machte geflissentlich seinen Rechner aus, hob seinen übergewichtigen Körper aus dem abgewetzten Bürosessel, warf einen mörderischen Blick auf Dreier und verließ grußlos das Büro. Die Tür schloss er fester als notwendig.

Puh! Dreier atmete heftig aus. Das war anstrengend gewesen, zumal er getrickst hatte: eine Überwachung durch die interne IT hatte es nicht gegeben. Hat aber funktioniert, dachte er.

Jetzt hatte er den Rest des Tages seine Ruhe. Aber ihn ließ nicht los, was er da auf dem Monitor des anderen gesehen hatte. Er musste herauskriegen, in welcher Parallelwelt der sich bewegte.

Er griff zum Hörer.

***

Cromm saß in seinem Büro, im Hinterzimmer des Restaurants seiner Schwester. Sie war mit dem Lieferwagen unterwegs und wurde erst mittags zurückerwartet. Er hatte das Büro für sich.

Es war elf Uhr vormittags. Vorne in der Gaststube zwei Kellner. Sie deckten Tische, legten Bestecke auf, stellten Wasser- und

Weingläser dazu. In der Küche waren der Koch und seine zwei Helfer beim Vorbereiten. Zusätzlich zu den Gerichten auf der Karte sollte es Ossobuco geben. Die Stammgäste liebten es. Die Nachfrage würde hoch sein. In zwei großen Töpfen zischte das anbratende Fleisch.

Cromm liebte den Bratenduft, der bis zu ihm ins Büro drang. Aber er ließ sich nicht ablenken. Vor ihm saß ein junger Mann, der ihn hoffnungsvoll ansah und sich einen Ausbildungsplatz erhoffte. Den er ihm nicht bieten konnte.

»Ich kann Ihnen keine offizielle Ausbildung bieten«, sagte Cromm und sah, wie bei seinem Gegenüber die Hoffnung erlosch. Der Bewerber war nicht im typischen Azubi-Alter: Mit zweiunddreißig Jahren war er weit darüber hinaus. Dafür gab es Gründe: Er stammte aus Syrien, war nach einer langen und gefährlichen Flucht schließlich in Deutschland angekommen, in der Tasche einen Uniabschluss, der hier nicht anerkannt wurde. Sollte er den nach einem deutschen Hauptschulabschluss fragen? Oder ihm sagen, er sei zu alt? Eine Möglichkeit gab es allerdings.

»Wir brauchen noch eine Aushilfe. In der Küche in unserer Pizzeria in Kreuzberg. Interesse?«

Der junge Mann nickte. »Ich fahre jetzt Pakete für DHL«, sagte er. »Aber ich will lernen. Ich liebe das Kochen, das habe ich schon bei meiner Mutter gemacht.« Und nach einem Zögern: »Aushilfe ist okay. Vielleicht ein Anfang …«

»Das ist harte Arbeit. In der Hitze der Küche. Die anderen sind nicht immer nett. Sie machen auch mal Stress.«

Der andere nickte. »Ich weiß. Trotzdem!«

Wenn er es aushält, kann ich ihn zum Azubi machen. Wer weiß, vielleicht wird er dann später Koch, dachte Cromm. *Ich kenne sehr gute Köchinnen und Köche, die in italienischen Restaurants am Herd stehen, und die sind keine Italiener. Warum der nicht irgendwann auch?*

Sein Mobiltelefon klingelte. Er sah, wer da anrief.

Cromm nickte seinem jetzt wieder hoffnungsvoll blickenden Gegenüber entschuldigend zu, drückte auf das grüne Symbol und hörte: »Hier Dreier! Hast du Zeit!«

»Moment! Warte mal!« Cromm schaltete das Telefon stumm, beugte sich zu dem jungen Mann und sagte: »Denken Sie darüber nach. Wenn Sie wollen, kommen Sie am Montag hierher, dann ist meine Schwester da und macht den Arbeitsvertrag. Bringen Sie Ihre Papiere mit.« Er zeigte auf das Telefon und verabschiedete den Jungen. Dann drückte er auf die Mikrofontaste des Telefons und sagte: »Na? Brauchst du schon wieder Hilfe?«

***

Eine Stunde später trafen sie sich im Park von Schloss Schönhausen. Da waren sie weit weg von allem und kaum in Gefahr, von Bekannten oder Kollegen gemeinsam gesehen zu werden. Sie saßen warm eingepackt auf einer Bank wie zwei Rentner (Was heißt wie?, dachte Cromm. Ich bin einer!), mit Pappbechern in den Händen. Dreier holte eine Zigarette heraus und steckte sie an. Cromm wollte etwas dazu sagen, ließ es aber.

Ihr Verhältnis hatte sich seinerzeit abgekühlt, als Cromm vor Jahren der Polizei den Rücken gekehrt hatte. Dreier hatte ihm vorgeworfen, dass er nicht belastbar sei, dass er nur wegen der lächerlichen Fopperei (so nannte er das) den Bettel hingeschmissen habe. Sie seien doch ein erfolgreiches Team gewesen, und er, Cromm, würde ihn im Stich lassen.

Cromm fühlte sich damals missverstanden. Fopperei? Von wegen! Das war homophobe Hetze gewesen. Es hatte ihn krank gemacht. Damals ging er morgens mit Angstgefühlen ins Präsidium und abends frustriert nach Hause, ohne viel getan zu haben. Das hatte auch ihre Zusammenarbeit belastet. Aber Dreier hatte das Problem nicht sehen wollen, ihn nicht verstanden und ihm nicht geholfen.

Das war die Vergangenheit.

Seitdem hatten sie sich mehrfach getroffen. Da sie nicht mehr Kollegen waren, war ihre Nähe größer geworden als damals beim LKA. Eine Art inoffizielle Zusammenarbeit war entstanden, bei der Cromm mit der Gesellschaft aktiv werden konnte, wo Dreier die Hände gebunden waren.

Aber es gab Einschränkungen. Sie trafen sich an ruhigen Orten, denn keiner in der Polizei durfte von diesen Kontakten erfahren. Zumal Dreier Informationen aus den polizeilichen Akten weitergegeben und Cromm damit gearbeitet hatte. Dreier hatte auch über die Interna aus dem Präsidium berichtet. Ihn hatte es erleichtert, darüber sprechen zu können.

»Es geht zu wie an einem Hofstaat, aber du kennst das ja alles noch«, sagte er.

»Na ja, bei mir ist das lange her.«

Dreier drückte seine Marlboro im Kies aus. »Hm. Hat sich wahrscheinlich verschlechtert seit damals.«

»Verschlechtert?«

»Ich habe manchmal das Gefühl, dass unsere Führung nicht weiß, was los ist. Oder was wichtig ist. Zunehmende Verstöße im Straßenverkehr? Fällt keinem auf. Bis irgendwann das Rathaus anruft. Dann geht's aber los. Alle Kraft voraus gegen Temposünder und Falschparker. Dafür fehlen dann woanders die Leute. Nur ein Beispiel!«

»Peinlich!«

»Na, und ob! Im Moment heißt es für mich selbst gerade: voller Einsatz gegen Immobilienhaie und Mietwucherer. Das Problem haben die Zeitungen und das Fernsehen erkannt, sie haben berichtet und die Politik angegriffen, und die schiebt es jetzt rüber zur Polizei.«

»Na ja, das ist aber auch ein Thema!«

»Stimmt. Das ist es. Finde ich auch.«

»Und?«

»Es wurde zu lange ignoriert. Ich hinke hinterher.«

»Du?«

»Ich!«

»Bist du jetzt der große Spekulantenjäger?«

Dreier nickte. »Ich darf eine Sonderkommission leiten. Das hat mir der Präsident persönlich aufgetragen.«

»Na, immerhin! Glückwunsch! Das ist doch was!«

»Aber ich fürchte, der Präsident hat eine Meise.«

Cromm lachte schallend. Eine junge Frau, die mit Kinderwagen und einem kleinen Jungen an der Hand vorbeikam, drehte sich um. Der kleine Junge wollte schauen, worüber die beiden Männer lachten, und riss sich von seiner Mutter los. »Hugo!«, rief sie. Der Junge kehrte widerwillig zu ihr zurück.

Cromm sagte: »Kannst recht haben. Aber du solltest doch inzwischen wissen, dass eine Meise ab einer gewissen Gehaltsgruppe Voraussetzung ist.«

»Ja. Weiß ich. Ich vergesse es immer wieder.« Er dachte an seine Strohfigur, der er mehrfach einen Nagel durchs Herz getrieben hatte. »Der Alte macht einen verrückt. Einerseits das Gehabe eines professionellen Polizisten, der er nun wirklich nicht ist. Dann wieder so kleinliche Dinge, Nickeligkeiten, wie ein verzogener Bengel.«

»Er ist nun mal ein Karrierebeamter. Er muss vor allem denen da oben was bieten.«

»Und uns macht er verrückt. Immer neue Ideen. Immer neue Spinnereien. Das macht die Kollegen fertig. Ich bin auch bald so weit.«

»Dann solltest du machen, dass du da wegkommst.«

Jetzt lachte Dreier, aber er lachte bitter. »Ich bin jung und brauche das Geld.«

Beide schwiegen. Cromm wiegte den Kopf.

»Nicht jeder hat eine erfolgreiche Schwester«, sagte Dreier.

»Lass das!«

»Okay.«

Dann kam er zurück zum Thema. Dass der Präsident höchstselbst ihn auf das Mieterthema angesetzt hatte. Dass die da oben offensichtlich beunruhigt waren, weil trotz aller Gesetze und Verordnungen der Druck auf die Mieter unerträglich wurde. Und dass dieser Job für ihn zum Himmelfahrtskommando werden konnte.

»Das alles unter diesen erbärmlichen Bedingungen« sagte Dreier. »Ich bin eine Sonderkommission. Die ›Sonderkommission Miethaie‹. Klingt eindrucksvoll, aber ich habe nur einen fest zugeordneten Kollegen, der eher ein Totalausfall ist. Unser ehemaliger Personalrat, du kennst ihn.«

Cromm nickte.

Dreier sagte: »Alles andere darf ich mir wünschen. Wie soll ich da die Miethaie von Berlin fangen?«

Cromm schwieg.

»Und dann«, sagte Dreier, »ist da noch etwas. Ich bin auf etwas gestoßen.« Er machte eine Pause, weil er sorgfältig formulieren wollte. »Ich habe das Gefühl, dass die Polizei unterwandert wird. Als ob sich Polizisten zusammentun, um eine Parallelorganisation aufzubauen.«

»Aha. Modell Bundeswehr. Jetzt auch bei euch?«

»Ja. Jetzt auch bei uns.«

»Was weißt du?«

»Ich habe meinen Zimmerkollegen ertappt, als er sich am Dienst-PC bei so einer Chatgruppe getummelt hat. Ich konnte nichts Genaues erkennen. Nur das Emblem der Polizei.«

»Du brauchst harte Informationen.«

»Ich habe einen guten Draht zu Taheri in unserer IT-Abteilung.«

»Kenne ich. Willst du ihn fragen?«

»Genau das habe ich vor.«

»Sei vorsichtig!«

»Warum?«

»Vielleicht ist er einer von denen?«

»Glaub ich nicht.«

»Man kann nie wissen.«

»Ja. Klar. Aber ich muss das riskieren. Ich muss es einfach rauskriegen.«

»Hmhm. Ich kann dich verstehen. Ich kann dich viel zu gut verstehen.«

Dreier blickte Cromm intensiv an, aber der studierte gerade seine Fingernägel. Sie schwiegen beide. Dann sagte Cromm: »Komm. Lass uns ein Stück gehen.«

Dreier nickte und zündete sich noch eine Zigarette an. Cromm registrierte, dass seine Hände leicht zitterten. Sie standen auf und wanderten wie Touristen durch den Park. Berlin ist kaputtgespart, dachte Cromm. Auch die Polizei ist kaputtgespart. Das hatte dieser Finanzsenator vor vielen Jahren angerichtet und vieles irreparabel zerstört. Er blickte sich um, sah die gepflegten Rasenflächen und die noch blühenden Stauden. Für manches ist Geld da, dachte er. Wenn es denen da oben wichtig ist, wird Geld locker gemacht. Die Polizei gehörte offensichtlich nicht dazu.

Sie schlenderten zum Seitenportal hinaus, hinein in den Majakowskiring, wo die Villen standen, in denen früher die Mitglieder des Politbüros gewohnt hatten. Links die Villa von Honecker, etwas weiter vorne die von Grotewohl und die von Wilhelm Pieck. Eine schöne Gegend mit schönen Häusern.

Cromm tauchte aus seinen Gedanken auf und sagte laut: »Politiker!«

»Was?«

»Politiker!«

»Wohnt hier einer?«

»Keine Ahnung. Aber Anfang der Zweitausenderjahre hat uns ein Politiker das alles eingebrockt, ein Finanzsenator, ausgerechnet von der SPD. Damals, als Berlin hoch verschuldet war, setzte er ein gnadenloses Sparprogramm durch. Dafür wurde er von seiner Partei gefeiert. Er hat beim Personal gespart, bei der Ausstattung, bei den Straßen und Schulen, auch bei der Polizei. Es wurde privatisiert, dass es nur so krachte. Jetzt ist vieles verkauft, und wo es früher um Politik für die Menschen ging, regiert seitdem die Profitmaximierung. Die Stadt geht darüber kaputt.«

»Was hat das mit den Miethaien zu tun?«

»Viel! Damals gab es den großen Ausverkauf. Hunderttausende städtische Wohnungen wurden verkauft. Ein Schnäppchen für Investoren. Wo es bisher soziale Mietverträge gab, ging es plötzlich um Rendite.«

»Ein böser Fehler.«

»Das hat man damals anders gesehen. Aber jetzt ist Schluss. Die Mieter wollen nicht mehr alles mit sich machen lassen. Sie wehren sich. Sie organisieren sich. Sie machen Lärm.«

»Weiß ich. Bei mir in der Nachbarschaft gibt's auch Unruhe.«

»Das macht den Politikern Angst. Bald wird gewählt. Sie fürchten sich vor der Rache der Wähler. Deswegen wurde dein Präsident angerufen. Er soll was tun, was sich als politische Großtat vorweisen lässt, ohne dass es viel kostet. Deswegen hat er dich zu sich zitiert. Du bist sein Retter!«

»Ich!?«

»Ja du!«

»Ich soll ihn retten? Ich soll die Wucherer verfolgen? Mit meiner lachhaften Sonderkommission?«

»Du musst irgendetwas vorweisen.«

Dreier verstand ihn nicht.

Cromm wurde deutlich: »Du musst nur einen einzigen Fall aufgreifen und verfolgen. So richtig spektakulär. Einen Einsatz gegen einen dieser Investoren. Einen einzigen Fall, der bis zur Staatsanwaltschaft kommt und der schließlich vor Gericht geht. Das kommt dann in die Presse. Die Presse lobt die Berliner Polizei. Dann geht's deinem Chef gut, weil er das Lob auf sich bezieht, und du wirst von ihm gelobt … na, und so weiter!«

Dreier guckte zweifelnd.

»Guck nicht. So läuft das.«

Dreier schüttelte den Kopf.

Cromm: »Wir könnten wieder mal zusammenarbeiten. Oder wolltest du nur dein Herz ausschütten?«

»Ich weiß nicht.«

Cromm räusperte sich. »Ich seh schon, du brauchst Hilfe. Könnte sein, dass wir zufällig einen Hilferuf von Mietern bekommen haben. Das würde doch passen, oder? Ich muss die Sache in die Hand nehmen. Du hörst von mir.«

Und so trennten sich die beiden ziemlich unscheinbar aussehenden Herren, ohne dass sie eine konkrete Vereinbarung getroffen hatten. Dreier hoffte, dass er sein Thema bei Cromm eingepflanzt hatte. Dass die Gesellschaft für unkonventionelle Maßnahmen schon viel weiter war und eine Aktion bevorstand, wusste er zu diesem Zeitpunkt nicht.

***

Das Gerüst in der Birkenstraße stand. Hoch hinauf bis zur Traufe. Über die volle Breite der Häuser, auch an den rückwärtigen Fronten und auch an den Hinterhäusern. Das hatte die Mieter in Aufruhr versetzt, weil sie ahnten, was danach kommen würde: die Arbeiten, auch Modernisierungen genannt, die ihnen in den nächsten Wochen oder Monaten den Dreck in die Wohnungen treiben würden.

Aber der Verwalter demonstrierte gleich, dass er viel mehr draufhatte. Es war ihm gelungen, einen Vertrag für ein sogenanntes Megaposter an Land zu ziehen. Megaposter – ein Wort wie eine Drohung. Und so deckte eine Reklameleinwand die komplette Straßenfront der Häuserzeile von links bis rechts und von oben bis unten ab. Passanten in der Birkenstraße durften ein riesiges Foto betrachten und Werbung für einen gewissen Michael Kors lesen. Aber ob in der Moabiter Birkenstraße die Zielgruppe für dessen Mode lebte? Offiziell sollte die

Riesenplane Schutz vor dem Staub der Bauarbeiten bieten. In Wahrheit ging es darum, die Mieter ins Dunkle zu versetzen. Außerdem brachte das Ding Geld in die Kasse.

***

Sie trafen sich am Abend im Hinterzimmer des Restaurants in der Birkenstraße. Die Mieter der betroffenen Häuser waren dem Aufruf zur Versammlung gefolgt. Nicht alle, nur einige.

Manche waren aus Furcht nicht gekommen, darunter die beiden Geflüchteten, er Syrer, sie Palästinenserin. Sie fürchteten, auffällig zu werden, und das – dachten sie – könnte ihren Aufenthaltsstatus gefährden. Sie wollten einfach unbehelligt leben und waren nicht darauf aus, mit den Staatsorganen in Berührung zu kommen. Andere konnten es sich leisten auszuweichen. Sie hatten sich sofort nach Bekanntwerden des Eigentümerwechsels auf die Suche nach einer neuen Wohnung begeben. Ihre jetzige hatten sie im Geiste bereits geräumt. Wenn die Bauarbeiter loslegten, wären sie schon weg.

Etwa fünfzig Mieter suchten sich im Hinterzimmer der Gaststätte ihren Platz, musterten die anderen neugierig, denn auch wenn man jahrelang in Nachbarschaft lebte, kannte man sich doch nicht richtig. Der Raum war deckenhoch gefliest und fensterlos. Ursprünglich hatte hier ein Fleischer Schweinehälften zerstückelt und Wurst gekocht. Lange her. Inzwischen war der Boden mit geölten Holzdielen bedeckt, Bugholzstühle standen in Reihe. Ein Kronleuchter vom Trödler machte feines Licht.

Die Szymanskis hatten einen Gast mitgebracht, was nicht auffiel, denn es gab keine Kontrolle. Sie hatten sich zu dritt in die erste Reihe gesetzt. Szymanski hörte schlecht und wollte nah dran sein am Versammlungsleiter. Diese Aufgabe hatte der Wirt übernommen. Er reichte eine Anwesenheitsliste auf einem Klemmbrett herum, musterte die hereinkommenden Menschen, junge und alte, Pärchen und Singles, grüßte alle freundlich und dachte: Na, mal sehen, was wir hier auf die Beine stellen. Noch herrschte Begrüßungslärm und aufgeregtes Durcheinander. Er war optimistisch.

Eine Abgeordnete der Linkspartei kam zur Tür herein, gab in der Manier der Politiker*innen allen die Hand, sagte jeweils ihren Namen und ihr Mandat dazu. Man konnte nie wissen, die nächste Wahl stand bevor. Allerdings hörten die aufgeregten Anwesenden nicht so genau hin, und die Wahl interessierte sie jetzt nicht. Die Politikerin ging jedoch unverdrossen durch bis zur ersten Sitzreihe, grüßte auch hier nach links und rechts und setzte sich. Sie war fest entschlossen, irgendwann das Wort zu ergreifen.

Die Versammlung begann, indem der Wirt »Meine Damen und Herren, liebe Freunde!« sagte, damit aber nicht durchdrang. Er klatschte dreimal in die Hände. Es wurde ruhig. »Liebe Freunde, wir sind hier«, fing er an, »weil wir alle betroffene Mieter sind in diesen Häusern der Birkenstraße. Und weil wir alle sehen« – er zeigte nach draußen –, »was da jetzt passiert.«

»Wir müssen uns wehren!«, rief ein Student aus der letzten Reihe.

»Deswegen sind wir hier«, sagte der Wirt.

»Hat doch alles keinen Sinn!« Das kam von der rbb-Journalistin aus Haus Nummer 29. »Die machen eh mit uns, was sie wollen.«

»Warum bist du dann hier, du dumme Nuss!«, rief ein kampfeslustiger Rentner, und die Journalistin schwieg beleidigt.

Der Wirt und Versammlungsleiter sah und hörte die allgemeine Unruhe und bat um Ruhe. »Hört doch mal zu!«, rief er. »Wir haben alle ein gemeinsames Interesse. Wir sind alle Mieter, ob als Familie, als Alleinstehende, als WG oder ich als Wirt.«

»Jawohl!«, rief jemand. Einige nickten. Die meisten warteten ab. Zwei Männer griffen nach ihren mitgebrachten Bierflaschen.

»Unser gemeinsames Interesse ist doch«, sagte der Wirt, »dass wir angemessene Mieten zahlen, dass wir nicht ausgequetscht werden wie

Zitronen und dass endlich mal repariert wird, was seit Jahren überfällig ist.«

»Bravo!«, kam es von hinten links.

»Nein, das Reparieren erhöht die Miete!«, rief der Student.

Jetzt hielt es die Linken-Abgeordnete nicht mehr auf ihrem Sitz. Sie sah ihre Stunde gekommen und erhob sich. »Ich möchte mich vorstellen«, sagte sie. »Ich komme von der Linkspartei und kann euch sagen, dass wir voll auf eurer …«

Weiter kam sie nicht. Es gab mehrere Zwischenrufe gleichzeitig, verständlich war ein »Die hat uns noch gefehlt!« sowie ein »Geh doch nach drüben!«, was eine alte, stramm antikommunistische Dame hervorbrachte. »Lasst sie reden!«, rief der Student aus der letzten Reihe und bekam dafür Applaus von drei Anwesenden (den Mitbewohnern seiner WG) und Pfiffe von anderen.

»Wir sollten jetzt erst einmal …«, setzte der Wirt an und wurde sofort unterbrochen.

Es herrschte großes Durcheinander. Vor allem gab es offensichtlich keine Einigkeit, wie dem gemeinsamen Gegner entgegenzutreten sei. Zwischen Verhandlungsbereitschaft und anarchistischer Aktion wurde alles erwogen, manche forderten den Einsatz der Polizei, manche wollten weiße Fahnen aus den Fenstern hängen, was wieder andere als »kompletten Blödsinn« bezeichneten, denn »dieses Werbeposter verdeckt doch alles, auch Fahnen«.

Frau Szymanski sah Herrn Szymanski an. Sie rollte die Augen, er schüttelte den Kopf, und sie nickten sich zu. Sie erhoben sich gleichzeitig, nahmen sich an der Hand und strebten zum Ausgang. »Bleiben Sie doch da«, rief der Wirt verzweifelt. »Wir fangen doch gerade erst an!« Die Szymanskis ignorierten ihn, gingen hinaus, kamen in die Gaststube und suchten sich – wieder im stillen Einverständnis – einen kleinen Tisch. »Ich brauche ein Bier«, sagte er. »Das wird nix da drinnen«, sagte sie, und zu der herbeigekommenen Kellnerin: »Für mich einen milden Weißwein.«

Die versammelten Mieter in dem Raum hinter ihnen wurden noch lauter als bisher schon. Die Tür flog auf, und die wutentbrannte Linkenabgeordnete kam im schnellen Schritt heraus, eilte durch die Gaststube und verschwand durch die Kneipentür. Die Versammlung ging weiter, man stritt und beschuldigte sich gegenseitig der Unfähigkeit, ja sogar der Unredlichkeit.

Niemand bemerkte, dass in der Zwischenzeit ein junger Mann den Job übernommen hatte, in jeden Briefkasten der betroffenen Häuser einen Zettel zu werfen: »Sehr geehrte Mieterinnen und Mieter der Häuser Birkenstraße 29 bis 31! Dies ist eine gute Nachricht für Sie! Wir werden in den nächsten Tagen mit den überfälligen Modernisierungsarbeiten beginnen. Dabei wird es erforderlich sein, dass Bauarbeiter Ihre Wohnungen betreten. Bitte halten Sie sich bereit und ermöglichen Sie freien Zutritt. Unser Bauleiter wird Sie gerne über die Termine und Arbeitsschritte informieren. Wir bitten um Verständnis und versprechen Ihnen, dass die Wohnungen nach Abschluss dieser Arbeiten lebenswerter und komfortabler sein werden. Sollten Sie Interesse am Erwerb ihrer bisherigen Mietwohnung haben, setzen Sie sich gerne mit mir in Verbindung. Mit freundlichem Gruß, Der Verwalter: Dr. Mike Gress.«

Szymanskis hatten inzwischen ihre Getränke bekommen. Er hob sein Bierglas, sie ihr Weinglas, sie prosteten sich zu, tranken einen Schluck, und er sagte: »Wir stehen das durch. Auch wenn die anderen«, er zeigte zum Versammlungsraum, »nichts zustande bringen.«

»Aber jetzt kommt der Winter«, sagte sie. »Das wird hart. Vielleicht sollten wir weggehen?«

»Was? Was hast du gesagt?«

»Weggehen. Aus Berlin. Nicht für dauernd, nur solange umgebaut wird.«

»Wie soll das gehen?«

Sie stellte das Glas ab und rückte näher an ihren Mann heran. »Du kennst doch meinen Neffen …!«

»Den Giselher! Wie kann man nur so heißen!«

»Ich weiß, dass du ihn nicht magst. Aber er hat ein großes Haus in Saulheim in Rheinland-Pfalz. Da könnte er uns aufnehmen, bis hier alles vorbei ist. Wäre vielleicht sogar ganz schön?«

»Ich glaube nicht, dass wir es in einem gottverlassenen Provinzkaff aushalten.«

»Aber vielleicht kümmert der sich um uns. In der Nähe ist die Stadt Mainz. Manche sagen, das wäre eine schöne Stadt.«

Er wiegte den Kopf. »Die Leute da reden unverständlich. Und wir hatten doch ewig keinen Kontakt. Außerdem – du weißt, was ich von ihm halte!«

»Ja. Du glaubst, er ist ein Spinner.«

Er nickte. »Er ist einer!«

»Trotzdem. Ich könnte ihm schreiben und fragen. Mal sehen.«

Sie blickte hoffnungsvoll, er schüttelte den Kopf. Dann tranken sie aus und gingen nach oben in ihre noch unversehrte Wohnung.

Am nächsten Morgen hatten alle ihre Zettel vor sich liegen, gelesen und verstanden, was ihnen bevorstand.

***

»Hallo, ihr alle!« Feli kam fröhlich die hintere Treppe hoch und grüßte nicht minder fröhlich in die Runde. Nur dass da nicht allzu viele saßen. Van de Loo und Cromm hielten pflichtbewusst die Stellung und nickten ihrer Finanzfachfrau angemessen zu.

Eschweiler stand bereits draußen vor dem Laden. Weil die da drinnen ihm nicht seine Zigarette gönnten, rauchte er fest entschlossen eine vorweg, nachdem er seinem Raucherfreund, dem Obdachlosen, der vor seinem Karton hockte, auch eine angeboten hatte. Der war schon immer neugierig gewesen und fragte jetzt: »Was machst du eigentlich da?« Dabei zeigte er auf den Laden. »Ich bin Elektriker und ziehe da drin die Strippen«, entgegnete Eschweiler. Das genügte dem

Obdachlosen, obwohl er sich ein wenig wunderte, warum der andere so häufig kam und warum da so oft so viele Strippen gezogen werden mussten. Aber eigentlich war es ihm egal.

Eschweiler rauchte schweigend zu Ende, verabschiedete sich mit einem Winken und klingelte an der Ladentür. Pfister kam gerade von der S-Bahn gehetzt und reihte sich ein. Er grüßte Eschweiler, höflich wie immer, und Eschweiler brummte wie immer mäßig höflich zurück. Cromm hatte sie über die Kamera beobachtet und öffnete.

»Ihr wisst es noch nicht«, eröffnete van de Loo. »Tabak wird heute nicht kommen. Sein Vater ist gestorben. Ich habe mit ihm telefoniert. Er ist sehr betroffen – eigentlich mehr, als ich erwartet habe. Er ist in tiefer Trauer.«

Cromm sagte: »Es kam überraschend. Es gab im Laden des Vaters einen Überfall. Das hat den Vater umgeworfen – sein Herz machte nicht mehr mit. Ich kenne Tabak ja schon etwas länger als ihr. Ich habe ihn ja auch für uns entdeckt. Er und sein Vater, sie stritten sich oft, und man musste den Eindruck haben, dass sie sich nicht verstanden. Aber wenn man sie dann näher erlebte, dann merkte man, dass sie eine enge Beziehung hatten. Ja«, Cromm blickte in Richtung van de Loo, »du hast recht. Tabak trauert sehr.«

Er machte eine Pause und blickte in die ernsten Gesichter ringsum.

»Aber es ist ja nicht nur das«, fuhr Cromm fort, »es geht auch um den Laden.«

»Ist er pleite?«, fragte Pfister neugierig. Van de Loo hörte etwas heraus, was ihm pietätlos vorkam. Er blickte Pfister strafend an.

»Nein. Aber es wurde jahrelang nicht investiert. Da ist alles überaltert.«

»Ich hatte schon beim letzten Mal das Gefühl, dass ihn etwas bedrückt«, sagte Feli.

»Kannst du etwas für ihn tun?«, fragte van de Loo.

»Ich?«, fragte Feli zurück. Dann schüttelte sie den Kopf. »Ich verstehe nichts vom Einzelhandel. Da müssen Fachleute ran.«

»Hm …« Van de Loo runzelte die Stirn. »Wir müssen Tabak helfen. Er hat viel für uns getan. Wir dürfen ihn nicht verlieren.«

»Er sagt ja nichts. Er lässt nie was raus.« Das kam von Eschweiler.

»Das ist seine Art.« Van de Loo überlegte. Dann sagte er zu Cromm: »Mach du das. Rede mit ihm. Du hast die nötige … die Sensibilität.«

Die anderen waren dem Dialog schweigend gefolgt. Cromm dachte über van de Loos Bemerkung nach und sagte: »Gut. Ich mache das.«

Van de Loo freute sich, dass er Cromm hatte einspannen können, weil er von sich selbst wusste, dass er solche persönlichen Gespräche nicht so gut führen konnte. Er räusperte sich und sagte: »Lasst uns über die Birkenstraße reden.«

»Genau!«, rief Cromm. »Ich glaube, wir haben einen Bündnispartner.«

Alle Augen wandten sich ihm zu.

Er räusperte sich und sagte: »Es ist so: Ich habe mich mit meinem Ex-Kollegen vom LKA getroffen.«

»Polizei!« Pfisters ganze antiautoritäre Gesinnung war in dem Ruf enthalten.

»Ja, Polizei. Du weißt doch«, Cromm musterte Pfister, »dass ich da mal dabei war, oder?«

Pfister schwieg.

Van de Loo murmelte: »Aber du hast ja einen Grund gehabt aufzuhören.«

Cromm überhörte das. »Jedenfalls hat mein Kollege …« (so, so, dachte van de Loo, gerade war es noch der Ex-Kollege) »… mir über seine neueste Aufgabe erzählt. Er leitet im Auftrag des Polizeipräsidenten ab sofort eine Sonderkommission gegen Miethaie.«

Ringsum gab es zustimmendes Gemurmel – sogar von Pfister.

»Den Job findet er gut. Aber die Ausstattung dieser Sonderkommission ist jämmerlich.«

»Aha«, sagte Feli, »der Kollege fragt nach kollegialer Hilfe!«

»Warum eigentlich nicht?«, sagte van de Loo. »Wir haben schon mal zusammengearbeitet, damals bei dem Mafia-Fall. Das war gut für beide Seiten, stimmt's?«

»Ja«, sagte Cromm, »weil wir Sachen machen, die die nicht dürfen. Und weil die staatliche Gewalt ausüben können, was uns im Ernstfall helfen kann. Was meint ihr: Soll ich den Dreier einbeziehen?«

Jetzt ist er schon der Dreier, dachte van de Loo, gleich duzt er ihn! Aber da er die Zusammenarbeit gut fand, blickte er seine Mitstreiter an, sah Zustimmung und sagte: »Ja! Einbeziehen! Aber ohne unser Innerstes preiszugeben, klar?«

»Natürlich«, beteuerte Cromm, »was denkst du denn von mir?«

»Nur das Beste«, sagte van de Loo, grinste und machte eine kurze Pause. »Dann jetzt zu den Nachrichten aus der Birkenstraße. Eschweiler«, er nickte zu ihm hinüber, »war in der Wohnung der Szymanskis und hat die erste Ladung gespeicherter Daten mitgebracht.«

Eschweiler holte eine mobile Festplatte aus seinem Rucksack und hielt sie hoch. Dann sagte er: »Die wollten aber etwas loswerden, die Szymanskis. Sie haben viel erzählt und mir gesagt, dass bald von ihnen eine Nachricht an die Gesellschaft kommt.«

»Erst mal die Bilder!«

»Und Töne«, erklärte Eschweiler.

Korinthenkacker!, dachte Pfister. Eschweiler hatte ihn selbst mal so bezeichnet. Er hatte sich das Wort gemerkt.

Die Festplatte wurde an den Rechner angeschlossen. Eschweiler drückte auf Play. Auf dem Monitor zeigte sich ein weitwinkeliges Bild, aufgezeichnet vom Fensterbrett der Wohnung hinaus in Richtung Gerüst. Ein dunkles Bild außerdem, denn die Plane schirmte Licht ab.

Dennoch war genug zu erkennen und zu hören. Auf dem Gerüst bewegten sich Arbeitertrupps. Nach und nach wurden von ihnen die alten Fenster herausgebrochen. Anschließend wurden die offenen Fensterhöhlen provisorisch mit einer Plastikfolie verschlossen. Man hörte die Arbeiter rufen und sprechen, verstand sie aber kaum. Irgendwann hörte man auch die Stimme von Frau Szymanski, die durchs geöffnete Fenster fragte, wann sie denn dran seien. Dann ein schreckliches Knirschen und Krachen, und das Fenster, an dem Kamera und Mikrofon befestigt waren, war an der Reihe. Es wurde still und dunkel.

»Das war's«, sagte Eschweiler bedauernd. »Unser Equipment ist hinüber.«

»Meinst du, jemand hat die Kamera bemerkt?«

»Glaube ich nicht. Das war einfach ein …«

»… Kollateralschaden!«, rief Cromm.

»Wir brauchen aber weiter Bilder vom Bau!«

»Klar. Mache ich.«

»Hast du noch Kameras?«

»Nein. Muss ich bestellen. Wird ein paar Tage dauern. Und ich brauche Geld.«

Van de Loo nickte: »Kriegst du!« Er verwaltete die Vereinskasse. Er war auch derjenige, der die Kasse auffüllte. Das wurde von allen dankbar hingenommen, und van de Loo dachte, dass das angesichts ihrer bisherigen Erfolge immer ein gutes Investment gewesen sei. Ethisches Investment natürlich.

An alle gewandt sagte er: »Was meint ihr? Wir müssen da bald eingreifen, oder?«

Cromm: »Allerdings! Jetzt wird es ernst.«

Pfister meldete sich. »Dass sie nicht sofort die neuen Fenster einsetzen, sondern erst mal Folien kleben, ist eine Schikane. Die Leute sitzen praktisch im Freien.«

»Nachts ist es schon so kalt.« Feli schauderte.

»Ja«, sagte van de Loo. »Das ist Absicht. Es wird noch weitere Aktionen dieser Art geben. Ich lese euch mal den Handzettel vor, den der Verwalter in die Briefkästen geworfen hat.« Er begann laut zu lesen.

Seine Zuhörer wurden unruhig.

»Wir müssen aktiv werden und nicht nur zusehen!«, rief Eschweiler.

»Da gebe ich dir recht!« Das kam ganz plötzlich von Pfister. Weil er so etwas noch nie zu Eschweiler gesagt hatte und es auch dann nicht sagen würde, wenn es angemessen wäre, weil es da bis zum heutigen Tage um ein nur ihm ersichtliches Prinzip ging, weil er also die Vernunft plötzlich über Vorurteile hatte siegen lassen, schauten alle hoch und blickten Pfister an. Ob er das wirklich so gemeint hatte? Hatte er.

»Ihr seid ein Traumpaar!« Van de Loo kicherte, während das Traumpaar betreten schwieg. »Wie wäre es, wenn ihr euch einen freien Tag nehmt und in der nächsten Woche die Baustelle besucht. Als Handwerker.«

»Sind wir doch sowieso«, knurrte Eschweiler. »Und was wäre unser Job?«

»Euer Job? Ihr betretet das Haus und tut so, als ob ihr die Vorhut eines Handwerkerbetriebs für den Innenausbau seid. Es geht um den Kostenvoranschlag oder so, klar?«

Die beiden nickten.

»Ihr baut dann irgendwo außen eine neue Kamera und Mikros ein und lasst das wieder bei Szymanskis aufzeichnen.«

»Und wie soll das gehen?«

»Das überlasse ich euch. Ihr kennt euch da besser aus.«

»Seid spontan!«, rief Cromm.

Pfister hasste das Wort. Als ordentlicher Schreiner und konservativer Genosse war er nie spontan. Aber er sah, dass Eschweilers Augen leuchteten, und wollte dem nicht den Vortritt lassen. Also sagte er: »Spontan. Aha. Na gut.«

»Sehr gut«, sagte van de Loo und hörte, wie Pfister leise mehrfach »spontan, spontan« murmelte.

Eschweiler wollte noch die Botschaft der Szymanskis loswerden, die sie ihm mit auf den Weg gegeben hatten. »Sie haben mir gesagt, dass die Mieter gemeinsam nichts zustande bringen gegen die Schikane. Sie selbst wären zu alt, und die anderen wären einfach nicht – wie war das Wort? – nicht gemeinschaftsfähig oder so. Dann haben sie mir gesagt, ein Brief sei unterwegs, und wir sollten den mal lesen. Es wäre wichtig.«

Van de Loo hob einen Briefumschlag hoch und schwenkte ihn. »Da ist er. Lag heute im Briefkasten.«

»Per Post!?«, stellte Eschweiler so ehrfürchtig fest, als sehe er eine Pergamentrolle aus dem Orient.

Van de Loo strafte ihn mit einem Blick, öffnete den Umschlag, zog ein edleres Papier mit Wasserzeichen heraus, blickte konzentriert auf eine feine alte Handschrift und begann vorzulesen: »Wir hatten jetzt eine Mieterversammlung, eine Versammlung in dem Lokal bei uns im Haus, um gegen die Modernisierungen vorzugehen. Einige Mieter wollten nicht kommen, aber es waren dann doch viele da. Aber die Versammlung war leider ein Reinfall. Denn sie konnten sich auf nichts einigen. Es wurde laut gestritten. Es gab keine Einigkeit. Uns war das zu dumm, und wir sind weggegangen. Alle haben jetzt irgendwie Sorge oder sogar Angst vor dem, was kommt, aber man kann sich noch nicht einmal unter diesen Umständen zusammenfinden. Sie sehen, dass wir selbst nichts tun können. Wir brauchen jetzt Ihre Hilfe umso mehr. Sie müssen eingreifen mit Ihren unkonventionellen Maßnahmen. Sonst geht hier alles kaputt, und wir stehen nach vierzig Jahren als brave Mieter auf der Straße. Wir grüßen Sie voller Hoffnung und Hochachtung …«

***

Er wunderte sich nicht. Der Kundenberater in der Mercedes-Benz-Niederlassung Berlin war trainiert worden, sich niemals über Kunden zu wundern. Vor Jahren war eine Fallschilderung intern verteilt worden, als Warnung, wie man mit potentiellen Kunden nicht umgehen dürfe. Damals war ein mittelalter Typ in Recklinghausen in den Showroom geschlendert, mit Cowboyhut, kariertem Hemd, zerschlissenen Jeans und hohen Lederstiefeln. Er hatte sich die glänzenden Autos angesehen und sich dann zielgerichtet dem teuren G-Modell genähert, erwartungsvoll geguckt und gewartet. Die Verkäufer, peinlich berührt, hatten den Typen erst mal geflissentlich übersehen. Schließlich hatte sich der Chefverkäufer ein Herz gefasst, war zu dem Cowboy geschlendert, hatte seine mintgrüne Krawatte zurechtgezupft, sich geräuspert und gesagt: »Mein Herr, ich glaube, wir haben hier nichts für Sie. Wenn Sie vielleicht …« Und dann zeigte er elegant zum Ausgang. Der Cowboy war rot angelaufen und widerspruchslos hinausgestapft.

Wochen später meldete sich die Zentrale. Der Cowboy mit zerrissenen Jeans war ein in der Szene bekannter und erfolgreicher Countrysänger, der seit vielen Jahren alle zwölf Monate ein neues Mercedes-Modell gekauft hatte. Immer Geländewagen. Er hatte immer bar bezahlt. Seinem Beschwerdebrief an die Zentrale hatte er ein Foto von einem BMW-SUV beigelegt. Grinsend posierte er vor dem Konkurrenzmodell. Darunter stand: »Ab jetzt meine Marke.«

Der Brief wanderte an die Schwarzen Bretter aller Niederlassungen. Der Recklinghäuser Chefverkäufer erlebte einen Karriereknick. Und seitdem waren die Kundenberater angehalten, liebevoll mit allen, aber wirklich allen Besuchern in ihren Ausstellungsräumen umzugehen.

Daran erinnerten sich die Verkäufer der Niederlassung Berlin, als ein unscheinbarer und einfach gekleideter älterer Mann die Ausstellungsräume betrat und zielgerichtet an den Fahrzeugen vorbeiging zu dem Schreibtisch, wo sich die Verkäufer gegenseitig mit Geschichten aus ihrem Leben langweilten. Er blickte den älteren der drei an, sagte »Guten Tag« und fügte hinzu: »Ich möchte eine S-Klasse.«

Wundere dich nicht, schärfte sich der Kundenberater ein und sagte, indem er auf den lederbezogenen Sessel zeigte: »Gerne! Würden Sie bitte Platz nehmen? Möchten Sie einen Kaffee oder ein Wasser?«

»Lieber einen Kräutertee!«, sagte der ältere Mann in einfacher Kleidung und setzte sich.

Zwei Stunden später. Der Kundenberater saß staunend über dem unterschriebenen Kaufvertrag. Er war der Diskretion verpflichtet, also musste er seinem Drang widerstehen, mit anderen über diesen Vorgang zu reden. Sein Kunde hatte einen Kaufvertrag für die S-Klasse unterschrieben, aber nicht das normale Modell, sondern in der Ausführung »Guard«, das bedeutete, dass das Fahrzeug mit gefilterter Luft versorgt wurde, dass die Scheiben, Bleche und Reifen schusssicher waren, der Wagenboden gegen Bomben geschützt, der Motor per Fernbedienung gestartet werden konnte, um eventuell eine mit der Zündung gekoppelte Bombe rechtzeitig auszulösen, und dass es einen eingebauten GPS-Tracker gab, um das Fahrzeug jederzeit verfolgen oder ausfindig machen zu können. Ach so, dann gab es noch eine sogenannte Intercom-Einrichtung, die es möglich machte, über Mikrofone und Lautsprecher mit der Außenwelt zu sprechen, ohne die Scheiben öffnen zu müssen.

Das alles machte das ohnehin teure Fahrzeug noch teurer. So stand unter dem Kaufvertrag die Summe von sechshundertzehntausend Euro. Als der Kaufberater vorsichtig nach einer Anzahlung fragte, bot der Kunde hunderttausend Euro an und transferierte mit seinem Smartphone den Betrag innerhalb weniger Minuten per Sofortüberweisung.

»Sie wissen, dass ich das Fahrzeug möglichst bald brauche«, sagte der Mann. »Ich erwarte die Lieferung zu mir nach Hause.«

Der Verkäufer studierte unauffällig die Lieferadresse: Glinkastraße im Bezirk Mitte. »Bei so einem Modell dauert es schon mal«, antwortete er. »Wir bemühen uns.«

Der Mann verließ festen Schritts den Ausstellungsraum und würdigte die normalen Mercedes-Modelle links und rechts keines Blicks. Draußen löste er das Schloss seines leicht rostigen Herrenfahrrads von einem Fahnenmast und radelte davon.

Der Kundenberater war beeindruckt.

***

Es war früher Morgen. Dreier, gut verpackt in seinem Mantel, war die Stufen des U-Bahnhofs hochgestiegen und näherte sich seinem Arbeitsplatz im Präsidium. Ein etwa dreißigjähriger großer und schlanker Mann in einer blauen Slim-fit Daunenjacke und gelber Feincordhose, auf dem Kopf eine freche gelbe Fleecemütze, mit kleinem Daypack über der Schulter, ging in die gleiche Richtung direkt neben ihm. Das war eigentlich nichts Auffälliges. Aber dieser besondere Nebenhergänger ging extrem dicht neben ihm, zu dicht eigentlich. Dreier dachte: Wenn der ein Taschendieb ist, hat er gleich ein Problem. Es war kein Taschendieb.

»Schauen Sie mal«, sagte der Mann und hielt ihm die hohle Hand mit einem Ausweis unter die Nase. So kam es, dass Dreier zum ersten Mal in seinem Berufsleben in Kontakt mit dem BND kam.

»Kommen Sie«, sagte der BND-Mann. »Ich will Sie etwas fragen. Haben Sie Zeit für einen Kaffee?« Er zeigte auf ein Bistro gleich neben ihnen, und Dreier war viel zu verblüfft, um abzulehnen. Sie gingen hinein.

Obwohl Dreier als Polizist eine größere Nähe als die Allgemeinheit zu diesen Spähern hatte, pflegte er so seine Vorurteile. Er dachte: Diese Schlapphüte sind doch eigentlich, soviel ich weiß, borniert, rechthaberisch und aufdringlich. Das scheint mein Gegenüber aber nicht zu sein. Der ist aufmerksam und höflich. Ist das die neue Generation? Und was will der von mir?

Die beiden Männer hatten sich einen Platz abseits von den anderen Frühstücksgästen gesucht und betrachteten sich gegenseitig abwartend. Eine Bedienung brachte ihnen Cappuccino.

»Ich werde es Ihnen sagen«, versprach der gedankenlesende Agent. »Ich sage Ihnen, was ich von Ihnen will, okay?«

Dreier nickte und war gespannt.

»Sie sind beauftragt mit Ermittlungen gegen Mietwucherer. Und gegen Investoren, die Mieter zur Aufgabe ihrer Wohnungen drängen. Richtig?«

Das hat er gut formuliert, dachte Dreier und nickte.

»Sie sind im Zuge Ihrer Ermittlungen auf die Thirtynine Ltd gestoßen. Richtig?«

»Ich stehe noch am Anfang«, sagte Dreier und dachte: Der spricht wie ein Streber, richtig? Dann sagte er: »Also, nein, den Namen höre ich zum ersten Mal.«

»Jetzt kennen sie ihn. Merken Sie ihn sich. Thirtynine Ltd ist, was Sie suchen: der Böse im Spiel. Verstehen Sie?«

Nein, dachte Dreier und sagte: »Woher wollen Sie wissen, was ich suche?«

»Na, was würden Sie auf so eine Frage antworten, wenn Sie im Dienst wären?«

»Äh, dass nicht Sie, sondern ich die Fragen stelle …!«

Der andere kniff ein Auge zu, zielte mit dem Zeigefinger auf Dreier und grinste.

»Hab verstanden«, sagte Dreier und fügte zum Zeichen der Kooperation ein »Richtig!« hinzu.

»Gut. Also: Thirtynine ist eine Firma, die in Berlin Geschäfte macht. Nicht nur, aber auch mit Immobilien. Die sind hier nicht die Größten, aber sie sind so ziemlich die Schlimmsten.«

Dreier betrachtete sein Gegenüber und dachte: Warum haben die Nachrichtenleute Interesse an so einer Firma? Ich soll ja nicht fragen, aber … Und er fragte: »Was hat denn ein Spekulant verbrochen, dass der Dienst sich für ihn interessiert?«

Der andere sprach einfach weiter: »Sie werden Thirtynine ins Visier nehmen. Sie werden ganz speziell gegen diese Gesellschaft ermitteln und gegen sie vorgehen. Ich kann Ihnen versichern, dass das ganz in Ihrem Interesse ist, denn diese Unternehmung betreibt genau das, was Sie bekämpfen sollen und was Sie für einen Ermittlungserfolg brauchen. Außerdem ist das in unserem Interesse, aber das soll Ihnen egal sein. Wenn Sie aktiv geworden sind, werden Sie uns Ihre Ergebnisse zur Verfügung stellen. Ich schicke auf Ihren Account eine Adresse.«

»Warum machen Sie das alles nicht selber?«

Der Ton wurde etwas kühler: »Sie machen das!«

Dreier hatte Probleme mit dem Kommandoton. Um Zeit zu gewinnen, sagte er: »Und was meinen Sie mit: zur Verfügung stellen?«

Sein Gegenüber lächelte höflich: »Habe ich mich unklar ausgedrückt?«

Natürlich nicht, dachte Dreier. »Und wie finde ich diese Firma?«

»Thirtynine Ltd«, wiederholte der Mann geduldig. »Das ist doch nicht so schwer zu recherchieren!« Der junge, manchmal höfliche, groß gewachsene Mann erhob sich, warf seinen kleinen Rucksack über die Schulter und wollte gehen.

»Wie heißen Sie eigentlich?«, rief Dreier.

Der andere blickte in Richtung Theke, zögerte kurz und sagte dann leise: »Willy. Mit Ypsilon.«

»Na dann, Willy!«, sagte Dreier

Der andere sagte: »Auf gute Zusammenarbeit. Der Kaffee ist bezahlt!« Und weg war er.

Dreier brauchte eine Minute, um den Cappuccino auszutrinken. Beim Verlassen des Bistros fiel sein Blick auf die Theke, genauer: auf die Kaffeereklame dahinter. Da stand »illy«. Mit Ypsilon.

***

Tabak stand vor dem Laden. Mit einem Becher Tee. Es waren erst wenige Tage seit dem Tod seines Vaters vergangen. Die Beerdigung stand bevor. Aber der Laden musste laufen. Einer musste den Markt leiten, und wenn der Vater tot war, musste Tabak das machen. Seine Gefühle durfte er hier nicht zeigen.

Er spürte, wie ihm der Vater fehlte. Erst jetzt. Immer wieder in der Vergangenheit hatten sie sich gestritten. Tabak hatte deutlich gesagt, was sich alles ändern müsse, und der Vater hatte erbittert dagegengehalten. Aber Tabak war nicht der Verantwortliche gewesen, sondern der Junior. Ohne Verantwortung. Sein Vater hatte immer alles so gemacht, wie er es für richtig hielt, allein, ohne Diskussionen. Er hatte über das Sortiment entschieden, die Preise festgesetzt, ohne die der Konkurrenten zu kennen, die Werbung in einem Anzeigenblatt geschaltet, die Abrechnungen an die Steuerberaterin geschickt. Tabak hatte oft den Kopf geschüttelt, manchmal gesagt, manchmal nur gedacht, dass das so nicht weitergehen könne. Aber ohne Wirkung. Ohne Erfolg.

Jetzt war sein Vater tot. Nun war es an ihm.

Tabak wollte einen Schluck Tee trinken. Zu heiß! Also warten. Ein Junge knatterte mit einem Roller durch die Karl-Marx-Straße, fuhr kurz vor ihm auf den Bürgersteig, stoppte dicht vor seinen Füßen und fragte: »Tabak? Vural Tabak?«

Er nickte.

»Da!« Der Junge reichte ihm einen Umschlag und fuhr umgehend ab, indem er einen Haken um Tabak schlug und knapp seine Fußspitzen verfehlte. Lautes Knattern, eine Wolke vom Zweitaktmotor, weg war er.

Tabak betrachtete den braunen Umschlag, drehte und wendete ihn. Keine Adresse, kein Absender. Fest verklebt. Er wunderte sich, wollte ihn aber erst drinnen im Büro öffnen. Er probierte – den Umschlag unter die Achsel geklemmt – wieder den Tee. Jetzt war er trinkbar.

Tabak ging mit leerem Pappbecher und Umschlag in das Büro seines Vaters. Jetzt war es sein Büro. Er musste auch hier alles ändern.

Größerer Arbeitstisch, neuer PC, neuer Drucker, besseres Arbeitslicht, klare Büro-Organisation. Alles musste sich ändern.

Er riss den Umschlag auf. Zog ein weißes Blatt heraus, handbeschrieben, leserliche Handschrift: »Mein Beileïd, Alter. Jetzt bist du dran. Jetzt wird's ernst. Ich kann helfen. Wir sehen uns.«

Jetzt wird's ernst? Das war die Sprache von diesem Typ, der ihn mehrfach draußen angemacht hatte. Woher wusste der …? Wer war er …?

Tabak setzte sich langsam auf den verschrammten Schreibtischstuhl. Am Tag zuvor war die Steuerberaterin zu Besuch in den Laden gekommen. Ihre Botschaft war unmissverständlich: Dieser Supermarkt lief nicht gut. Nicht mehr. Seit mehr als einem Jahr wurde kaum noch Gewinn gemacht. Der Vater hatte aus seinem privaten Vermögen Geld zugeschossen, damit das Geschäft bestehen konnte. »Ihr Vater, bei allem Respekt«, sagte sie, »der wollte das nicht wahrhaben. Sie müssen hier vieles ändern!«

In den letzten Tagen hatte auch noch der Vermieter eine kräftige Erhöhung angekündigt. Er hätte zehn Jahre nicht mehr erhöht, jetzt sei das notwendig, schrieb er.

Jetzt wird's ernst? Der Typ hatte recht. Tabak griff zum Mobiltelefon und wählte Cromms Nummer.

***

Am nächsten Morgen kam Cromm zum Supermarkt Istanbul in der Neuköllner Karl-Marx-Straße. Er und Tabak hatten sich verabredet. Cromm trug einen Burberry-Trench über grauem Pullover und schwarzen Chinos. Für die Karl-Marx-Straße in Neukölln war das etwas overdressed. Aber Berlin war in Sachen Kleidung nach oben und nach unten tolerant, und überhaupt war es Cromm egal. Er schlenderte durch die sich öffnende Glastür, nickte dem Security-Mann zu, der ihn neugierig musterte, und sah hinten im Laden Tabak an der Fleischtheke. Er winkte ihm zu und wartete, bis der Kunde, den Tabak bedient hatte, fertig war.

Sie gaben sich die Hand. Cromm, der Tabak zum ersten Mal an seinem Arbeitsplatz besuchte, schaute sich um und nickte: »Nicht schlecht. Großer Markt.«

»Ja«, sagte Tabak. »Aber nicht gut genug für die heutigen Ansprüche. Die Kunden haben immer neue Wünsche. Da braucht man mehr Platz. Aber komm! Ich bin froh, dass du da bist. Lass uns ins Büro gehen.« Sie gingen nach hinten.

»Es tut mir leid, dass dein Vater tot ist. Mein Beileid.«

»Danke!«

Cromm schwieg verlegen. Er hatte in seiner Anfangszeit als Kripobeamter hin und wieder eine Todesnachricht überbringen müssen. Es war jedes Mal schwer für ihn gewesen. Man wurde nicht ausgebildet, wie man mit dem Tod und den Trauernden umzugehen hatte. Es blieb jedem Beamten selbst überlassen, wie er das machte.

Tabak sagte: »Es tut weh! Wie wichtig er für mich war, weiß ich erst, seit er tot ist.«

Cromm nickte und schwieg.

Tabak versank in Gedanken, wie es ihm seit dem Tod des Vaters immer wieder passierte. Er war kurz abwesend und kam dann zurück ins Hier und Jetzt. Er sah Cromm und sagte: »Mein Vater sagte zuletzt, schon im Krankenhaus, ich müsse den Laden erhalten und bewahren.«

Cromm nickte: »Das kannst du doch. Erhalten und bewahren ist eine schöne Botschaft. Das heißt doch nicht«, er machte eine weite Bewegung in Richtung Verkaufsraum, »dass alles so bleiben muss, wie es war.«

»Ja. Das geht gar nicht.«

»Hm.« Cromm nickte.

»Ich übernehme den Laden und ich muss ihn schnell verändern.«

»Warum schnell? Warum nicht in Ruhe?«

Tabak hob die Schultern. »Weil mir nicht viel Zeit bleibt.« Er schilderte die Aussage der Steuerberaterin. Und dass außerdem eine Mieterhöhung ins Haus stand.

Er sagte: »Ich weiß genau, was sich ändern müsste, damit der Laden eine Zukunft hat. Aber mir fehlt das Geld. Mein Vater hat nichts hinterlassen.«

»Außer diesem Markt«, sagte Cromm.

»Außer diesem Markt.« Tabak holte Luft: »Und dann ist da noch dieser Brief …«

»Welcher Brief?«

»Dieser Brief!« Tabak schwenkte damit vor Cromms Nase herum. Dieser wollte zugreifen, aber Tabak sagte: »Moment. Bevor du liest, solltest du wissen, dass mich in den letzten Wochen mehrfach ein Fremder angequatscht hat. Einfach so, auf der Straße. Er sagte, er könne helfen. Er wüsste, was hier los ist. Ich weiß überhaupt nicht, für wen der spricht. Ist der ein radikaler Muslim? Oder ein politischer Agitator? Oder was? Ich weiß es nicht! Und jetzt hat er auch noch geschrieben!« Tabak wedelte mit dem Blatt.

»Hast du mit ihm gesprochen?«

»Ich habe ihn abgewimmelt! Jetzt hat ein Bote diesen Brief hier gebracht.« Endlich übergab Tabak das Papier.

Cromm las. Er schüttelte den Kopf. »Das ist kein Religiöser oder sonst ein Sektierer. Das ist auch kein Erpresser, der hätte sich ganz anders ausgedrückt. Der Ton ist nicht unfreundlich.«

»Hm«, sagte Tabak nachdenklich.

»Pass auf«, sagte Cromm. »Beim nächsten Mal, wenn er wieder auftaucht, sagst du ihm, er soll mit mir reden. Ich wäre dein Vertreter. Okay?«

»Du? Mein Vertreter?« Tabak musste trotz seiner Lage lachen.

»Mach das!«, sagte Cromm »Hier! Ich habe eine Visitenkarte. Gib sie ihm. Er soll sich melden.«

Tabak blickte zweifelnd auf die Karte. Dann schwiegen beide ein paar Sekunden.

Cromm räusperte sich und sagte: »Tabak?«

»Ja?«

»Wir möchten dich nicht verlieren!«

Tabak verstand sofort. »Woher weißt du …?«

»Na, beim letzten Mal hast du abgesagt.«

»Da war gerade mein Vater gestorben.«

»Ja. Aber wir haben uns Sorgen gemacht, dass du vielleicht überhaupt keine Lust mehr hast.«

»Na ja«, sagte Tabak gedehnt.

»Nix na ja! Du bist wichtig für die Gesellschaft. Und wir mögen dich. Bleib dabei, wirf nicht hin!«

Tabak freute sich. Er sagte: »Danke!« Und dann noch: »Ich denke darüber nach.« Und nach einer weiteren Pause: »Doch, ich mache weiter mit.«

Cromm stand auf, schaute einen Moment auf den sitzenden Tabak, dann beugte er sich herab und umarmte ihn.

***

Kapp schwitzte. Er stand in der Einfahrt bei seinem Auto, hatte die Heckklappe geöffnet und räumte, um Platz zu schaffen, allen möglichen Sperrmüll aus dem Laderaum.

»Los, packen Sie an!«, rief er Müller zu. Es ging um zehn graue Kartons. Jeder gefüllt mit achtundvierzig kleinen Fläschchen. Jedes Fläschchen beschriftet mit »LiebGrauenmilch«.

Müller kam wenig später aus dem Haus gestolpert, ächzend, mit drei Kartons auf dem Arm, und lief in Richtung Opel.

»Passen Sie auf!«, rief Kapp. Er hing mit dem Oberkörper unter der geöffneten Heckklappe des alten Kombi und schob Kartons durch bis zu den Vordersitzen.

Seine Frau stand etwas abseits und beobachtete die Aktion skeptisch. Zu ihren Füßen eine kleine Reisetasche. In der Hand hielt sie einen abgegriffenen Aral-Atlas, Jahrgang 1990. Die innerdeutsche Grenze war noch angedeutet, aber immerhin gab es keine Transitautobahnen mehr.

Kapp und Müller luden schweigend alle Kartons in den Opel Omega, der so alt war wie der Atlas. Als alle drin waren, senkte Kapp langsam und vorsichtig die Heckklappe, zur Probe, ob sie auch wirklich nichts berührte. Nein, tat sie nicht. Er schloss die Klappe mit Schwung. Seine Frau reichte ihm die Reisetasche. Müller zeigte den erhobenen Daumen.

»Gute Fahrt«, wünschte seine Frau und freute sich auf ein paar Tage ohne ihren Ehemann. Müller ging es ähnlich. Beide winkten, als Kapp dem unwilligen Getriebe den Rückwärtsgang aufzwang und mit bläulich rauchendem Auspuff rückwärts aus dem Hof fuhr.

Kapp lenkte den unkaputtbaren Omega auf die Autobahn Richtung Norden. Er summte vor sich hin. »Berlin, Berlin, wir fahren nach Berlin.« Hinter ihm klirrte es leise.

***

Als Tabak mit seinem Tee vor die Tür trat, war er schon da.

»Ah, Alter! Na endlich! Guten Morgen!«

Ignorieren. Einfach weggucken.

»Weggucken hilft nicht, Alter!«

Seit dem Überfall war während der gesamten Öffnungszeiten Sicherheitspersonal anwesend. Das kostet zusätzliches Geld, hatte Tabak sorgenschwer gedacht. Aber es musste sein. Sein Personal fühlte sich besser. Die Kunden auch.

Jetzt kam der Security-Mann, der sich direkt hinter der Eingangstür postiert hatte, herbei und fragte Tabak: »Soll ich was klären?«

Tabak blickte auf den Typ, der ihn angesprochen hatte, überlegte kurz und sagte: »Nein danke. Der geht freiwillig.«

Der Typ, heute dick eingemummelt in einen langen schwarzen Mantel und an den Füßen schwarze hohe Sneaker, eine feine schimmernde Kette spielerisch schwingend, lachte laut und rief: »Ja, ich gehe freiwillig. Aber ich komme freiwillig wieder, Alter.«

Der Security-Mann zog sich einen Meter zurück, behielt die Szene aber im Auge.

»Was willst du?«, fragte Tabak.

»Mit dir reden, weißt du doch!«

Tabak fasste in die Tasche und merkte, wie die Pupillen des anderen sich weiteten. Er rechnet mit einem Angriff, dachte Tabak. »Hier«, sagte er und hielt ihm Cromms Karte hin. »Red mit dem!«

»Was soll das?«

Tabak hielt immer noch die Karte hin: »Der weiß Bescheid. Red mit dem!«

Der andere schüttelte zunächst den Kopf. Dann nahm er zögernd die Karte, steckt sie, ohne draufzuschauen, ein, winkte eine Art Abschiedsgruß und ging auf einen schwarzen A6 zu, der gegenüber in der zweiten Reihe geparkt war. Er stieg auf der Beifahrerseite ein, und das Auto fuhr davon.

»Was wollte der?«, fragte der Security-Mann. »Ich weiß es nicht«, sagte Tabak wahrheitsgemäß. Der Security-Mann fühlte sich abgewimmelt und zog sich zurück.

***

Er kam im Dunkeln aus der Glinkastraße, wo er in einem Plattenbau aus vergangenen Tagen wohnte. Direkt gegenüber die nordkoreanische Botschaft mit fünf Obergeschossen, aus dem Jahr 1975, inzwischen unschön gealtert und abweisend, mit dunklen Scheiben, eingezäunt, kamerabewacht, nachts beleuchtet. Am ständig geschlossenen doppelflügeligen Tor gab es weitere Kameras, große Briefkästen und rechts am Zaun einen Schaukasten mit farbenfrohen Fotos des großen Führers, der wichtig und übergewichtig auf die Passanten guckte.

Der ältere und einfach gekleidete Mann, der hier so früh unterwegs war, trug in der linken Hand eine große geschlossene, unübersehbar gut gefüllte Reisetasche. Er ging die paar Schritte zum U-Bahnhof, schritt die Treppe hinab zum Bahnsteig und begab sich auf seinen Weg. Es war nicht seine erste derartige Tour, er wirkte routiniert und selbstsicher, wie ein Reisender auf dem Weg zum Hauptbahnhof, der einen frühen Zug erwischen wollte. Er verhielt sich unauffällig, blickte nicht zurück und stieg auf der Strecke von der U-Bahn um in eine S-Bahn. Zwanzig Minuten später verließ er den S-Bahnhof Tiergarten und betrat – jetzt im ersten Schimmer des Novembermorgens – den großen Park.

Tief hinein in diesen Park ging er. Er übersah absichtlich die hinter manchen Büschen lagernden Obdachlosen, manche in zerschlissenen Schlafsäcken, manche nur unter ein paar Decken, manche mit tief ins Gesicht gezogenen Mützen, andere ohne Mützen und auch sonst viel zu leicht bekleidet für diese Jahreszeit. Hätte er einen Blick für die Gruppe der schlafenden Männer und Frauen gehabt, wäre ihm aufgefallen, dass es von Mal zu Mal mehr wurden. Aber sie interessierten ihn nicht. Ihn interessierte das Thema Obdachlosigkeit generell nicht.

Nach etwa einer Viertelstunde war er am Ziel: ein öffentliches Toilettenhäuschen mitten im Park, düster und kärglich beleuchtet, bröckelnder Putz, stinkend. Er schob das benachbarte Gebüsch mit der rechten Hand zur Seite und ging dicht an der Wand entlang bis zur Rückseite. Der Boden war voller Müll und Dreck. In Kopfhöhe eine Fensternische, Glasbausteine verwehrten Blicke. Er griff in die Reisetasche und schaltete einen Transponder ein, dann drückte er die Tasche auf den Fensterabsatz, mit beiden Händen und viel Druck. Er ging den gleichen Weg dicht am Häuschen entlang zum Kiesweg, blickte nach links und rechts und machte sich entschlossen auf den Weg zurück zum S-Bahnhof Tiergarten.

Ein paar Minuten später wurde die Tasche abgeholt. Der Abholer wurde beobachtet. Aus einem der Büsche heraus. Niemand mischte sich ein oder forderte eine Erklärung. Der Beobachter hatte einen Auftrag: Er solle beobachten. Sonst nichts.

***

Dreier blickte auf den hohen Papierstapel auf seinem Schreibtisch. Den hatte sein Kollege angeschleppt, nachdem er drei Tage verschwunden gewesen war. Papier! Massenweise Papier!

Lauter Dokumente über Ermittlungen gegen Vermieter und Immobilienverwalter, Fälle, in denen sich Mieter oder Mietervereine wegen unverhältnismäßiger Erhöhungen beschwert hatten. Alle Ermittlungen waren folgenlos geblieben. In anderen Fällen hatte sich entweder aus Sicht der Polizei nichts ergeben oder die Staatsanwaltschaft hatte abgewinkt, oder ein Gericht hatte die Eröffnung eines Verfahrens abgelehnt.

Es gab viele Fälle, in denen Mietshäuser aufgeteilt worden waren in Eigentumswohnungen, verbunden mit schonungsloser Modernisierung und schlecht verhüllter Verdrängung der Mieter.

Dann waren da noch die Presseausschnitte. In der letzten Zeit hatte die Berichterstattung zugenommen, weil die Leser sich immer öfter an die Zeitungen gewandt hatten. Reporter hatten über Belästigungen und Vertreibungen von Mietern berichtet.

Bei einem Fernsehsender wurde ein Fall geschildert, wie ein eingeschleuster angeblicher Mieter im Auftrag eines Clans die anderen Mieter terrorisiert hatte, damit sie aufgeben und entnervt ausziehen und so der Clan das Haus übernehmen konnte.

Die Zeitung mit den großen Buchstaben kreischte: »Mietterror!« Doch alle diese Berichte waren folgenlos geblieben, kein Ermittler oder Staatsanwalt fühlte sich veranlasst, den Fällen nachzugehen.

»Drei Tage! So lange warst du im Archiv?«, hatte Dreier gefragt.

»Was glaubst du denn?«, hatte der Kollege gefaucht. »Das war eine Schweinearbeit.«

Dreier dachte: Ich glaube dir kein Wort, sagte aber: »Donnerwetter. Ich bin beeindruckt.«

Der Kollege guckte misstrauisch, ob er gerade verarscht wurde, entdeckte dafür aber keine Anzeichen. Dreier konnte sich gut beherrschen. »Ich habe jetzt einen Termin bei den Mieterverbänden«, verkündete er, griff sich seine Jacke und ließ den erschöpften Kollegen allein im Büro zurück.

***

Dreier nutzte das Jobticket, ging zur U-Bahn-Station und fuhr zum Mieterverein. Der Geschäftsführer hatte Dreier eingeladen und dazu eine Mieterin aus dem Sprengelkiez. Sie wusste, worum es ging. Sie hatte sich vor ein paar Wochen beim Mieterverein gemeldet und jetzt war sie bereit, vor der Polizei auszupacken.

»Ich hatte vor drei Wochen plötzlich ein Loch im Badezimmer, so groß wie ein Fußball«, berichtete die Frau, die bei einem Autovermieter arbeitete und sich als Frau Schütte vorgestellt hatte. »Das Loch führte in den Schacht mit den Leitungen. Als ich abends nach Hause kam, war es da, und das Bad sah aus, als ob eine Granate eingeschlagen hätte, überall Steine, Mörtelbrocken und Staub. Ich wusste ja, dass Handwerker im ganzen Haus unterwegs waren, und ich wusste, dass Modernisierungen gemacht werden sollten. Aber so etwas!«

»Was haben Sie getan?«

»Ich habe am nächsten Tag sofort die Handwerker angesprochen, aber die haben mich abgewimmelt. Dann habe ich den Verwalter angerufen. Da war niemand. Klar, das kannte ich schon.«

»Das kannten Sie?«

»Da ist nie jemand zu erreichen.«

»Und dann?«

»Am Tag danach habe ich mich erst einmal beim Chef entschuldigt und Urlaub genommen. Er hat sich geärgert, denn ich bin am Kundenschalter eingeteilt. Dann bin ich hierhergekommen und er«, sie zeigte auf den Geschäftsführer, »hat die dann erreicht.«

Der Mietervertreter machte weiter: »Ich habe jemand von der Verwaltung ans Telefon gekriegt. Er hat gesagt, da wäre was schiefgelaufen. Es würde alles wieder zugemacht.«

»Wurde es?«

»Von wegen!« Frau Schütte regte sich auf. »Es dauerte zehn Tage, bis jemand kam. So lange pfiff die kalte Drecksluft aus dem Schacht ins Badezimmer. Es war gruselig. Dann kamen zwei Männer und machten das Loch mit einer Holzplatte zu.«

»Einer Holzplatte!«

»Genau. Als ich fragte, wie lange das denn so bleiben solle, haben sie mit den Schultern gezuckt.«

Der Geschäftsführer vom Mieterverein griff ein: »Und das ist kein Einzelfall. Dies ist eine der Methoden, mit denen Mieter weichgekocht werden. Auch Frau Schüttes Haus hat einen neuen Eigentümer bekommen. Dessen Verwalter hat bei ihr angefragt, ob sie ihre Wohnung kaufen möchte, im Originalzustand für viel Geld. Wenn nicht, würde es Renovierungen geben, und das wäre doch eine echte Belastung.«

»Wovon soll ich eine Wohnung kaufen?«, fragte Frau Schütte und blickte Dreier an. Sie erhielt keine Antwort.

Dreier seufzte. Er wusste inzwischen, was sich hinter einer Formulierung wie »eine Belastung« verbarg. Dann fragte er: »Wer ist dieser Eigentümer?«

Der Vereinsmitarbeiter nickte. Griff zu einer Akte und las vor: »Seit sechs Monaten ist das die Geranium Limited, Britische Jungferninseln.« Er guckte Dreier vielsagend an.

»Britische was?!« Dreier verstand nichts. »Wo ist das? Und wer steckt hinter Geranium?«

»Das ist ja das Problem. Das ist eine anonyme Gesellschaft mit Sitz und Briefkasten auf diesen Inseln, wo viele hingehen, die keine Steuern zahlen wollen. Aber da gibt es noch andere. Wir haben neuerdings auch Berliner Immobilieneigentümer mit Adressen aus Panama, aus Zypern oder Luxemburg.«

»Haben Sie versucht, an die Eigentümer heranzukommen?«

»Das können Sie vergessen«, sagte der Mann vom Mieterverein, »üblicherweise gibt es einen Verwalter für mehrere Firmen, bei dessen Postadresse hängt ein großer Briefkasten mit lauter Namen, und es gibt ein oder zwei Halbtagsmitarbeiter, die nichts wissen und nichts verstehen.«

»Das stinkt doch!«

Der Mietervertreter betrachtete ihn, wie man ein naives Kind anschaut: »Wussten Sie das denn nicht? Wir haben zunehmend diese Fälle. Käufer von Mehrfamilienhäusern in dieser Stadt sind selten Einzelpersonen. Immer öfter Firmen, entweder große deutsche Aktiengesellschaften oder irgendwelche ausländische Investmentgesellschaften mit Fantasienamen.«

Er stand auf, drehte sich zu dem Regal hinter ihm und zog einen Ordner heraus. Mit dem Finger suchte er eine Akte, blätterte auf und sagte: »Hier zum Beispiel. Die Käufer in den letzten Fällen hießen zum Beispiel Geranium oder Petunia oder Hortensia Limited. Immer nachdem die gekauft hatten, gab es Mieterhöhungen oder Mietervertreibung. Immer wurden Renovierungen angekündigt oder angefangen. Auch bei denen ist *ein* Verwalter für alle gemeinsam eingesetzt. Hat man ihn einmal am Telefon, dann sagt er, er könne nichts tun, der Eigentümer sei zurzeit nicht erreichbar.«

Dreier schrieb mit. Und fragte: »Meinen Sie, diese Blumenfreunde hängen zusammen?«

»Beweisen können wir es nicht. Aber es sieht so aus.«

»Seit wann läuft das so mit diesen Firmen?«

»Es fing vor zwei Jahren an. Zunächst war es nur ein einzelnes Haus, die Vorgehensweise war nicht so brutal, die Mieterhöhungen moderat. Aber dann lief es aus deren Sicht so gut, dass sich die Fälle häuften. Inzwischen werden Straßenzüge gekauft, ganze Blocks. Das liegt auch daran, dass die bisherigen Eigentümer immer öfter alte Leute sind, die sich als Vermieter zurückziehen wollen und die sich über das Geld freuen. Da wird so viel Geld hin und her geschoben – und niemand greift ein und sagt: Halt, so geht das nicht.«

Dies war der Moment, da Dreier dachte, er hätte verweigern sollen, als der Polizeipräsident ihn gefragt hatte, ob er die Sonderkommission übernehmen wolle. Aber jetzt ist es zu spät, dachte er, ich muss da durch.

Der Mann vom Mieterverein hatte inzwischen weitere Beispiele aufgezählt. »Hier«, sagte er mit Blick in seinen Ordner, »ist ein besonders übles Beispiel für das Schikanieren von Mietern. Der Investor ist nicht der größte in Berlin, aber er ist einer der schlimmsten. Thirtynine nennt sich sein Laden …«

Dreier war hellwach.

»… und er wird vertreten von einem Verwalter, einem Dr. Gress.«

»Wie war der Name?«

»Dr. Mike Gress, ein Jurist mit Büro in Pankow.«

»Nein, die Firma!«

»Thirtynine.« Der Geschäftsführer blätterte suchend. »Weiß der Teufel, warum die so heißen. Vermutlich auch Engländer. Die sind hier gerne aktiv, weil Berlin billiger ist als London und sie auf hohe Wertzuwächse hoffen.«

Dreier schrieb mit und sagte, ohne aufzublicken: »Thirtynine. Aha. Und was haben sie gegen den unternommen?«

»Unternommen?« Frau Schütte runzelte die Stirn und schwieg. Die Gesellschaft war nicht ihr Vermieter. Sie blickte zum Vertreter des Mietervereins, und der wurde etwas lauter: »Wir haben wiederholt unseren Juristen eingeschaltet. Der ist gut in Mietsachen, er kennt die

Gesetze, gegen die immer wieder verstoßen wird. Aber bisher ist er einfach vor eine Wand gelaufen. Seine Briefe kamen unzustellbar zurück. Rechtstitel hat er erstritten, die konnten aber nicht vollstreckt werden. Und die Polizei …?«, er blickte Dreier vorwurfsvoll an, »… an die haben wir uns auch schon gewandt. Die haben uns manchmal abgewimmelt, manchmal haben sie ermittelt. Ohne Ergebnis. Ermittlungen eingestellt. Mehr war nicht!«

Dreier guckte ausdruckslos.

»Ganz selten«, sagte der Mann wieder in versöhnlichem Ton, »gelingt uns mal was.«

»Ja?«

»Wenn es bei einem Objekt mal überhaupt nicht so läuft, wie der Käufer sich das vorstellt, wenn der Ärger zu groß wird und das Aufsehen unangenehm ist, dann steigt der auch mal wieder aus.«

»Steigt aus?«

»Steigt aus! Gibt auf! Wirft das Handtuch!«

»Aha!« Dreier dachte nach. Das hatte jetzt überhaupt nichts mehr mit polizeilicher Ermittlungsarbeit zu tun. Aber er war neugierig geworden. Also sagte er: »Sie meinen, einer sagt kurz vor dem Vertragsabschluss ab?«

»Auch«, sagte der Geschäftsführer mit ausdruckslosem Gesicht.

»Was heißt ›auch‹?«

Der Geschäftsführer räusperte sich, rückte hin und her und sagte dann: »Wie soll ich sagen … Wenn sich Umstände ergeben, die das Projekt nicht mehr so schön rentabel aussehen lassen, dann steigt der Käufer eben aus. Sogar nach dem Kauf.«

»Was heißt ›Umstände‹?«

»Sie sind Polizist, also … ich sag's mal vorsichtig: Wenn der Käufer genervt ist von Aktionen der Mieter oder von einer schlechten Presse oder von beidem, dann …«

»… sucht er einen Notausgang?«

»Könnte man sagen.«

»Sie reden aber nicht von Hausbesetzungen, oder?«

Der Geschäftsführer warf beide Arme zur Decke: »Nie würde ich das Wort verwenden! Außerdem gibt's auch andere Möglichkeiten.«

»Verstehe!«, sagte Dreier. Die Mieterin namens Schütte betrachtete den Mann vom Mieterverein nachdenklich. Und Dreier hatte eine Erkenntnis gewonnen, die er nicht in seinen polizeilichen Hirnwindungen ablegte.

***

Sie fuhren einen kleinen weißen Lieferwagen, einen Caddy mit der Aufschrift »B. Fromm Innenausbau«. Sie parkten gegenüber der Baustelle und gingen wiegenden Schritts auf das Haus Nummer 30 zu. Handwerker im Einsatz.

Eschweiler und Pfister, beide ähnlich gekleidet in die übliche schwere strapazierfähige Kleidung, Eschweiler mit einem grauen Werkzeugkoffer, Pfister mit einem breiten Werkzeuggürtel, aus dem Hammer, Gliedermaßstab und ein kleiner elektrischer Bohrhammer hervorguckten. Beide Männer wirkten überzeugend, zumal Eschweiler im Gehen heftig an einer f6 zog.

Auf dem Gerüst waren die Männer der Fensterfirma aktiv. Sie ließen an einem Seilaufzug ausgebaute alte Holzfenster hinab und stapelten sie neben einem Straßenbaum. Das machten sie systematisch und fest entschlossen, zunächst alle alten Fenster auszubauen und mit dem Einbau der neuen erst danach zu beginnen. Alles getreu nach Anweisung. Und dass da zwei Männer, die auch wie Handwerker aussahen, das Haus betraten, war ihnen vollkommen gleichgültig.

Pfister und Eschweiler gingen in das nach feuchtem Mörtel riechende Treppenhaus. Eschweiler ließ den Zigarettenstummel auf den Boden fallen, was ihm einen missbilligenden Blick von Pfister eintrug. Einen Fahrstuhl gab es nicht. Sie gingen zur Treppe und stiegen fünf

Stockwerke empor bis zum Speicher. Eschweiler leichtfüßig trotz Raucherlunge. Pfister ächzend. Oben angekommen, standen sie vor einer Brettertür. Zu! Eschweiler drückte dagegen. Nichts! Er trat mit Wucht gegen die Klinke. Offen! Pfister bedauerte das alte Schloss, sagte aber nichts.

Sie betraten einen zwanzig Meter langen und sehr hohen spitzgiebeligen Dachboden, der auf einer Breite von fünf Metern aufrechtes Gehen zuließ. Es war ein fast leerer Raum mit einem groben Dielenboden, in einer Ecke eine alte hölzerne Leiter, vermutlich als Hilfe für den Schornsteinfeger, und eine demontierte und verbogene Antenne.

»Schöner Raum«, sagte Pfister, »kann man was draus machen.«

»Hm«, meinte Eschweiler, »aber ohne Fenster, nur Dachluken.«

»Und ohne Aufzug!«

Eschweiler griff sich die Leiter, setzte sie an der nächstliegenden Dachluke an und stieg hoch. Er öffnete die Luke und schaute sich um. Neben sich sah er den gemauerten Kamin, an dem eine Satellitenschüssel befestigt war, vor sich die Spitzen des Gerüsts und dahinter die Dächer der Nachbarhäuser. Gut, dachte Eschweiler, das passt doch.

»Gib her!«, rief er Pfister in seiner charmanten Art zu und kletterte hinaus zum Kamin.

Stoffel, dachte Pfister, griff den Werkzeugkoffer und reichte ihn schweigend nach oben. Eschweiler packte ihn, zog ihn neben sich aufs Dach und stellte ihn auf den Tritt, auf dem der Schornsteinfeger zum Kamin balancieren konnte. Er öffnete den Koffer, rief nach Pfisters Bohrhammer und begann mit der Arbeit. Er hantierte mit langen Metallstäben, Kabeln, Mikrofonen und kleinen Sendern. Pfister, der das Arbeiten mit Holz bevorzugte, begann sich zu langweilen.

***

Sie hatte sich im Netz umgesehen. Zum Beispiel auf den Portalen, wo man Häuser suchen konnte, Mietwohnungen oder Grundstücke. Von einfach bis luxuriös, von billig bis teuer. Eingegrenzt auf den Ortsteil Moabit, war sie auf die Suche nach Apartments gegangen. Als interessierte Käuferin und auch als Mieterin hatte sie sich ausgegeben. Lang hatte sie nicht suchen müssen.

Feli betrachtete sorgfältig den Monitor und murmelte den Text nach: »Berlin-Mitte. Lichtdurchflutete Apartments für hohe Wohnansprüche. Nähe Fritz-Schloß-Park. Alte Substanz, professionell renoviert.« Aha, dachte Feli, und wo? Sie klickte. Treffer! Birkenstraße! Das war's. Dazu ein paar Fotos strahlend weißer leerer Räume, in denen zur Dekoration eine Zimmerpalme stand. Die immer gleiche Pflanze war offenbar zum Fotografieren von Raum zu Raum gewandert. Zusätzlich gab es Architektenzeichnungen, koloriert und fantasievoll ausgeschmückt, sodass herrliche weiße, stuckverzierte Häuser aufschienen, in einer stillen baumbestandenen Straße. Elegante Flaneure führten ihre Hunde aus. Mehr Nizza als Moabit. Feli war beeindruckt. Und was wollen die haben? »Oha!« Feli, die fast nichts in der Welt der Finanzen erschüttern konnte, murmelte verblüfft: »Vierhundertfünfzigtausend für zwei Zimmer. Frech!«

Das Ganze war im Stadium der Sanierung, daraus machte man keinen Hehl. Fertigstellung in einem Jahr. Verkauf vom Eigentümer, hieß es. Keine Provision! Ein »Verkaufsteam« versprach die Besichtigung einer fertigen Musterwohnung. Feli war verblüfft. Es gab eine Musterwohnung!? Davon hatten die Mieter der Birkenstraße nicht berichtet, und auch ihre eigenen Leute hatten das nicht herausbekommen. Interessant, dachte Feli, die will ich mir ansehen. Sie klickte fest entschlossen auf den Button »Anbieter kontaktieren«.

Dann lehnte sie sich zurück, griff nach ihrem Mobiltelefon und wählte die Nummer von van de Loo. »Wir müssen uns sprechen«, sagte sie, machte ein paar zustimmende Geräusche und nickte dabei. Dann sagte sie: »Weil ich da was entdeckt habe.« Wieder hörte sie zu, bis sie vorwurfsvoll sagte: »Nicht am Telefon! Weißt du doch!« Zum Schluss sagte sie: »Gut! Bis dann!« Und drückte das Gespräch weg.

***

Kapp war erschöpft. Er war mit seinem betagten Opel stundenlang über die Autobahnen Hessens, Thüringens, Sachsens und Sachsen-Anhalts gewankt. Dann durch Brandenburg. Schließlich stand auf einem Wegweiser: Berlin-Zentrum (Zoo), 31 km. Berlin, Berlin …

Der ächzende Kombi brachte bei Vollgas Tempo 130. Damit hatte Kapp sich nur einmal auf die Überholspur ganz links außen gewagt, war aber von einem heranrasenden schwarzen Geschoss vertrieben worden, das schon von Weitem mit aufgeblendeten Scheinwerfern das Recht des Stärkeren geltend gemacht hatte. Als das schwarze Monster vorbeizog, hatte ein männliches Gesicht herübergeguckt, und man hatte ihm irgendwas mit der Hand und den Fingern gezeigt, was genau hatte Kapp lieber nicht erkennen wollen. Er reihte sich schwitzend wieder auf der rechten Spur ein und tuckerte lange hinter einem Lastwagen her.

Am Abend hatte er die Stadtgrenze von Berlin erreicht. Es war die Zeit der werktäglichen abendlichen Staus. Alle wussten, wo sie hinwollten. Nur Kapp nicht. Der bewegte sich ohne Navigation, mit dem Atlas auf dem Nebensitz, leicht benebelt von der langen Fahrt. Er fuhr permanent auf der falschen Spur und setzte zur Freude der anderen Verkehrsteilnehmer immer erst kurz vor einem Abzweig den Blinker, um die Spur zu wechseln. Es war ausschließlich die Leistung der anderen um ihn herum, dass Kapp unfallfrei sein Ziel erreichte, während er dachte: Na, ich bin kein schlechter Fahrer, als Fremder so gut durch die Hauptstadt zu kommen.

Kapp lenkte den Opel in den Bezirk Mitte, durch die Mauerstraße, dann in die Glinkastraße, und schließlich sah er sein Ziel, einen mehrstöckigen Betonbau aus dem vergangenen Jahrhundert mit vielen ungeputzten Fenstern, grauen Vorhängen und einer rumpeligen Vorfahrt: das City Hostel. Eine sehr einfache Unterkunft für Rucksackreisende, mit Sechsbettzimmern und ein paar wenigen Doppelzimmern. Beim Reservieren hatte der sparsame Kapp sich nach längerem Nachdenken gegen ein Bett im Sechserzimmer und für ein Doppelzimmer mit Einzelbelegung entschieden – schweren Herzens. »Ein Geschäftsreisender braucht seinen Luxus«, hatte er seiner Frau erklärt, »aber nur für zwei Nächte!«

Jetzt angelte er seine Reisetasche vom Nebensitz, warf einen liebevollen Blick auf die Kartons mit seiner LiebGrauenmilch im Laderaum und dachte: Hoffentlich klaut mir die keiner. Er schloss den heiß gelaufenen, ächzenden Opel sorgfältig ab und betrat das Foyer. »Isch bin de Giselher Kapp aus Saulheim«, sagte er zu der Frau am Tresen. Sie kannte kein Rheinhessisch und hielt ihn für einen Ausländer.

***

Die Anregung war von Dreier gekommen. »Hör mal«, hatte er zu Cromm am Telefon gesagt. »Ich war beim Mieterverein. Der Kerl da war ganz in Ordnung.«

Cromm hatte sich über die Formulierung gewundert. Natürlich war der Mieterverein in Ordnung. Und die Leute, die für ihn arbeiteten, ebenso. Was hatte Dreier denn gedacht? Dass das Terroristen seien?

»Was willst du?«, hatte er geknurrt.

»Ich dachte«, druckste Dreier etwas gebremst, »wir könnten uns mal treffen.«

»Haben wir doch gerade erst?«

Der macht's mir nicht leicht, dachte Dreier und sagte: »Na, aber nicht zu dritt!«

»Zu dritt? Willst du deinen blöden Kollegen mitbringen? Untersteh dich!«

Dreier rollte jetzt mit den Augen, was Cromm zum Glück nicht sehen konnte. »Ich meine du und ich und der Typ vom Mieterverein. Was meinst du?«

»Ach so!« Cromm grinste. »Du meinst den Geschäftsführer vom Berliner Mieterverein? Ja, den kenne ich. Der versteht was von seinem Job.«

»Und? Was meinst du? Wir treffen uns zu dritt. Da hat jeder was davon!«

»Inwiefern?« Cromm pikte ein bisschen in Dreiers Konstrukt hinein. »Was habe ich davon?«

»Na, für deinen Verein kann das von Interesse sein, mehr über die Szene zu erfahren. Ich habe das Gefühl, dass ihr an so einem Fall dran seid, und …«

»Du bist dran an deinem Fall, mein Lieber. Du hast den Druck von deinem Präsidenten. Jetzt suchst du Unterstützung, stimmt's?«

»Lass dich doch nicht so drängen. Wir wollen doch gemeinsam was gegen diese Heuschrecken machen, stimmt's?«

Cromm wurde weich. »Okay. Einverstanden. Wo und wann?«

Dreier freute sich. »Schön. Ich würde mich am liebsten gleich morgen Abend treffen. Der Typ vom Mieterverein hat Zeit …«

»…ach, du hast ihn schon gefragt?«

»Nein! Ja! Nur mal so. Er hätte also Zeit. Wie wäre es denn in einem deiner Lokale? Zum Abendessen?«

Du bist ein Hund!, dachte Cromm. Du machst ein Treffen zu dritt aus und willst als Treffpunkt eines der Restaurants meiner Schwester. »Das hast du dir aber gut ausgedacht«, knurrte er.

»Nicht wahr?« Dreier überhörte das Knurren.

»Und was ist mit der Anonymität? Das ist dir doch sonst immer wichtig?«

»Na ja, eine Ausnahme diesmal. Was meinst du?«

Cromm gab auf. »Also gut. Morgen Abend, sieben Uhr. Parma 3, du kennst es, das Lokal in Kreuzberg. Bist du jetzt zufrieden?«

Cromm hatte eine Art Kussgeräusch gehört, dann war die Leitung tot. Er hatte den Hörer verblüfft angeschaut und den Kopf geschüttelt.

***

Ein Tag später, abends um Viertel vor sieben, saß Cromm an einem voll eingedeckten Sechsertisch im Parma 3, vor sich ein Glas von dem offenen Rotwein, und wartete auf die beiden. Der Tisch stand direkt vor der Theke. Bei den Gästen war er nicht beliebt, denn die Geräusche, die die Kellner hier mit Gläsern, Flaschen und Tellern machten, empfanden manche als Belästigung. Für Cromm war es genau deshalb der richtige Platz.

»Ich reserviere dir den. Aber wenn du glaubst, ich füttere deine Mischpoke durch, hast du dich getäuscht!«, hatte seine Schwester gedroht.

»Aber Giusi!«, hatte Cromm geflirtet.

»Nichts da! Die Rechnung ziehe ich dir vom Gehalt ab!« Giuseppa war hart geblieben, und Cromm hatte geseufzt. Wir haben ihr doch damals gegen die Mafiosi geholfen, dachte er, da könnte sie sich schon mal erkenntlich zeigen. Aber seine Schwester war eine erfolgreiche Gastronomin, erfolgreich auch wegen einer gewissen Härte. Cromm ärgerte sich und zugleich bewunderte er seine Schwester.

Kurz nach sieben, das Parma 3 hatte sich inzwischen gefüllt, trafen der Geschäftsführer des Mietervereins und Dreier ein. »Ihr seid eingeladen!«, begrüßte sie Cromm und hoffte auf ihre Zurückhaltung. Seine Gäste freuten sich und verlangten hoffnungsfroh nach den Speisekarten. Cromm schluckte.

»Das Lokal gehört Cromms Schwester«, sagte Dreier zu dem Geschäftsführer, »man kann hier wirklich gut essen.« Die beiden vertieften sich in die Liste der Tagesspezialitäten. Cromm wurde bang.

Wir könnten langsam anfangen, dachte er, räusperte sich und sagte: »Also, ich freue mich, dass wir hier zusammengefunden haben.«

Die anderen nickten, ignorierten ihn ansonsten und lasen einfach weiter.

»Wir haben ein gemeinsames Ziel: den Kampf gegen Investoren auf dem Berliner Wohnungsmarkt, die auf der Suche nach hoher Rendite ihre Mieter unter Druck setzen.«

Die anderen nickten wieder.

»Ich fange mal an«, sagte Cromm finster entschlossen und berichtete über das Engagement der Gesellschaft für unkonventionelle Maßnahmen gegen den Investor in der Moabiter Birkenstraße.

Dreier staunte nicht schlecht. Was er zu hören bekam, musste Cromm schon bei ihrem letzten Treffen gewusst haben, aber erst jetzt brachte er es auf den Tisch. Als er schon wieder den Namen Thirtynine hörte, horchte er auf und dachte an den Auftrag seines BND-Freundes mit dem Tarnnamen Willy.

Er begriff, dass Cromm ihm hier eine Tür öffnete, um gegen einen besonders unangenehmen Spekulanten aktiv zu werden. Das hätte er mir schon früher sagen können, dachte er leicht missmutig.

Der Geschäftsführer des Mietervereins war nicht überrascht. Eins seiner Mitglieder war Mieter im betroffenen Projekt Birkenstraße. Mal sehen, was die beiden von mir wollen, dachte er.

Cromm musste unterbrechen. Ein Kellner kam mit den Vorspeisen, die sich seine Gäste bestellt hatten. Eine Kellnerin präsentierte den Wein, einen Roten vom Südtiroler Winzer Lageder, den teuersten Wein, der sich auf der Karte des Parma 3 finden ließ.

»Wollen Sie probieren«, fragte der Kellner Cromm.

»Nein, nein«, wehrte der schwach ab und zeigte auf seine Gäste. »Macht ihr das unter euch aus!«

Dreier probierte, schmatzte vergnügt und ließ die Gläser füllen. Das war der Moment, da Cromm beschloss, die Rechnung zu vergessen, seinen inneren Widerstand aufzugeben und den Abend zu genießen.

Als es um die Hauptgerichte ging, bestellte er fröhlich Involtini, die kleinen Kalbfleischröllchen, gefüllt mit Parmaschinken und Salbei.

»So«, sagte er energisch, »wie können wir zusammenkommen?«

Die beiden schauten ihn an.

»Sie«, er zeigte auf den Geschäftsführer, »wollen Ihrem Mitglied in der Birkenstraße beistehen und zugleich der Öffentlichkeit zeigen, dass es nützlich ist, bei Ihrem Verein mitzumachen. Hab ich das korrekt formuliert?«

Der andere nickte und murmelte: »So ungefähr.«

»Du«, er nickte in Richtung Dreier, »willst deinem Präsidenten einen aufsehenerregenden Erfolg vorweisen, aber du hast kaum Truppen.«

Dreier schwieg ohne äußere Regung.

»Und wir«, sagte Cromm, »wurden geholt, um Mietern zu helfen und einem üblen Investor kräftig auf die Füße zu treten.«

Die beiden nickten. Dreier brummte: »Das wird schwer.« Und der Geschäftsführer schob hinterher: »Wie soll das gehen?«

»Wie das gehen soll? Das ist unser Job«, sagte Cromm entschlussfreudig. »Wir müssen den Investor unter Druck setzen. So sehr, dass er den Spaß an seiner Neuerwerbung verliert. Zugleich brauchen wir Kontakt zu einem möglichen neuen Käufer. Einem ordentlichen Vermieter. Einem mit einem sozialen Gewissen.«

»Eine Genossenschaft!«, sagte der Geschäftsführer des Mietervereins spontan.

Cromm und Dreier guckten fragend.

»Ja! Eine Wohnungsbaugenossenschaft. Ich kenne einige. Die meisten sind sehr in Ordnung. Die bisherigen Mieter müssten dann halt bei denen Genossen werden. Das ist eine Bedingung. Allerdings: Eine Genossenschaft übernimmt ein Objekt nur, wenn der Kaufpreis niedrig ist.«

»Aha!«, sagte Cromm. Er wandte sich an Dreier: »Dein Job ist es jetzt, gegen den Investor mit allen rechtlichen Mitteln vorzugehen.«

Dreier kannte seine Mittel. Er sagte nichts.

»Und wir«, sagte Cromm im Vollbesitz seiner Funktion als Schatzmeister der Gesellschaft für unkonventionelle Maßnahmen, »wir sorgen dann dafür, dass der Preis niedrig ist. Alles klar!«

Der sagte das so locker, dachten die beiden anderen, aber: alles klar!

Cromm sah das Essen kommen, wartete, bis es vor ihnen stand, und sagte zu seinen Gästen: »Buon appetito!«

***

Van de Loo traf Felicitas. Nein, umgekehrt. Feli hatte van de Loo zu sich bestellt, in die Potsdamer Straße. Ein Haus im Bauhausstil der Zwanzigerjahre, in schönem Zustand, aber nicht geleckt. Früher ein elegantes Wohnhaus, heute sagten die Messingschilder am Eingangspfosten, dass bis unters Dach alles an Firmen vermietet war. Im zweiten Obergeschoss war das Gemeinschaftsbüro der Makler- und Finanzberatungsagentur. Feli war selbstständige Partnerin. Empfang, Teeküche, Technik und Klo teilten sich die Partner. Feli hatte für sich allein ein großes weißes, licht- und luftdurchflutetes Büro mit bodentiefem Fenster und Balkon nach vorne zur Straße, im Sommer beschattet von einer Platane, mit einem großen weißen USM-Haller-Schreibtisch, und auch sonst war alles drum herum weiß, verchromt oder schwarzledern.

Van de Loo sah sich nach der herzlichen Begrüßung unverhohlen um, bewunderte alles angemessen und dachte: Jetzt verstehe ich, warum die in unseren Räumen in der Wollankstraße mit spitzem Finger über die staubigen Armlehnen fährt. Er sah Feli unauffällig an, wie sie da hinter ihrem Schreibtisch saß in ihrem Celine-Outfit, die Beine übereinandergeschlagen, und dachte weiter: Und so eine macht bei der Gesellschaft mit. Erstaunlich! Und schließlich dachte er: Das ist doch gut so. Es spricht für unsere Gesellschaft.

Feli spürte den Blick. »Gefalle ich dir?«, fragte sie ironisch.

Van de Loo fühlte sich ertappt und wurde rot. Das wiederum gefiel Feli.

»Entschuldige«, sagte van de Loo. »Aber ich bin doch zum ersten Mal in deinem Büro und ziemlich beeindruckt.«

»Und nachdem du das hier siehst, fragst du dich, warum eine wie ich bei euch mitmacht?«

Ich will verdammt noch mal nicht schon wieder rot werden, dachte der noch einmal ertappte van de Loo, schaffte es aber nicht so ganz.

»Wir sind stolz, dass wir dich bei uns haben«, sagte er.

»Das ist aber keine Antwort.« Feli konnte hartnäckig sein. Sie mochte van de Loo, obwohl oder vielleicht weil er ihr Vater hätte sein können. Sie hatte eine größere Gruppe von Bekannten, einige Freundinnen, aber nur wenige richtige Freunde. Sie war klug und selbstbewusst und war noch nicht auf den Mann gestoßen, der damit auf Dauer hätte umgehen können. Abstriche machen wollte sie nicht.

Van de Loo sagte jetzt kurz vor genervt: »Also! Du wolltest mich sprechen?«

»Ja.«

»Es geht um unsere Aktion in der Birkenstraße?«

»Es geht um die Birkenstraße. Ich habe recherchiert und mich umgehört. Die Bauarbeiten sind ja in vollem Gange, aber da ist noch lange nichts fertig. Bis auf …«

»Na?«

»… bis auf diese Musterwohnung!«

»Was sagst du!?«

»Eine Wohnung. Die ist fertig. In der Birkenstraße.«

Van de Loo guckte verblüfft. Feli machte weiter: »Diese Wohnung ist wohl schon vor einiger Zeit geräumt, entkernt und renoviert worden. Wie gesagt, eine Musterwohnung!«

»Aha!«, sagte van de Loo. »Eine Musterwohnung! Das hat keiner von den Mietern gemerkt?«

»Anscheinend nicht.«

»Erstaunlich!«

»Ach was! In diesen Mietshäusern guckt keiner so genau hin. Wir sind hier in Berlin!«

»Das heißt, man ignoriert es, wenn Handwerker in der Wohnung nebenan ein und aus gehen?«

»Genau!«

»Bei mir in Charlottenburg wäre das nicht möglich.«

»Ja bei dir …!«, machte Feli sich über ihn lustig. »Jedenfalls wollte ich dir sagen, dass diese Wohnung auf den einschlägigen Portalen zur Besichtigung angeboten wird. Mit Grundrisszeichnung und Fotos. Alles neu. Alles piekfein. Zugleich als Muster für die anderen Wohnungen in den Häusern.«

»Will ich sehen!«

»Kannst du. Steht alles im Netz. Ganz einfach.«

Im Netz »ganz einfach« etwas zu finden war für van de Loo nicht ganz so einfach. Aber das wollte er nicht ansprechen.

»Wer ist der Makler?«

»Kein Makler. Sie werben damit, dass es keine Courtage gibt. Der Verwalter macht das selbst.«

»Dr. Gress?«

Feli nickte. »Genau der. Ich will einen Termin machen und hingehen.«

»Du?«

»Guck nicht so! Ich, die erfolgreiche freiberufliche Felicitas Hahmann, mit einem kleinen gemieteten Apartment in Schöneberg, schon lange auf der Suche nach einer besseren Bleibe, mit etwas Geld auf der hohen Kante. Ich bin die richtige Zielgruppe. Ich werde mich anmelden und zur Besichtigung gehen.«

Van de Loo musste gleichzeitig sprechen und nachdenken. Das machte ihn langsam. »Das … ist … nicht schlecht.« Dann nahm er Tempo auf: »Je mehr ich darüber nachdenke: Das ist gut, sogar sehr gut!«

»Siehst du!«

»Quetsch den aus, du musst alles rauskriegen.«

»Freut mich, dass du das auch so siehst. Ich wollte nur dein Einverständnis. Ich weiß schon, wie man fragen muss, um mehr rauszuholen als den Preis oder die Quadratmeter.«

Inzwischen waren van de Loo mögliche Einwände eingefallen: »Wenn der dich dann kennt?«

»Kennt?«

»Na ja, von da an weiß er, dass du dich für die Wohnung interessierst.«

»Na und?«

»Aber dann kann er dich irgendwann uns zuordnen und …«

»Warum sollte er? Er kennt doch die Gesellschaft nicht.«

»Aber wenn wir irgendwann öffentlich auftreten …?«

»Wenn es so weit ist, dann haben wir den Fall gelöst. Das macht dann nichts mehr!«

Feli wirkte zufrieden und sah van de Loo direkt an: »Möchtest du einen ChariTea?«

Van de Loo wusste nicht, um was es ging, nickte aber vorsichtig.

***

Overdressed ist nicht gut und underdressed erst recht nicht. Feli ging sorgfältig vor bei der Auswahl ihrer Garderobe. Sie trug im Allgemeinen Röcke oder Kleider, es gab nur eine einzige Kombination mit Hose im Kleiderschrank. Dunkelblau. Italienischer Anzugstoff. Seriös, ziemlich konservativ geschnitten. Dazu eine schlichte weiße Bluse und schwarze Designerpumps mit halbhohem Absatz. Perfekt. Sie war zufrieden.

Es regnete, deswegen wählte sie den doppelreihigen Oversized-Mantel von Jil Sander, für den sie einst mehr als zweitausend Euro ausgegeben hatte. Keine Handtasche. Stattdessen ein Daypack, drinnen ein

Tablet. Und ein Schirm. Das war die Ausstattung, die Feli sich selbst verordnet hatte, um als ernsthafte Interessentin der Musterwohnung durchzugehen. Sie fuhr mit ihrem Mini Cabrio und parkte um die Ecke.

Vor dem Haus, in dem die Musterwohnung sein sollte, konnte man nicht warten – zu viel Bauschutt, zu viel Staub rieselte vom Gerüst herab. Ein paar Meter weiter, vor dem Nebenhaus, warteten unter dem Gerüst zwei Paare, ein älteres, gut gekleidetes, das sich angeregt unterhielt. Und ein junges, im Look der Start-up-Generation: Er mit Zopf und Hipsterbart, sie in Jeans und Hoodie, beide blickten unentwegt auf ihre Mobiltelefone und wechselten kein Wort.

»Bin ich hier richtig zur Besichtigung?«, fragte Feli die Wartenden. Die Älteren nickten freundlich. Die junge Frau blickte hoch und sagte leicht genervt: »Das dauert hier ewig!« Er fügte hinzu: »Was die Makler sich einbilden!«

Da hatte er generell recht, dachte Feli, obwohl es hier keinen Makler gab. »Sind Sie alle für zehn Uhr bestellt worden?«

Alle nickten.

Das, fand Feli, war schon mal unprofessionell. Oder rücksichtslos gegenüber den Interessenten. Oder volle Absicht, um zu demonstrieren, wie groß die Konkurrenz war. Anmerken ließ sie sich nichts. »Na gut«, lächelte sie, »warten wir …«

Die junge Frau hielt es für nötig festzustellen: »Wir sind aber vorher da gewesen …!«

Nach zehn Minuten kam ein krawattierter Mann im schwarzen Anzug aus dem Haus. Aha!, dachte Feli, das ist er, der Doktor-Anwalt-Verwalter! Der Mann nickte allen Wartenden zu, begrüßte das ältere Paar etwas intensiver und nahm es ins Schlepptau. Nach weiteren zwanzig Minuten kamen sie wieder aus dem Haus, mit undurchdringlichem Gesichtsausdruck gingen sie davon.

Der Anzugträger erschien wieder, ging auf die Jungen zu, begrüßte sie mit Handschlag, nickte Feli zu und sagte zu ihr: »Gleich geht's weiter!« Dann verschwand er mit dem Paar.

Diesmal ging es schneller. Während Feli noch die Fassade studierte, das Gerüst, die Plane mit dem Schriftzug »Michael Kors«, die Bauarbeiter auf dem Gerüst und deren Rufe in einer fremden Sprache hörte und sich fragte, wo in dieser Baustelle die Musterwohnung sein könnte, öffnete sich schon wieder die Haustür nebenan. Das junge Paar kam heraus, intensiv miteinander diskutierend.

»Niemals!«, rief die Frau. »Nichts für uns!«

»Hör mal«, meinte er, »lass uns drüber nachdenken …!«

Die Frau beschrieb mit dem Arm eine ausholende Runde: »… und diese schreckliche Straße!«

»Für das Geld kriegst du kein Dahlem!«

Die beiden verschwanden zeternd aus Felis Hörweite. Plötzlich stand der Anzugtyp vor ihr und räusperte sich: »Sie sind angemeldet für die Musterwohnung?« Er suchte auf einer Kladde nach ihrem Namen. »Frau, äh, Hahmann, Felicitas Hahmann?«

Feli nickte.

Er sagte: »Ich bin Dr. Mike Gress, der Verwalter dieser Immobilie.«

Dachte ich mir!, dachte Feli. Hast du es nötig, den Doktor vorzuschieben? Und sie sagte: »Hahmann, sehr erfreut.« Sie gaben sich die Hand.

Um gleich in die bessere Position zu gelangen, zeigte Feli in Richtung des inzwischen verschwundenen zeternden Paares und sagte: »Die Wohnung scheint nicht allen zu gefallen!«

»Na, das ist doch umso besser für Sie. Weniger Konkurrenz!« Der Verwalter-Anwalt lachte ein tiefes Hoho. Feli dachte: Nicht ungeschickt, der Kerl.

Er ging voraus, sie folgte. »Alles noch im Bau«, rief Gress. »Aber bald steht das hier in strahlendem Glanz. Lassen Sie sich nicht beirren.«

Zwei Stockwerke hoch durch ein ramponiertes, dreckiges, stinkendes Treppenhaus mit farbverkleckсten Stufen. Meine schönen Schuhe, dachte Feli. »Achtung, frische Farbe«, sagte ihr Führer.

Vorbei an jämmerlichen Wohnungstüren aus dünnem Sperrholz, die keinen Fußtritt ausgehalten hätten. Dann schloss er eine unübersehbar neue und massive Tür auf, gesichert mit einem modernen Schloss, trat zur Seite und sagte: »Bitte sehr, gnädige Frau!«

Schleimer, dachte Feli und sagte: »Oh, vielen Dank! Sehr freundlich!«

»Sehen Sie sich erst einmal in aller Ruhe um«, sagte Gress, »danach beantworte ich gerne Ihre Fragen.«

»Gut«, sagte Feli und spazierte durch den Flur. Bisschen eng, dachte sie, aber sonst ganz schön. Dann registrierte sie: Parkettböden, Wände mit feinem Putz, champagnerfarben. Neue Innentüren aus weiß lasiertem Holz mit Beschlägen aus Edelstahl. Neue Holzfenster, mehrfach verglast. Neue Einbauküche mit Miele-Geräten, Badezimmer mit teurer Einrichtung und guten Armaturen, an den Wänden deckenhohes, bronzefarben schimmerndes Mosaik.

Wenn dies das Muster ist, dachte sie, dann wird hier demnächst eine andere Art Menschen einziehen. Die armen Mieter!

»Bitte keine Fotos!«, sagte der Verwalter-Anwalt hinter ihr. Feli steckte das Mobiltelefon weg und nahm ihr Tablet. Mit dem geht's auch, dachte sie. Und in seine Richtung: »Sehr schön. Gefällt mir. Wirklich.«

Mit diesen Worten betrat sie den größeren der beiden Räume, vermutlich als Wohnzimmer gedacht, ging bis zum Fenster und erschrak. Über die volle Wandbreite und deckenhoch war das Mauerwerk herausgebrochen und die Außenwand verglast worden, mit bodentiefen Fenstern und einer gläsernen Balkontür. Diese Tür stand offen und führte – ins Nichts.

»Was ist das?«, krächzte Feli, fuhr zurück und blickte schaudernd in die Tiefe.

Gress ging schnellen Schritts zu der Tür, schloss sie resolut und sagte gönnerhaft: »Keine Angst, meine Dame. Es fehlt noch was: Da kommt der Balkon hin. Das ganze Haus bekommt Balkone. Da können Sie dann den Sommer genießen, mit Blick in einen begrünten ruhigen Innenhof.«

»Aha«, meinte Feli und schwenkte ihr Tablet in Richtung Tür: »Ziemlich gefährlich, oder?«

»Ich bitte Sie! Das ist die Musterwohnung. Da kommt sonst keiner rein.«

»Und bei den Mietern im Haus?«

»Ach die, hohoho«, lachte Gress, »na ja, die müssen zurzeit halt ein bisschen aufpassen, oder?«

»Allerdings«, sagte Feli und richtete ihr Tablet auf den lachenden Verwalter-Anwalt.

»Wissen Sie«, fügte der verschwörerisch hinzu, »die sind sowieso bald alle draußen. Die gibt's hier nicht mehr lang.«

»Ach, da bin ich ja beruhigt«, sagte Feli. »Da ziehen dann bessere Leute ein, oder?«

»Ganz genau, gnädige Frau, die bessere Gesellschaft!« Und da nun auch noch seine Männlichkeit erwachte, fügte er hinzu: »Wissen Sie, dieses Projekt überzeugt mich ganz persönlich. Ich denke, ich werde hier selbst eine Wohnung kaufen und einziehen. Wir zwei«, er machte eine dramaturgische Pause, »wir könnten dann irgendwann im Sommer nebeneinander auf den Balkonen sitzen und unsere Aperitifs genießen. Was meinen Sie?«

Ich würde dich gerne von deinem Balkon schubsen, dachte Feli, unterdrückte den Wunsch und sagte: »Nette Idee!«

»Vielleicht hätten Sie auch jetzt schon Lust auf ein Treffen?«, säuselte der Verwalter-Anwalt. »Ich könnte mir das mit Ihnen gut vorstellen. Und ich würde Sie auch bevorzugen bei der späteren Vergabe.«

Feli beherrschte sich und ihre Gesichtszüge, erkannte die Vorzüge einer vertieften Kontaktaufnahme und flötete: »Warum denn nicht? Bitte, Sie haben meine Telefonnummer!«

Dr. Mike Gress fühlte sich unwiderstehlich, lächelte breit und sagte: »Ich nehme Sie beim Wort, liebe Felicitas!«

Jetzt fängt er gleich mit dem Duzen an, dachte Feli. Manchmal ist dieser Job nicht leicht.

Sie hatte plötzlich nicht mehr viel Zeit. Sie bedankte sich, sagte, dass die Wohnung sehr schön sei, aber dass man über den Kaufpreis noch würde reden müssen und dass es ja wohl insgesamt noch eine Weile dauern würde mit den Sanierungsarbeiten und dass sie sich auf jeden Fall bald melden würde, weil es ihr durchaus ernst sei. Weg war sie, den Verwalter-Anwalt zurücklassend, der in seiner Kladde an ihren Namen gleich zwei Häkchen machte, dann aber schon nach dem nächsten Interessenten blätterte. Sie balancierte vorsichtig hinab durch das schmutzige stinkende Treppenhaus, vorbei an den Wohnungstüren, hinter denen Menschen lebten, die noch nicht wussten, dass es sie hier bald nicht mehr geben sollte.

***

Pankow, Breite Straße. Die Hauptstraße des alten Pankow, mit dem großen alten Rathaus aus roten Klinkern, mit der Alten Pfarrkirche am Ende des breiten und grünen Mittelstreifens, dem die Straße ihren Namen verdankte, so breit, dass ein Wochenmarkt Platz hatte. Hier in der Breiten Straße war das mehrstöckige Mietshaus aus dem neunzehnten Jahrhundert, freistehend, mit Erkern und Balkonen. Alles sorgfältig instand gesetzt. Im Erdgeschoss ein großes Küchengeschäft, das erleuchtet war und jetzt – kurz vor neunzehn Uhr – gerade noch geöffnet hatte. Oben, erstes Stockwerk, die Räume der Anwaltskanzlei. Ein edles Schild aus Messing neben der Eingangstür trug in großen Buchstaben den Namen Dr. Mike Gress, darunter etwas kleiner: Rechtsanwalt, und darunter: Immobilien, Hausverwaltungen, Büro 1. Stock, Termine nach Vereinbarung.

Ich habe nicht die geringste Absicht, dem Anwalt zu begegnen, dachte van de Loo, auch wenn der mich nicht kennt. Noch nicht, dachte van de Loo.

Er hatte etwas anderes im Sinn. Er betrat das Küchengeschäft: menschenleere Geschäftsräume, edle Küchenmöbel in hellstem Licht. Van de Loo dachte: Ich lese immer wieder, dass die Menschen keine Zeit mehr zum Kochen haben. Aber das Geschäft mit Küchen scheint zu laufen.

Er betrachtete die Preisschilder und war beeindruckt: dreißigtausend Euro, fünfzigtausend Euro. Dafür, dachte er, gibt es doch viel schönere Sachen, zum Beispiel Autos. Er weigerte sich zu akzeptieren, dass das Auto seinen Platz als Prestigeobjekt Nummer eins eingebüßt hatte – zumindest in der Großstadt. Bei manchen Leuten war die Küche im Begriff, diesen Platz einzunehmen. Van de Loo, versunken in den Anblick einer sündteuren Arbeitsplatte aus portugiesischem Marmor, wurde aus seinem Grübeln gerissen. Ein junger Küchenplaner war aus dem Hintergrund des Ladens an ihn herangetreten, räusperte sich und sagte: »Guten Abend!«

»Entschuldigung«, sagte van de Loo. »Ich habe nur eine Frage.«

»Ja?«

»Ich habe gehört, dass hier im Haus eine Wohnung frei wird. Wissen Sie, wer der Eigentümer ist?«

»Eine Wohnung wird frei? Davon weiß ich gar nichts!«

Van de Loo nickte. »Doch, habe ich gehört. Behalten Sie es für sich. Sie wissen, wie begehrt Wohnungen in schönen Häusern sind. Wer ist denn der Eigentümer?«

Sein Gegenüber zögerte. Dann sagte er: »Eigentlich ist der Anwalt im ersten Stock zuständig. Das Haus gehört der Gesellschaft, für die er arbeitet. Er ist der Verwalter.«

Van de Loo: »Hm. Verstehe.« Nach einer Pause: »Ach, immer diese Anwälte. Die machen alles kompliziert, finden Sie nicht?«

Stimmt, dachte der junge Mann. Der da im ersten Stock war ein ganz spezieller Schnösel. Deswegen sagte er: »Na ja, vielleicht …«

Van de Loo nickte aufmunternd.

»Diese Gesellschaft, die gehört einem reichen Mann. Ein echter Spekulant, ein älterer Typ, der in Mitte wohnt.«

Van de Loo setzte eine Miene auf, die er für ermutigend und auffordernd hielt. Mit Erfolg.

»Ich glaube, er heißt mit Nachnamen Park und wohnt in der Glinkastraße. Der Mann soll ein Sonderling sein. Will keinen Menschen sehen und hält sich für alle Mietsachen und Abrechnungen diesen Anwalt.« Er zeigte nach oben. Dann sagte er: »Aber Sie können es ja probieren.«

»Probieren?«

»Na dort, direkt bei diesem Herrn Park.«

»Das werde ich tun!«

»Viel Glück!«, wünschte der Küchenverkäufer.

Van de Loo ging, kehrte aber, als sich die Ladentür hinter ihm geschlossen hatte, noch einmal um. Der Küchenplaner saß schon wieder über seiner Arbeit. Diesmal wirkte er leicht genervt, als er sich erhob und auf van de Loo zukam.

»Nur noch eine Frage«, sagte van de Loo entschuldigend. »Woher kennen Sie den Mann?«

»Er war mal hier. Ich hatte ihn im Treppenhaus getroffen und fast übersehen, weil er ziemlich unscheinbar ist. Er duckte sich weg und grüßte nicht. Aber dieser Anwalt war neben ihm und machte ein Geschrei: Ich solle nicht so neugierig gucken und vergessen, dass ich Herrn Park gesehen hätte. Ich habe mir den Ton verbeten und erst später begriffen, dass er das war, der nicht gesehen werden wollte, unser berüchtigter Hauseigentümer.«

Van de Loo lächelte und wiederholte: »… berüchtigter Hauseigentümer.«

Der andere nickte und sagte: »So. Das ist alles, was ich weiß.«

Van de Loo bedankte sich und ging.

***

Der Kollege war kein Leistungsträger. Für Dreier eher Belastung als belastbar. Wie er da hängt auf seinem Stuhl, dachte er, ich mache mir nichts vor, der bringt für die Sonderkommission null Komma nichts. Aber, das war ihm klar, er konnte gefährlich werden – wie alle Menschen, die sich verkannt fühlen und die spüren, dass man sich über sie lustig macht. Dreier hatte sich oft über ihn lustig gemacht, vielleicht einmal zu oft. Er hatte ihn spüren lassen, dass er keinerlei Aussicht auf eine erfolgreiche Polizeikarriere hatte, zumal er wegen erwiesener Unfähigkeit aus dem Personalrat hatte ausscheiden müssen. Das alles hatte bei dem anderen am Selbstbewusstsein genagt. Obwohl er es nie gezeigt hatte, war er vermutlich enttäuscht und beleidigt.

Der Kollege, der ganz sicher nicht ahnte, dass Dreier ihn so sorgfältig analysierte, saß ihm gegenüber mit schlechter Körperhaltung, tippte auf seinem Computer und tat insgesamt so, als ob er arbeitete. Tat er aber nicht. Dreier hatte, als sein Gegenüber wieder einmal nicht im Büro gewesen war, in dem Ordnerregal hinter ihm eine kleine Kamera installiert. Diese Kamera blickte nun über seine Schulter direkt auf seinen Monitor. Dreier schaltete sie fernbedient ein, als sein Gegenüber brummend und schnaufend so tat, als ob er an seinem Rechner dienstliche Aufgaben erfüllte. Als der andere dann am frühen Nachmittag mit den Worten »Ich habe noch Überstunden!« (was nicht der Wahrheit entsprach) das Weite suchte, spielte Dreier sich die aufgezeichneten Bilder auf seinem PC vor.

Er hatte es geahnt. Jetzt sah er sich bestätigt. Der Kollege bewegte sich mit seinem Dienstcomputer in einem Chatraum, in dem es um die Polizei ging. Um die Berliner Polizei. Auch um das Landeskriminalamt. Er sah Texte, die er nur mühsam entziffern konnte, weil die Bildauflösung schwach war. Aber dass da dienstliche Protokolle und Notizen veröffentlicht wurden, war offensichtlich. Es ging um Ermittlungen gegen politische Täter, um antisemitische Übergriffe, um die Hausbesetzerszene, schließlich aber auch um Politiker fast aller Parteien außer der AfD. Da waren private Vorlieben dieser Frauen und Männer notiert, ihre Privatadressen, ihre Einkommensverhältnisse und ihre Steuererklärungen tauchten auf. Alles ergänzt mit hämischen Kommentaren und mit Drohungen, die Dreier nur mühsam entziffern konnte. Und wenn es ihm doch gelang, wurde ihm schlecht.

Sein Kollege hatte sich in diesen paar Stunden unter dem Auge der heimlichen Kamera durch eine Parallelwelt durchgeklickt, die ein Licht auf eine geheime Organisation warf. Dreier war erschüttert. Dass da irgendwelche Finsterlinge in der Polizei ihr eigenes Ding machten, war ihm in den letzten Monaten klar geworden. Aber was er da sah, machte den Eindruck einer größeren und professionell geführten Organisation. Konnte das sein? Waren da mehr versammelt, als er gedacht hatte? Wem konnte er denn überhaupt noch trauen?

Er musste nun doch zu einem Mittel greifen, das er bisher gescheut hatte. Das Auslesen fremder Computer war nicht zulässig. Das Auslesen des Computers eines Polizisten durch einen anderen Polizisten war noch weniger zulässig. Wer das tat, riskierte eine Suspendierung, eine Entlassung in Schimpf und Schande unter Verlust der Altersversorgung. Die Hürde war hoch, das war Dreier bewusst, aber er konnte nicht anders. Er erteilte sich selbst Absolution, stand auf, reckte und streckte sich und beschloss, seinem Freund in der IT-Abteilung einen Besuch abzustatten.

***

»Komm mit!«, forderte er ihn auf. »Ich gebe dir einen Kaffee aus.« Dreier war hinabgestiegen in die sogenannte IT-Gruft. Im Souterrain des Präsidiums arbeiteten in einem Großraumbüro die Techniker und die IT-Leute. Dort hatte Dreier einen Freund mit Namen Keyvan Taheri.

Der freute sich über die Unterbrechung, sicherte seinen Computer, stand auf, machte seinem nebenan sitzenden Kollegen ein Zeichen, ergriff Smartphone und Tablet und folgte Dreier in die Cafeteria. Sie holten sich große Tassen, Dreier einen Cappuccino, Taheri schwarzen Kaffee, den er mit viel Zucker in eine sirupähnliche Flüssigkeit verwandelte.

Taheri, jünger als Dreier, war als Kind mit seinen Eltern aus dem Iran gekommen, hatte in Deutschland sehr schnell gelernt, nicht nur die deutsche Sprache, auch die deutschen Gepflogenheiten. Er hatte einen Masterabschluss in Informatik, die deutsche Staatsbürgerschaft, die Arbeit bei der Polizei gefiel ihm, er war Beamter, war loyal und kein Schwätzer.

»Achtung!«, sagte Dreier, als sie sich gegenübersaßen.

»Was ist?«

»Ich habe eine ernste Frage.«

»Dienstlich?«

»Ja, erst einmal dienstlich.«

»Erst einmal? Das heißt also mehr als eine Frage!«

Dreier zwinkerte, grinste und sagte: »Ich ermittle in einer Sache gegen ein Unternehmen der Immobilienbranche. Einen Investor. Mit meinen Mitteln krieg ich manches raus, aber da ist vielleicht noch mehr. Kannst du es versuchen?«

»Was heißt versuchen? Ist das jetzt ein richtiger Auftrag? Das hätte ich dann gerne amtlich!«

Du bist aber korrekt, dachte Dreier und sagte: »Nein, erst mal nur so eine Art Voranfrage. Du kannst mehr als ich.«

»Ja, das stimmt. Ich helfe auch gerne, aber wenn du denkst, ich könnte Dinge, die hier im Hause nicht erlaubt sind, hast du erstens recht. Und zweitens mache ich so was nicht, auch nicht für dich.«

»Ist schon klar. Reg dich nicht auf.«

Taheri drohte ihm mit erhobener Faust und sagte: »Also red schon!«

»Es ist so …« Taheri beugte sich vor, um Dreier besser verstehen zu können. »Mich hat einer aus der Chausseestraße angesprochen.«

»Vom Dienst!?«

Dreier nickte. »Hmhm. Direkt hier vor dem Präsidium, am Morgen, als ich auf dem Weg ins Büro war. Er wollte was von mir.«

»Was?«

»Na, mir über die Schulter schauen.«

Taheri guckte beeindruckt. »Amtshilfe?«

»Nein! Eben nicht! Das war eher inoffiziell. Ich habe so etwas noch nie erlebt.«

»Und was wollte er?«

»Informationen. Über eine Firma. Die ich für ihn beschaffen sollte, weil er da nicht ran könne. Er kannte meinen Job in der Sonderkommission und wollte sich dranhängen.«

Taheri ahnte, worauf es für ihn hinauslief. »Jetzt ziehst du mich da hinein.«

»Na ja, ich bitte dich um Hilfe. Ich komme nicht weiter. Diese Firma ist zwar hier in der Stadt auf dem Immobiliensektor aktiv, aber man erfährt praktisch nichts über sie. Als ob die sich verstecken würden. Es gibt einen Anwalt, der für sie die Geschäfte führt, aber sonst finde ich nichts. Ich nenne dir jetzt einfach mal den Namen, und du guckst nur mal so, okay?«

»Nur mal so …!« Taheri blickte misstrauisch. Er hasste diese Art der Auftragsvergabe, so einerseits offiziell und augenzwinkernd inoffiziell.

»Also«, sagte Dreier. »Thirtynine Limited. Das ist der Name.«

Taheri knurrte, nahm sein Dienst-Tablet, begab sich damit in die Tiefen des polizeilichen IT-Archivs und blickte nach einiger Zeit hoch. »Nein!«, sagte er scharf.

»Was heißt nein?«

»Das kann ich dir sagen. Da ist nicht nur nichts zu finden. Da steht sogar eine interne Warnung, von weiteren Recherchen abzusehen und von der Firma dieses Namens die Finger zu lassen. Ich weiß nicht, was dahintersteckt, ich sehe so was zum ersten Mal.«

Dreier war verblüfft. »Was bedeutet das? Wer darf das anordnen?«

»Das kommt von der Leitung. Ich vermute, das ist was Politisches. Wir dürfen da nicht dran rühren. Also vergiss es, klar?«

Dreier merkte, dass sein Mund offen stand. Er schloss ihn energisch und sagte ganz langsam: »Klar!« Dann nach einer Pause: »Du siehst das zum ersten Mal …! Interessant, oder?«

Taheri zuckte die Schultern: »Interessant, ja vielleicht. Für mich heißt das einfach nur: Finger weg!«

»Ist ja gut.«

Sie schwiegen beide. Dreier dachte: Ich muss das ja nicht wissen, dass ich die Finger weglassen soll. Ich hab's ja nur durch Zufall erfahren.

Taheri trank seinen süßen schwarzen Kaffee, Dreier zögerte und sagte dann: »Da wäre noch etwas.«

»Noch mal so etwas?«

»Schlimmer!«

Taheri musste lachen: »Schlimmer geht's doch gar nicht.«

»Pass auf! Das ist jetzt keine dienstliche Sache. Ich frage dich, ob dir als IT-Mann bekannt ist, dass es hier im Haus eine rechte Zelle im Untergrund gibt. Polizisten, die eine eigene Polizei-Chatgruppe betreiben.«

Taheri stellte seine Tasse so heftig auf die Untertasse, dass es knallte. Kollegen blickten herüber. Er holte tief Luft, hielt den Atem an, stieß die Luft hörbar aus.

»Psssst!«, zischte Dreier.

Taheri senkte den Blick auf die Tischplatte. Dann flüsterte er. »Das ist wirklich eine gemeine Frage, weißt du das?«

Dreier sagte nichts.

»Gemein, gemein!« Taheri dachte laut vor sich hin. »Soll ich? Soll ich nicht?«

Dreier ließ ihm Zeit.

Taheri wurde immer leiser, und Dreier musste sich über die Tischplatte beugen. »Ich erzähle dir das, weil du okay bist. Wir sind Freunde. Du musst aber schweigen.«

Dreier nickte.

»Die Antwort ist: Ja!«

Dreier wollte nachhaken, aber Taheri machte ein Handzeichen, still zu sein, und sprach weiter. »Ja. Die gibt's. Seit Jahren. Ich beobachte die. Und nicht aus Spaß oder schon gar nicht, weil die mir gefallen, sondern im Auftrag von oben, ganz oben. Absolut intern. Ich beobachte und berichte.«

»Das ist ja …!« Dreier konnte nicht schweigen.

»Ich berichte und darf meine Erkenntnisse mit niemandem teilen. Die Daten werden auf einer separaten Festplatte abgelegt, deren Passwort nur ich und das Präsidialbüro kennen. Diese Gruppe«, sagte Taheri ganz langsam, »diese Gruppe wird größer. Es fing an mit einer Handvoll, heute sind es schon über vierzig, vom einfachen Streifenbeamten bis weit oben …«

»Und der Präsident?«

»Der lässt mich berichten. Alle vier Wochen.«

»Berichten?«

»Ich schicke die Datei an sein Büro. Alle vier Wochen.«

»Und dann?«

»Keine Ahnung. Antworten kriege ich nicht. Ich sehe, dass die Informationen abgerufen werden. Ich vermute, bisher wird da nichts weiter unternommen.«

Das glaube ich sofort, dachte Dreier. Er fragte: »Und sein Vorzimmer-Drache?«

Taheri verstand. »The Voice? Genau an die gehen ja meine Informationen.«

So, so, dachte Dreier. »Gehört eigentlich mein Zimmerkollege, dieser Ex-Personalrat, zu der Gruppe?«

»Ich kann dir keine Namen nennen.« Taheri musste lächeln. »Aber weißt du, es gibt Leute, die nimmt man nicht ernst, auch bei denen nicht.«

Klar! Dieser Dummbeutel!, dachte Dreier.

»So«, sagte Taheri entschieden. »Das reicht. Einzelheiten erfährst du nicht. Ich habe mit dir überhaupt nicht gesprochen.«

Dreier nickte. »Ja, aber da ist noch …«

Taheri ignorierte ihn, stand auf, winkte ihm kurz zu und ging einfach.

Dreier zuckte die Schultern und brachte die leeren Tassen zurück.

***

Taheri handelte sofort. Er nutzte den Antifa-Kanal. »Für Kathrin: Dreier hat mich angesprochen. Er hat den Chatraum der anderen entdeckt. Über seinen Zimmerkollegen. Er hat mich ausgefragt. Ich habe gesagt, dass ich die beobachte und dass ich an dich berichte. Wie weiter?«

Die Antwort kam sofort. »Okay. Nimm gelegentlich Kontakt auf. Ist er gegen die? Falls nein: Ende. Falls ja: Frag ihn, ob er aktiv was dagegen tun will. Falls nein: Ende. Falls ja: Frag ihn, ob er aktiv mitmachen würde, wenn es eine Gruppe gäbe. Falls ja: Gib mir Bescheid.«

Taheri nickte. Gelegentlich? Aha!

***

Van de Loo fuhr mit der S-Bahn bis Friedrichstraße, verließ den Bahnhof und wanderte schnellen Schritts bis Unter den Linden. Dort wandte er sich nach rechts, spazierte vorbei am ZDF-Hauptstadtstudio und überquerte die Straße auf Höhe des Café Einstein. Da drin wäre ich jetzt gern, dachte er. Aber er hatte ein anderes Ziel: die Glinkastraße, die hier ihren Anfang nahm. Die Straße war im Jahr 1951, also zu DDR-Zeiten, nach dem russischen Komponisten Michail Glinka benannt worden, der 1857 in Berlin gestorben war. Man hatte ihn lange verehrt, ihm in dieser nach ihm benannten Straße sogar eine Gedenktafel gesetzt und erst in der letzten Zeit seine antisemitische Einstellung übel genommen. Aus der er nie ein Geheimnis gemacht hatte.

Zwischen der russischen Botschaft und der Komischen Oper führte die Glinkastraße in südlicher Richtung vorbei an Regierungsgebäuden, zum Beispiel der Bundesbehörde mit dem spektakulären amtlichen Namen Bundesministerium für Familie, Senioren, Frauen und Jugend, abgekürzt BMFSFJ. Auf Höhe dieses Ministeriums, auf der gegenüberliegenden Seite, machte ein Bauträger mit erheblichem Kapitaleinsatz vor, was der Birkenstraße noch bevorstand. Mehrere alte Gründerzeithäuser waren entleert und entkernt worden, dazwischen ein Neubau, und alles zusammen ergab ein sogenanntes Ensemble, das Kundschaft mit Geld suchte, die auf Begriffe wie »Revitalisierung historischer Details«, »Concierge«, »Smart-Home-Service« abfuhr. Für ihr Geld erwarben die Käufer nicht einfach Wohnungen, sondern »Residences« oder »Rooftops«.

Noch weiter südlich schließlich ein großes Hostel, ein in Jahrzehnten ergrauter Plattenbau-Betonklotz, und dicht daneben im selben Baustil und aus demselben Baujahr die hoch eingezäunte, abgeschirmte, kamerabewachte, düstere Botschaft der Demokratischen Volksrepublik Korea.

Gegenüber war das Mietshaus, in dem er suchen wollte. Ein Plattenbau aus DDR-Zeit, einer jener damals besseren Bauten, die dem Mitarbeiterkreis der Regierung vorbehalten gewesen waren. Das fünfstöckige Haus war in die Jahre gekommen. Hier wohnt ein millionenschwerer Investor und Immobilienspekulant? Van de Loo wunderte sich, dachte dann aber, dass gerade sehr reiche Leute besonders merkwürdig sein können. Er studierte die kleinen Schilder neben den Klingeln und fand den gesuchten Namen. Na, dann wollen wir mal sehen, wie dieser Dagobert Duck aussieht, sagte er sich und klingelte bei Park.

Gestreiftes Flanellhemd, das über einer geräumigen Baumwollhose hing. Dazu Birkenstocks mit Wollsocken. Dieser Mann, könnte – so wie er ihm gegenüberstand – ein geselliger älterer Typ sein, dachte van de Loo. Er war gepflegt, glatt rasiert, die dünnen weißen Haare waren akkurat geschnitten und die Augen schmal, leicht schräg, sodass er ein fast asiatisches Aussehen hatte.

»Ja?«, sagte Park kurz angebunden, aber auch nicht unfreundlich.

»Sind Sie Herr Park?«

»Was wollen Sie?«

»Ich heiße Fanlo«, nuschelte van de Loo. »Ich komme wegen Ihres Hauses in der Breiten Straße.«

»Ach!« sagte Park.

»Sind Sie der Eigentümer?«

»Was geht Sie das an?«

»Ich möchte es kaufen«, sagte van de Loo.

»Kaufen?«, wiederholte Park und dann nicht als Frage, sondern als Ausruf: »Sie wollen es kaufen!«

»Ja genau!«

Eine Pause entstand, in der beide Männer sich ansahen und anschwiegen. Park musterte ihn sorgfältig mit seinen schmalen Augen. Von oben bis unten. Er schien zu überlegen, ob er die Tür schließen sollte, entschied sich dann aber anders.

»Kommen Sie rein.« Er machte den Weg frei in eine Diele.

Die Wohnung war lange nicht gelüftet worden. Es roch nach Staub, nach dem kalten Rauch von Zigarren, ergänzt von einem ungewöhnlichen Duft.

Van de Loo schnupperte: »Räucherstäbchen?«

Park machte ein Geräusch, das van de Loo als Zustimmung nahm.

»Kenn ich. Aus Indien, stimmt's?«

Park murmelte etwas, das van de Loo nicht verstand.

Ich lass das mal lieber, dachte van de Loo, ich will ihn nicht verärgern.

Sie gingen durch die Diele. Holzboden, Wände mit Blumentapete, ein bodentiefer Spiegel, Schirmständer mit alten Gehstöcken und zerfledderten Schirmen. An der Wand über den Schirmen ein mit rotem Samt bezogenes Schlüsselbrett, daneben unter Glas ein vergilbtes Dokument, das dem Kameraden Hans Park dreißig Jahre Mitgliedschaft bescheinigte, aber wo und bei wem, das konnte van de Loo nicht so schnell entziffern. An der Decke eine schwache Neonröhre, die kaltes Licht warf.

Es ging vorbei an einem schmalen langen, fliesenbelegten Raum. Die Tür stand offen. Ganz hinten am Ende die Kloschüssel, mit der Spülung über einen hoch an der Wand hängenden Behälter. Kette zum Abziehen mit Porzellanknauf. Oha!, dachte van de Loo.

Auf der anderen Flurseite zeigte sich durch eine offen stehende Tür ein überraschend modern eingerichtetes Arbeitszimmer: ein Schreibtisch mit Beinen aus Chromstahl, ein moderner Bürostuhl. Zwei große Computermonitore nebeneinander auf dem Tisch, der Rechner hochkant auf dem Fußboden. Auf einem Beistelltisch mehrere Telefone, mobil und Festnetz, Router, ein Drucker und noch etwas Elektronisches, was van de Loo auch dann nicht erkannt hätte, wenn er mehr Zeit gehabt hätte. Park, dem die neugierigen Blicke sichtlich nicht behagten, griff an ihm vorbei nach der Klinke und schloss energisch die Tür.

Dann lotste er van de Loo hinein in einen Raum mit zwei größeren Fenstern, die mit dicken Vorhängen und Stores zugehängt waren. Das Wohnzimmer, dachte van de Loo. Hier war die Luft noch etwas muffiger und völlig überheizt. Tapete mit flatternden Kolibris. Und Bilder: ein kitschig-realistisches Ölgemälde einer hügeligen und von niedrigem Buschwerk bedeckten Landschaft mit Tempeln, gerahmt mit Berliner Leiste sowie drei Porträts, jedes so groß wie ein Plakat, mit den Köpfen von asiatischen Männern, die verschlossen guckten, kurz geschoren waren und Kittel mit niedrigen Stehkragen trugen.

Der hat's irgendwie mit Asien, dachte van de Loo leichthin. Er deutete auf die ernsten Herren: »Verwandte?«

Die Antwort war Schweigen.

»Schön haben Sie's hier«, sagte van de Loo und wurde daraufhin gemustert, ob er vielleicht einen Witz gemacht habe.

Van de Loo ließ den Blick neugierig schweifen und registrierte eine geöffnete Seitentür zu einem kleineren Nebenraum. Er sah ein Doppelbett, von dem nur eine Hälfte Bettdecke und Kissen sehen ließ, dazu Bettvorleger, jene typisch deutschen mit einem Muster, das man hier für orientalisch hielt.

Im Wohnzimmer eine Anbauwand aus Eichenfurnier, vollgestellt mit Büchern, keine Romane, sondern ausschließlich Reiseführer und Fotobände über exotische Reiseziele. Zwei alte voluminöse Sessel aus schönem und zerknautschtem dunkelbraunem Leder, dazwischen ein großes Sitzkissen, rosa Velours, mitten auf dem Teppich. Auf dem Couchtisch ein halb leeres Teeglas, daneben ein leeres Weinglas mit rotem Satz. In der Ecke ein alter laufender Röhrenfernseher aus Stassfurt. Das Gerät war mal für das Format 4:3 gebaut worden und sendete jetzt missmutig schmale Bilder in 16:9.

Der Mann zeigte auf einen Sessel und nahm selbst leicht schnaufend Platz. »Also, wer sind Sie?«

»Ich heiße Fanlo. Ich lebe in Charlottenburg. Ich habe zurzeit etwas Geld übrig und suche alte Mietshäuser, wenn ich glaube, dass sie Potential haben.«

»Potential?«, fragte Park.

»Potential heißt, wenn es schöne Häuser sind. Die man erhalten sollte. Es geht nicht um maximale Mieten. Ich bin keine Heuschrecke.«

Kaum hatte er das Wort Heuschrecke ausgesprochen, dachte er: O weh, das ist der doch selber.

»So, so«, sagte Park und lächelte zum ersten Mal, »Sie sind keine Heuschrecke.« Pause »Und Sie haben Geld übrig.« Pause. »Aha!« Unklar blieb, was er damit meinte. Jedenfalls kam er van de Loo nicht entgegen. Also musste der dranbleiben.

»Ich interessiere mich für Ihr Haus in der Breiten Straße in Pankow«, wiederholte van de Loo. »Es hat den Krieg und die die DDR-Zeit gut überstanden.«

Park schwieg einen Moment. Dann: »Haben Sie was gegen die DDR-Zeit?«

Hoppla!, dachte van de Loo. Vorsicht! Er befand sich hier in Berlin-Mitte. Dies war Regierungsbezirk gewesen. Machtzentrum der Hauptstadt der DDR, wie Ostberlin genannt werden wollte. So wie diese Wohnung aussah, war sie bereits vor 1989 eingerichtet worden und seitdem fast unverändert geblieben. Vielleicht war auch im Kopf des Bewohners das meiste unverändert. Also noch mal: Vorsicht!

Und er sagte: »Nichts gegen die DDR. Da blieben viele Häuser erhalten, die im Westen kaputtrenoviert oder sogar abgerissen wurden, nicht wahr? Andererseits ...«

Park hob den Kopf und blickte ihn aus schmalen Augen an.

»... andererseits hatte man ja damals nicht genug Geld, um die Häuser instand zu halten, oder?« Dies, dachte van de Loo, ist erstens die Wahrheit und zweitens unverfänglich.

Park reagierte nicht. Van de Loo hatte das Gefühl, dass es kühler wurde in der Wohnung. Dann wurde er gefragt: »Wie sind Sie auf mich gekommen?«

»Jemand in dem Haus dort hat Sie mir als Eigentümer genannt.«

»Dort?«

»Ja, da in der Breiten Straße!«

»Der Anwalt? War er's?« Parks Tonlage wurde kalt. Das Gehörte gefiel ihm nicht.

»Nein. Aber egal. Wichtig ist doch: Ich interessiere mich für das Haus.«

»So?« Park griff zu der Fernbedienung und brachte das plappernde Fernsehgerät zum Schweigen. »Ich verkaufe es nicht.«

»Nun ja …«, fing van de Loo an.

Park schüttelte langsam den Kopf. Auf die Idee, van de Loo etwas anzubieten, kam er nicht. Dann wiederholte er: »Ich verkaufe nicht, höchstens so teuer, dass Sie es nicht bezahlen können …« Er brach ab, weil van de Loo dazwischenging: »Es tut mir leid, aber es ist dringend. Darf ich mal Ihre Toilette benutzen?«

Park musterte ihn erstaunt, konnte ihm den Wunsch aber nicht verwehren und sagte: »Im Flur gleich links.«

»Vielen Dank«, sagte van de Loo und verschwand, die Wohnzimmertür ließ er angelehnt. Nach ein paar Minuten hörte man die Kette rasseln und den Spülkasten geräuschvoll Wasser spenden, und van de Loo kam sich die Hände trocken reibend zurück.

»Ja, also«, sagte er, »ich verstehe, dass das überraschend kommt für Sie. Wir können doch verhandeln.«

»Ich verhandele nicht. Wenn überhaupt, dann verhandelt mein Anwalt für mich. Das ist Dr. Gress, dessen Kanzlei …, Sie wissen ja anscheinend, wo der ist. Aber mich interessiert …«

Wieder brach er ab.

»Ja?«, fragte van de Loo.

Park setzte neu an: »… mich interessiert, wie Sie mich gefunden haben.«

Van de Loo fröstelte.

Der Mann blickte ihn an und wartete.

»Nun ja«, sagte van de Loo, »das war eigentlich ein Zufall …«

Park musterte ihn scharf.

»… und daran ist doch nichts Schlimmes, oder? Da im Haus kannte Sie jemand, und er hat es mir erzählt. Man kann doch einfach mal reden.« Er blickte durch das Fenster hinüber zur düsteren

Silhouette der nordkoreanischen Botschaft mit ihrer übergroßen Funkantenne auf dem Dach, wies mit dem Finger auf das Gebäude und sagte im Bestreben, das Gespräch am Laufen zu halten, leichthin: »Wir sind doch nicht so wie die da drüben. Stimmt's?«

Diese Feststellung war nicht hilfreich.

Park wirkte jetzt gar nicht mehr wie ein gemütlicher älterer Mann. Er stand energisch auf, blickte ihn mit zusammengepresstem Mund an und zeigte in Richtung Flur: »Wir beenden das hier jetzt!«

Es war ein Rauswurf. Ohne Garnierung. Van de Loo erhob sich gehorsam und ging voraus zur Wohnungstür. Er bemühte sich um einen geordneten Rückzug: »Wissen Sie, man redet zu wenig miteinander. Mit Reden kann man vieles klären, meinen Sie nicht?«

Park schob ihn vor sich her, öffnete schweigend die Wohnungstür und zeigte wortlos in das Treppenhaus.

Van de Loo unternahm einen letzten Versuch: »Wenn Sie doch noch auf die Idee kommen, das Haus …«

Rums! Das war die Wohnungstür. Van de Loo stand im Treppenhaus und spürte seine feuchte Stirn. Zigarren und Räucherstäbchen, ist doch verrückt!, dachte er. Neuer PC und dann ein Spülkasten aus den Fünfzigern im Klo! Was ist das denn für einer? Dann tastete er vorsichtig in die Brusttasche seines Mantels.

Als er auf die Straße kam, sah er gegenüber das große City Hostel. Backpacker kamen und gingen. Gut sieht das nicht aus, dachte van de Loo, DDR-Beton der Siebziger. Aber die Herberge ist vermutlich billig. Das lieben die Jungen.

Auf der Einfahrt zum Hostel stand ein Opel Kombi, bis unters Dach beladen mit grauen Kartons. Das Auto trug das Kennzeichen MZ. Provinzheimer!, dachte van de Loo abfällig und wandte sich in Richtung Unter den Linden. Da war die zivilisierte Gegend.

***

Es war kalt am nächsten Tag. Novembertage in Berlin konnten unangenehm sein, richtiggehend eklig. Kälter, nasser und windiger als in anderen deutschen Städten. Der Wind hatte dann in den breiten Straßen leichtes Spiel, trieb die trockenen Blätter vor sich her und brachte Radfahrer auf Slalomkurs. Die Menschen mummelten sich in warme Jacken und gingen oft leicht nach vorne gebeugt.

Van de Loo würde niemals nach vorne gebeugt gehen. Er hielt sich steckensteif aufrecht, bei jedem Wetter und bei Gegenwind erst recht. Er traf an diesem Sonnabend kurz vor vierzehn Uhr in der Wollankstraße ein und betrachtete amüsiert das leicht verwahrloste Äußere des Ladens. Ihm gefiel diese Tarnung immer wieder, aber es war auch ein Schuss Snobismus dabei, denn er konnte nach Hause fahren in seine hohe elegante Wohnung im Westen Berlins. Das konnten die Bewohner der Wollankstraße nicht (und dessen war sich van de Loo nicht bewusst).

Er ging durch die staubige Toreinfahrt in den Hof und schloss die hintere Eingangstür auf. Es roch schlecht gelüftet im Flur, mit einem Hauch von Schusterleim und Schuhwichse. Van de Loo zog seinen älteren, gepflegten Kamelhaarmantel aus, hängte ihn an die an die Wand geschraubte Garderobe, wobei er dachte: Ich müsste mal ein paar richtige Bügel mitbringen und diese Drahtdinger rausschmeißen. Er ging nach oben in das Konferenzzimmer, überheizt, ebenfalls muffig. Er öffnete beide Fenster und ließ frische Luft herein. Die anderen würden meckern.

Es klingelte an der Tür zum Hof. Van de Loo blickte auf den Monitor und öffnete per Knopfdruck. Cromm stieg unüberhörbar die Treppe hoch und warf seine Daunenjacke achtlos über einen Stuhl.

»Hallo!«, rief er van de Loo zu.

Van de Loo schwieg beharrlich, ehe er nach ein paar demonstrativen Schweigesekunden sagte: »Weißt du, hier in Berlin ist auf dem Immobilienmarkt einiges los«.

»Bravo! Tolle Erkenntnis!«

»Ja genau!«

»Was heißt ›ja genau‹? Was meinst du?«

»Na, ich will da vielleicht was machen.«

Cromm und van de Loo saßen zu zweit in dem ehemaligen Wohnzimmer über dem Laden, das sie als Konferenzraum nutzten. Unten war geschlossen. Cromm hatte einen roten Italiener mitgebracht, geöffnet und für sie beide Gläser gefüllt. Sie trafen sich manchmal ohne die anderen. Das nannten sie dann Vorstandssitzung.

»Was heißt, du ›willst was machen‹? Wir hier als Gesellschaft sind doch genau bei diesem Thema unterwegs. Immobilienmarkt Berlin, das Haifischbecken, in dem Mieter die Beute sind. Unser Job ist es, die Menschen vor diesen Haien zu schützen. Jetzt kommst du und ›willst was machen‹? Was soll das heißen?«

»Na, ich werde wohl die Gesellschaft und meine privaten Sachen trennen dürfen, oder?«

»Ja. Darfst du. Sollst du sogar.«

Wie redet der mit mir, dachte van de Loo und sagte: »Ich werde doch in Immobilien investieren dürfen! Ich bin ja kein Spekulant! Kein böser Vermieter. Noch nie gewesen. Wer bei mir wohnt, der hat's gut.«

»Sagst du!«

Van de Loo schwieg beleidigt. Cromm machte weiter: »Ich höre heute zum ersten Mal von dir, dass du schon Immobilien hast. Interessant!«

Van de Loo maulte: »Nicht viel.«

»Sprich!«

»Eigentlich geht's dich nichts an, oder?«

»Eigentlich nicht.« Pause. »Oder eigentlich doch!«

»Also gut: Ja, ich habe zwei Mietshäuser, beide in Charlottenburg, beide mit jeweils zwölf Wohnungen. In einer wohne ich selbst. Die anderen sind vermietet. Und ich sage dir: Meine Mieter sind froh, dass sie bei mir wohnen. Ich bin ein guter Vermieter.«

»Hat niemand bestritten.«

»Doch. Du tust so, als wäre das Vermieten von Wohnungen kriminell.«

»Du selbst hast das bisher geheim gehalten. So was macht neugierig.«

»Na und? Muss doch nicht jeder alles wissen.«

»Da hast du recht. Aber jetzt ist es raus. Ich fasse zusammen: Du bist ein wohlhabender Hausbesitzer, ein nach eigener Aussage guter Vermieter und willst jetzt noch ein Haus kaufen. Du willst noch mehr Immobilien, damit du ein noch besserer Vermieter sein kannst. Liege ich richtig?« Cromm grinste.

Van de Loo dachte: Hätte ich doch nur nicht dieses Thema aufgemacht. Er sagte: »Soll ich dir meinen Rentenbescheid zeigen? Von dem, was der Staat mir da überweist, könnte ich kaum leben. Und noch nicht mal diese Mini-Rente ist sicher.«

Cromm guckte verständnislos.

»Du«, sagte van de Loo mit Betonung auf dem »u«, »liest ja nie Bücher. Ich weiß gar nicht, wie man so unwissend durchs Leben kommen kann.«

Cromm machte ein undurchdringliches Gesicht und dachte: Jetzt empfiehlt er mir gleich wieder mal etwas zum Lesen. Er versucht es immer wieder.

»Es hat ja keinen Sinn«, sagte van de Loo, »dir etwas zu empfehlen. Aber das solltest du wirklich lesen. Dieses Buch wurde mir von meiner Buchhändlerin empfohlen. Es heißt ›Restposten‹. Starker Titel! Da steht ganz klar drin, was von der gesetzlichen Rente zu erwarten ist, nämlich nichts. Die steht vor dem Totalausfall. Lies das mal!«

»Ja, ja!«, sagte Cromm. Er dachte: Was habe ich denn da losgetreten?

»Wir müssen was tun, sonst enden wir bei der Sozialhilfe! Auch du! Du musst was tun!«

Cromm sagte: »Ich bekomme Beamtenpension und außerdem ...« Er wurde nicht gehört.

»Du weißt doch selbst, dass man auf dem Sparkonto null Zinsen bekommt. Was bleibt da übrig? Hausbesitz! Das ist was Reales!«

»Du hast Geld auf der hohen Kante?«

Van de Loo reagierte nicht.

Cromm wollte das Gespräch wieder in ruhige Bahnen lenken und versuchte es so: »Also, wenn du Geld übrig hast, frag doch Felicitas. Die weiß, was man wie anlegen kann. Oder hast du das schon gemacht? Du warst bei ihr zu Besuch, wie man so hört!«

»Wie man so hört! Wie man so hört«, äffte van de Loo nach, der sich etwas verausgabt hatte. »Wir haben uns getroffen, weil sie eine Frage hatte, wegen der Birkenstraße. Wir haben das besprochen und gut war's.«

»Aha!«, sagte Cromm und fragte sich, was da besprochen worden war und warum das bisher niemand sonst in der Gesellschaft erfahren hatte.

Van de Loo merkte, dass er sich erklären musste. »Die Sache war eilig. Deswegen bin ich zu ihr ins Büro gefahren, und wir haben das diskutiert. Ihr erfahrt alles gleich, wenn wir komplett sind.«

»Ging es um deine Investitionen?«, stichelte Cromm.

»Schluss jetzt! Ich will dir was anderes erzählen.«

»Erzähl es doch allen!«

»Mache ich auch gleich. Aber zuerst dir. Ich will sehen, was du davon hältst.«

Cromm dachte: Toller Tag! Eine Überraschung nach der anderen! Er nickte neugierig.

Van de Loo holte Luft. »Weil ich ein solider, ordentlicher und an Neuem interessierter Investor bin«, er machte eine Pause, guckte Beifall heischend und machte weiter, als von seinem Gegenüber nichts dergleichen kam, »war ich als Interessent in Pankow. In der Breiten Straße.«

»Da hat doch der Anwalt seine Kanzlei!«

»Ja. Genau da war ich.«

»Und?«

»Na, ich habe rausgekriegt, wer der Hauseigentümer ist.«

»Hast du den Anwalt gefragt?«

Van de Loo zeigte ihm einen Vogel: »Das wäre nicht sehr schlau! Nein, ich habe mich durchgefragt. Bei Leuten in dem Haus.«

»Was bringt das?«

»Weil ich jetzt weiß, dass das Haus, in dem der Anwalt mit seiner Kanzlei sitzt, auch dem Finanzhai gehört, der die anderen Immobilien aufkauft. Auch die Birkenstraße. Alles derselbe Geldgeber.«

»Interessant.«

»Tja!« Van de Loo lächelte. »Ich bin eben schlau!«

Cromm ignorierte das. »Und?«

»Ich habe noch mehr rausgekriegt, seinen Namen und auch die Straße, in der er wohnt. Da bin ich dann hingefahren. Er ist ein mittelalter Kauz, offensichtlich ein Geizkragen, dem sein Äußeres und seine Bleibe egal sind. Man sieht ihm nicht an, dass er Millionen bewegen kann.«

Cromm nickte. Es gab diese Typen, Frauen oder Männer, die in verschlissener Kleidung in rostigen Autos vorfuhren. Und dann – wenn es darauf ankam – viel Geld lockermachen konnten.

»Ich bin also in die Glinkastraße gefahren. Das ist in Mitte. Plattenbau, DDR-Architektur. Ich habe die Klingeln studiert. Ich habe ihn gefunden und mich selbst zu ihm in die Wohnung eingeladen, eine muffige Bleibe mit alten Möbeln. Ich habe mich an ihn rangemacht und gefragt, ob ich sein Haus in Pankow kaufen kann. Das habe ich wirklich ernst gemeint, und er hat es auch geglaubt.«

»Oh, Mann!«

»Er blieb aber hart.«

»Kein Wunder!«

»Man weiß nie! Ich habe ihn gelockt, war aber zwecklos. Da war nichts zu machen.«

»Und dann?«

»Ich sagte ihm, dass ich dringend mal muss.«

»Mal muss?«

»Aufs Klo! Sei doch nicht so begriffsstutzig!« Van de Loo rollte die Augen.

Cromm dachte: Das »begriffsstutzig« zahle ich dir heim.

»Und bei meinem Klobesuch hab ich mir im Flur sein Schlüsselbrett angesehen. Da war einer mit einem Anhänger, auf dem ›Breitestr.‹ stand. Von dem habe ich schnell einen Abdruck gemacht.«

Cromm fiel fast in Ohnmacht. »Du hast was …!?«

»Spreche ich undeutlich? Einen Abdruck gemacht!«

»Das gibt's doch nicht! Wie hast du das gemacht?«

Van de Loo wurde etwas maulfaul: »Na ja, ich habe diese Box immer dabei.«

»Was?! Was hast du immer dabei?«

»Hier!« Van de Loo holte ein Plastikkästchen aus der Tasche. »Quick easy key. Aus Amerika. Geht ganz leicht.«

Cromm fielen die Augen aus dem Kopf. »Nicht zu fassen. Da kopiert der heimlich einen Schlüssel.«

Van de Loo legte das Kästchen vor sich auf den Tisch. »Ist nur der Abdruck. Eschweiler müsste ihn ausgießen, dann kann man ihn benutzen.«

»Das kann dich in den Knast bringen!«

»Unwahrscheinlich. Er wird's nie erfahren. Wer bin ich? Wie soll er mich finden?«

»Hast du dich nicht mit Namen vorgestellt?«

»Ach, ich habe nur so gemurmelt. Damit kann er nichts anfangen.«

»Aber was willst du denn mit diesem Schlüssel?«

»Na, also wirklich!« Van de Loo schüttelte ungläubig den Kopf. Dass der Cromm heute so langsam war. »Ich habe es geschafft, dass wir einen Schlüssel machen können. Damit kommen wir jederzeit in das Haus, wo die Kanzlei ist, zum Beispiel in den Keller, wo alle Leitungen laufen und die Sicherungen sitzen.«

Cromm sah ihn nachdenklich an. Van de Loo unternahm manchmal Extratouren, allerdings mit erstaunlichem Erfolg. Man durfte den Alten nicht unterschätzen. Er sagte: »Ja. Stimmt. Nicht schlecht.«

»Nicht schlecht? Du könntest etwas mehr Begeisterung zeigen!« Van de Loo hob das Glas, prostete sich gewissermaßen selber zu, trank einen großen Schluck von dem Rotwein und sagte: »Hiermit beende ich die Vorstandssitzung.«

Cromm nickte erschöpft.

Wenig später kamen die anderen.

***

»Hiermit eröffne ich die Generalversammlung der Gesellschaft für unkonventionelle Maßnahmen zu Berlin«, rief van de Loo leicht pathetisch und schwenkte eine unsichtbare Glocke. »Ich bitte um Ruhe und Aufmerksamkeit!«

Dann wurde er ernst: »Tabak! Wir freuen uns, dich zu sehen. Es ist gut, dass du gekommen bist, auch wenn es vielleicht nicht leicht für dich ist. Wir fühlen mit dir. Wir stehen dir bei.«

Tabak war fest entschlossen, keine Rührung zu zeigen. Er war damit fast erfolgreich. Er wollte etwas sagen, heraus kam aber nur ein Schlucken. Er machte eine Handbewegung, die schwer zu deuten war. Cromm griff ein und erlöste ihn: »Du sollst wissen, dass wir nicht nur Partner sind. Wir sind deine Freunde. Wir sind da, wenn du uns brauchst.« Und dann, in anderem Tonfall: »Außerdem, verdammt noch mal, ist es für dich gut, wenn du mit uns aktiv bist. Du brauchst die Action!«

Die anderen klopften auf den Tisch oder klatschten. Tabak nickte schweigend. Cromm blickte van de Loo an, als wollte er sagen: Los! Mach weiter!

»Wir sind heute hier«, hob van de Loo an, »um unsere Erkenntnisse aus der Birkenstraße zu teilen. Als Erstes: Da gab es vor ein paar

Tagen eine Versammlung der Mieter. Silvio war als anonymer Gast dabei, die Szymanskis hatten ihn mitgenommen. Erzähl mal!«

Cromm räusperte sich und berichtete über den chaotischen Verlauf, über Einzelne, die wütend die Versammlung verlassen hätten, und dass man fast ergebnislos auseinandergegangen wäre. Schließlich aber habe man – nach einer Hilfestellung befreundeter Anwesender (Cromm zwinkerte) – beschlossen, trotz der kalten Witterung ein Straßenfest vor den Häusern der Baustelle zu veranstalten, eine Mischung aus Demonstration, Kennenlernparty und Öffentlichkeitsarbeit. Die Mitglieder einer WG aus dem Nebenhaus wollten das alles organisieren. Cromm ließ durchblicken, dass er von deren Organisationstalent nicht viel hielt, aber sie würden schon genug zustande bringen, um ihnen den Rahmen für eine schöne Aktion zu bieten.

Eine schöne Aktion? Was könnte das sein? »Darüber reden wir zum Schluss«, befahl van de Loo. »Nicht alle von uns kennen die aktuelle Entwicklung in der Birkenstraße und der Baustelle dort. Deswegen schauen wir uns jetzt die Bilder von Eschweiler an!«

»Und mir!«, knurrte es aus der Ecke.

»Und von dir«, bestätigte van de Loo. Pfister nickte.

Eschweiler hatte den Laptop schon vor sich, die mobile Festplatte war angeschlossen. Bevor er auf das Trackpad tippte, sagte er knapp und trocken: »Aufzeichnung von vorgestern.« Die Show begann.

Man sah aus einer Wohnung heraus weitwinklig auf Teile des Gerüsts und auf Arbeiter, die sich darauf bewegten. Man hörte sogar ihre Stimmen, aber sie waren kaum verständlich. Erkennbar war, dass die Arbeiter Stück für Stück alte Fensterrahmen, die sie herausgebrochen hatten, auf einen Baustellenaufzug stellten und herabließen. Sie verschwanden in der Tiefe, ohne dass neue Fenster zurückkamen. Es wurde mit großem Fleiß demontiert. Dann – nach einem Schnitt – kamen zwei Arbeiter mit breiten und großen Folien. Plötzlich verdunkelte sich das Bild noch mehr als bisher, ein heftiges Rascheln ertönte, man hörte ein metallisches Tackern, und die Aufzeichnung brach ab.

»Da haben die unsere Kamera erwischt«, erläuterte Eschweiler, »Totalverlust. Jedenfalls ist dieses Haus inzwischen zur Straße hin komplett ohne Fenster. Überall Folien. Was die von der Kälte und dem Wind abhalten, könnt ihr euch vorstellen.«

»Ich habe bei Szymanskis angerufen«, sagte Cromm. »Sie sitzen seit vorgestern in Jacke und Mütze im Wohnzimmer. Sie wollten die Arbeiter fragen, wann die neuen Fenster kommen, wurden aber ohne Erklärung abgewimmelt.«

»Aber das müssen sie sich doch nicht bieten lassen«, rief Feli.

»Nein«, sagte van de Loo, »müssen sie nicht. Der Mieterverein steht ihnen mit Rechtsschutz bei. Aber bis juristisch etwas durch ist, vergeht viel zu viel Zeit.«

»Ich werde meinen Kontakt zur Polizei aktivieren«, meldete Cromm. »Die können schneller handeln. Einverstanden?« Er blickte in die Runde und sah Zustimmung. Dreier, jetzt bist du dran, dachte Cromm.

»Soll ich noch mal Geräte dort installieren«, fragte Eschweiler.

»Wir!«, kam aus der Ecke.

Van de Loo war kurz irritiert, blickte alle an, sah Zweifel und sagte: »Nein. Ich denke, das reicht. Wir haben ja noch eine spezielle Information, stimmts, Feli?«

Feli setzte sich aufrecht hin und fing an. Ihre Eröffnung, dass es in diesen geplagten und verwüsteten Häusern eine feine und vollkommen renovierte Musterwohnung gab, verblüffte alle. Außer van de Loo.

»Ich war drin«, sagte Feli, »mit dem Verwalter. Die Wohnung wird im Internet von diesem Dr. Gress ganz offen beworben. Er zitiert die Interessenten dorthin, zeigt ihnen die fertig renovierten Räume der Musterwohnung und erzählt ganz unbefangen, dass er alle Wohnungen auf diesen Stand bringen und verkaufen will.«

»Dabei haben die Mieter noch gar keine Kündigungen«, sagte van de Loo.

»Eine Kündigung wäre auch nicht durchzusetzen.« Das kam von Cromm.

Pfister rief: »Der probiert's halt. Manchmal siegt Frechheit.«

Feli machte weiter: »Nach hinten in Richtung Hof sollen Balkone angebaut werden. Das ist überraschend schnell genehmigt worden. Bis jetzt gibt es in den Häusern unterschiedliche Heizungen aus unterschiedlichen Jahren, alte und nicht so alte, Gas und Öl. Das soll alles neu und einheitlich gemacht werden. Der Gress hat in den höchsten Tönen sein Projekt bejubelt.« Feli machte eine Pause und fügte hinzu: »Außerdem hat er sich an mich rangemacht.«

»Brauchst du ein paar Griffe zur Selbstverteidigung? Ich könnte sie dir beibringen.« Tabak lächelte überzeugend.

Feli schüttelte den Kopf: »Ich komme mit solchen Typen klar. Ohne Griffe. Zur Wohnung: Ich habe da drin ein paar Fotos gemacht. Die seht ihr hier.« Sie führte ihre Bilder vor.

»Und noch etwas. Mit meinem Tablet habe ich seinen Vortrag aufgenommen. Was er seinen Mietern antun will – alles hier drauf.« Sie streichelte ihr Tablet.

Die anderen schwiegen und bewunderten still ihren Einsatz.

»Feli!«, sagte van de Loo. »Ich weiß, dass so etwas nicht leicht ist, aber vielleicht könntest du dem Kerl ein bisschen Hoffnung machen und ihn dabei weiter aushorchen?«

Feli legte den Kopf schräg: »Und wie weit soll ich gehen, Herr Vorsitzender?«

Van de Loo wurde schon wieder rot. Das passiert zurzeit zu oft, dachte er verbittert.

Cromm musste ihn retten: »Feli! Weißt du doch selbst am besten! Nimm ihn aus und dann tschüs!«

Feli lächelte schweigend, van de Loo erreichte seine übliche Gesichtsfarbe wieder, und Pfister rief: »Diesen Kerl müssen wir stoppen! Sonst macht er immer so weiter!«

Auch Tabak meldete sich: »Wir müssen handeln!«

Plötzlich sprachen alle durcheinander, bis van de Loo »Ruhe!« rief. »Natürlich müssen wir handeln!«, sagte er. »Ich mache einen Vorschlag ...«

Es wurde noch mal hitzige zwanzig Minuten lang beraten. Dann waren alle zufrieden. Es gab Zweiergespräche, es wurde gelacht, alle tranken ihre Gläser aus.

Tabak fischte ein Päckchen Kaugummi aus der Tasche, bot sie auch in die Runde an und fand Abnehmer. »Übrigens«, sagte Cromm halblaut zu ihm, »ich habe demnächst einen Termin mit diesem Typ!«

Tabak blickte ihn an und sagte genauso halblaut: »Pass auf! Der ist mir nicht geheuer!«

Cromm winkte ab und lachte: »Du kennst doch meine Vergangenheit. Mit so einem komme ich klar. Außerdem könntest du mitkommen, im Hintergrund bleiben und zur Not eingreifen.«

Tabak wollte gerne mitkommen.

»Ach so«, rief van de Loo betont beiläufig, »das hätte ich fast vergessen.« Er nahm das Kästchen mit dem Schlüsselabdruck vom Tisch und reichte es Eschweiler. Der nahm es, guckte fragend und erhielt die knappe Information: »Das ist ein Schlüsselabdruck, der Zugang zum Haus, in dem die Kanzlei von Dr. Gress ist. Da laufen alle Informationen in Sachen Birkenstraße auf. Tu, was du tun musst!« Eschweiler dachte nicht lange nach, nickte und steckte das Kästchen ohne Rückfrage ein.

***

Damit er mit diesem Typ »klarkam«, hatte Cromm ein paar Vorsichtsmaßnahmen ergriffen. Er hatte das Kfz-Kennzeichen des schwarzen Audi herausgekriegt und über seine Kontakte bei seiner Versicherung erfahren, auf wen das Fahrzeug zugelassen war. Jetzt hatte er zwar einen Namen und eine Anschrift, mehr aber nicht. Zudem hatte er die Mobiltelefonnummer nachverfolgen lassen, war damit aber gescheitert. Prepaid! Zwecklos, mehr herausfinden zu wollen.

Auch eine Anfrage bei Dreier, den er um eine Art Amtshilfe gebeten hatte, brachte ihn nicht weiter. Der Halter des Fahrzeugs, sofern er überhaupt identisch war mit dem »Typ«, mit dem er sich treffen wollte, war ein unbeschriebenes Blatt. Nicht straffällig geworden. Nichts in den polizeilichen Dateien.

Also mussten Eschweiler und Tabak ran. Cromm ließ sich von Eschweiler verkabeln. Tabak stand mit dem weißen Caddy, Aufschrift »B. Fromm Innenausbau« bereit. Er würde unauffällig folgen. Und zuhören. Zur Not sogar eingreifen. Aber eigentlich rechnete Cromm nicht damit, dass das nötig werden würde.

Es war schon ein paar Tage her, dass der andere angerufen hatte. Cromm war überrascht worden, da er nach Tabaks Schilderung einen schnodderigen Hipster-Slang erwartet hatte. Aber nein, überhaupt nicht! Der andere hatte sich vorsichtig gemeldet. Cromm hatte gesagt, dass er befugt sei, für Tabak zu sprechen. Der andere hatte eingewilligt, und sie hatten ein Treffen verabredet. »Wie wär's?«, hatte der andere sehr höflich gefragt, »wenn Sie sich etwas ansehen würden? Ich möchte Ihnen etwas zeigen.«

Aha!, hatte Cromm gedacht. Na gut! Was soll schon passieren? »Ja, warum nicht?«, hatte er gesagt. Und als Treffpunkt die Osloer Straße vorgeschlagen, nicht weit entfernt vom Laden der Gesellschaft.

Zur verabredeten Zeit stand Cromm am Straßenrand, nur zwanzig Meter entfernt stand der Caddy mit Tabak am Steuer und mit laufendem Motor. Cromm fröstelte trotz Mantel und dachte: Der erste Test ist, ob der andere pünktlich kommt.

Er kam. Der schwarze Wagen kam angerauscht, hielt am Rand, die Beifahrertür ging auf. »Na, Alter?«

»Selber Alter«, sagte Cromm und stieg ein. Der andere grinste. Noch während Cromm nach dem Gurt suchte, rauschte er schon los. Was für ein Tempo! Hoffentlich kommt Tabak mit, dachte Cromm.

»Ich heiße Sahin. Ömer Sahin.«

Angesichts der Umstände, dachte Cromm, sei das Du angemessen, und sagte: »Ich bin Silvio Cromm, aber das weißt du ja.«

»Ja, Alter!« Sahin gab ganz schön Gas. »Wir fahren zu einer Adresse, die dir was klarmacht. Geht aber schon ein Stück durch die Stadt. Dort sage ich dir, um was es geht.«

»Aha.«

»Du wirst dann alles verstehen.«

»Gut.« Pause. »Du fährst schnell!«

»Soll ich langsamer machen? Damit der mitkommt?« Sahin zeigte mit dem Daumen über seine Schulter und grinste frech.

Verdammt, dachte Cromm. Tabak wird fluchen, weil er aufgeflogen ist. Er ignorierte Sahins Bemerkung und sagte nur: »Langsamer wäre besser.«

Sahin nahm etwas Tempo raus. Die Fahrt führte Richtung Spandau, in den Norden des Stadtteils. Cromm, der sich anfangs gefragt hatte, wohin die Reise gehen würde, und vor allem, was der andere mit ihm vorhatte, war inzwischen ganz ruhig geworden. Als Sahin schweigend den Audi auf einen Kundenparkplatz lenkte, wo sich Drogeriemarkt, Schuhladen und Supermarkt zusammenfanden, wuchs seine Neugier.

»Brauchst du Zigaretten?«, fragte Cromm, der missbilligend den Geruch im Wagen und den vollen Ascher registriert hatte. Er zeigte auf den Markt.

Sahin lächelte wissend und sagte nichts. Er parkte sorgfältig ein und sagte: »Wir sind da!« Sie stiegen aus.

Tabak kam ebenfalls angefahren. Nachdem klar war, dass er aufgeflogen war, konnte er ebenso gut ganz offen neben ihnen parken. Das tat er dann auch, stieg aus und rollte die Augen.

Sahin wartete, bis Tabak sich zu ihnen gesellt hatte, lächelte ihn an und sagte: »Na, Alter? Bisschen langsam die Kiste?«

Tabak ignorierte ihn und fragte Cromm: »Was passiert hier?«

»Weiß nicht! Besser, du bleibst dabei.«

Tabak gefiel das nicht. Aber er blieb.

Sahin hatte das alles vergnügt beobachtet. Er stellte sich in Positur und sagte: »Ich weiß inzwischen, wer die Gesellschaft ist und was ihr so treibt. Finde ich gut. Habe ich kein Problem mit.«

Cromm und Tabak wechselten einen Blick. Woher wusste der das? Cromm sagte: »Das ist gut, dass du kein Problem mit uns hast. Probleme mit uns haben nur Kriminelle.«

»Ich habe«, sagte Sahin, »ein bisschen recherchiert. War nicht so schwer. Das gehört zu meinen Aufgaben.«

Weder Cromm noch Tabak blickten durch. Eigentlich sollte es nicht möglich sein, den Hintergrund der Gesellschaft durch Recherche aufdecken zu können. Wie hatte der das geschafft? Cromm wollte das überspielen und sagte energisch: »Gut. Das reicht. Warum sind wir hier?«

»Seht euch um!«

»Na toll!«, sagte Tabak. »Ich sehe einen Parkplatz und lauter verschiedene Läden.«

»Sehr gut«, sagte Sahin im Tonfall eines Grundschullehrers. »Dazu gehört ein Edeka, genauer: ein Edeka-Center.«

Cromm wurde ungeduldig. »Verdammt, willst du uns verschaukeln? Was machen wir hier?«

»Wir sehen uns jetzt gleich diesen Markt genauer an. Ich habe den damals entdeckt. Das war noch vor zwei Jahren ein No-name-Lebensmittelladen ohne Profil und mit zu wenig Kunden. Der Umsatz im Keller. Jetzt brummt es hier«, sagte Sahin und zeigte stolz auf den vollen Parkplatz. »Dieser Laden läuft.«

»Na und?«, sagte Tabak. Cromm ahnte etwas.

Sahin sagte: »Dieser Laden läuft, weil der Eigentümer sich hat überzeugen lassen. Das alles hier«, er machte schon wieder eine ausholende Geste, »ist jetzt in den Händen der Genossenschaft, und der ehemalige Eigentümer ist der Geschäftsführer. Versteht ihr?«

Cromm sagte: »Verstehe. Wir sollen uns von dir überzeugen lassen, dass so eine Genossenschaft es besser kann als ein Einzelner.«

Sahin zielte mit dem Zeigefinger auf ihn und rief: »Alter, du bringst es!«

»Kannst du mir erklären, welche Rolle du dabei spielst?«

»Klar«, sagte Sahin. »Ich zeige euch jetzt diesen Laden. Denn ich bin Scout.«

Cromm und Tabak guckten ihn ratlos an.

»Scout!«, wiederholte Sahin. »Ich bin für Edeka als Späher unterwegs, als Kundschafter, wie ihr wollt. Ich bin dazu da, attraktive Standorte zu finden. Das ist mein Job. Dafür werde ich bezahlt. Kapiert?«

»Ist denn die Karl-Marx-Straße in Neukölln attraktiv?«

»Aber Alter!«, sagte Sahin.

***

Die Tür flog auf, und da stand er: Taheri. Direkt in Dreiers Büro gestürmt, außer Atem. Dreier zuckte zusammen ob des Überfalls, erkannte dann seinen Besucher und sagte: »Na so was! Die IT-Abteilung persönlich!«

»Ja, bisschen plötzlich, was?«, sagte Taheri noch schnaufend. »Ich wollte den Moment nutzen, wenn dein Kollege nicht da ist.«

»Aha«, sagte Dreier. Dann blickte er auf: »Woher weißt du, dass er nicht da ist?«

Taheri tat, als ob er ihn nicht gehört hatte. Das machen diese Computerfreaks ziemlich oft, dachte Dreier. Sie ignorieren einfach Fragen. »Ich habe dich was gefragt!«, sagte er.

Taheri winkte ab. »Ja, er hat ein ziemlich klares Profil, dein Kollege«, sagte er. »Kann sein, dass er gar nicht so dumm-dämlich ist, wie wir dachten.«

»Wovon redest du?«

»Er ist aktiv und hetzt andere auf. In diesem Chatroom führt er das große Wort. Man merkt, dass er als Personalrat gelernt hat, Reden zu halten.«

Dreier wurde wütend: »Den Kerl muss man stoppen!«

»Da hast du recht«, sagte Taheri und ließ sich auf dem Stuhl des Kollegen nieder, prüfte mit schnellen Blicken den Schreibtisch, versuchte Schubladen zu öffnen, die aber verschlossen waren, und sprach ganz nebenbei weiter: »Man muss die alle stoppen, bevor sie die Polizei beschädigen. Du kannst mitmachen.«

»Was meinst du?«

»Wenn dir dieser rechte Geheimbund zuwider ist, kannst du etwas tun.«

»Soll ich ihn verhaften?«

Taheri lächelte nur schwach, während er ganz beiläufig mit einem kleinen Gegenstand die linke Schreibtischschublade öffnete. Er kramte darin herum und zog mit spitzen Fingern fettige Zeitungsblätter heraus, die gespickt waren mit Hakenkreuzen, antisemitischen Karikaturen und brüllenden Überschriften, die zum Kampf aufriefen. »Schau, schau!«, sagte er, nahm sein Smartphone heraus und fotografierte zügig mehrere Seiten. Dreier schaute ihm fassungslos zu.

»Das mit dem Verhaften ist nicht so einfach«, sagte Taheri. Aber es gibt hier im Haus eine Gruppe, die sich vorbereitet, die Nazis auffliegen zu lassen. Du siehst: Ich bin dabei. Wir brauchen Gleichgesinnte.«

»Ich bin kein Vereinsmeier.«

Taheri legte die braunen Blätter sorgfältig zurück, schob die Schublade zu und manipulierte das Schloss, bis es zuschnappte. »Du hast gesagt, man muss die stoppen. Also bitte!«

Dreier wand sich. Einerseits bewunderte er Taheri, wie cool und selbstverständlich der handelte. Er selbst jedoch sah sich eher unpolitisch und wollte sich raushalten.

Taheri war zum Wandschrank des Kollegen gegangen, hatte die Tür mit einem Handgriff aufgesperrt und geöffnet. Auf der Türinnenseite hing eine Zielscheibe mit dem Porträt des sozialdemokratischen Innensenators in der Mitte. Ein Dartpfeil steckte mitten in dessen Gesicht. Taheri schwang die Tür weit auf und zeigte schweigend auf die Zielscheibe, fotografierte sie und schloss die Tür. Er sagte ganz ruhig: »Es geht um unsere Polizei.«

Dreier sprach den Satz langsam nach: »Es geht um unsere Polizei.« Er spürte deutlich, dass ihm der Zustand der Berliner Polizei nicht egal war, jedenfalls jetzt. Noch vor einem Jahr hätte er sich das nicht eingestanden. Jetzt aber schon. »Gut«, sagte er. »Was willst du?«

Taheri steckte sein Smartphone ein und ging zur Tür. »Du hörst von uns.«

***

Freitagabend. Es war dunkel und kalt da draußen. Der November machte auf ungemütlich. Zumal in einem zugigen und schlecht geheizten Hostel in Berlin-Mitte.

Kapp hatte erst mal ein Fläschchen seines eigenen Produkts geleert. Er musste sich Mut antrinken. »Auf dein Wohl, LiebGrauenmilch!«, hatte er gemurmelt und auf Ex getrunken.

»Brrrrrr!« Er schüttelte sich, schrieb das der heilsamen Wirkung seiner Getränkemischung zu, stand auf, packte den Karton mit den kleinen Flaschen und verließ sein karges Zimmer. Er hatte ein eindeutiges Ziel: das Berghain. Von dem hatte er schon gehört. Dieser weltbekannte Technoclub war die richtige Adresse, dachte er, für partywütige und trinkfeste junge Leute. Genau seine Zielgruppe.

Kapp hatte sich informiert, wie man mit dem Auto hinkam, und kurvte wenig später mit dem Omega durch Friedrichshain. Allein die Parkplatzsuche war schwierig, denn rings um das Berghain gab es alles, nur keine Parkplätze. Schließlich stellte er den Opel weitab auf eine unkrautbewachsene Brache, packte einen klirrenden Karton und machte sich ächzend zu Fuß auf den Weg.

Kapp hatte sich alles genau ausgerechnet. Er wollte kurz vor zwanzig Uhr dort eintreffen. Das war bei ihm zu Hause die Zeit, zu der die Leute zu Feiern und Festen kamen. Dann würde er vor der Tür stehen und seine geliebte LiebGrauenmilch anpreisen. Späschell! Sonderpreis!

Da war er, der große abweisende Kasten. Das ist also das berühmte Berghain?, dachte er. Bei uns daheim wäre das ein Kraftwerk. Und wo waren die Leute? Kein Mensch in Sicht. Ist doch Freitag heute, da geht man doch aus!

Er stolperte vorbei an den Metallgittern, die im Nichts standen und keine Menschenmassen zu regulieren hatten. Er kam an den Eingang und stand vor verschlossener Tür. Kapp war verblüfft. Hier stimmte etwas nicht. Was hatte man ihm denn erzählt?

Als ein junger Mann in wattierter Jacke und bis zu den Augen heruntergezogener Skimütze vorbeilief, sprach Kapp ihn an: »Was ist denn los hier? Keiner da!«

»Nee«, grinste der Junge, »Mitternacht geht's los. Vorher is nüscht!«

Kapp konnte es nicht fassen. Mitternacht? Da lag er längst im Bett.

Um dem Jungen zu danken, zog er ein Fläschchen heraus und bot es ihm an: »Da! Das ist was Besonderes!«

Der Junge griff zu. Er schraubte das Fläschchen auf, schluckte den Inhalt in einem Zug, schüttelte sich, lachte und rief: »Krass! Es dröhnt, also isses gut!«

Kapp verstand ihn nicht. Er verstand die Berliner generell nicht und deren Partyszene schon gar nicht. Er trug seinen fast vollen LiebGrauenmilch-Karton zurück zum Opel, lud ein, setzte sich hinters Steuer und stöhnte laut. Dann ließ er den Motor an und dachte: So nicht! Nein, so nicht! Ich gebe nicht auf!

Er fuhr zurück zu seinem Hostel, hinten im Laderaum schepperten die Fläschchen, ihm erschien es wie eine höhnische Begleitmusik.

Er wollte auf keinen Fall aufgeben, aber der immer wieder verlängerte Aufenthalt in diesem Hostel kostete zu viel Geld. Das tat ihm weh. Er musste sparen. Nein, musste er eigentlich nicht, wollte er aber. Langsam fuhr er auf den Parkplatz. Ihm graute vor dem kahlen Doppelzimmer.

Kapp stellte den Motor ab, machte das Licht aus und blieb in seinem Auto sitzen. Er musste nachdenken. Er hatte doch hier in der Stadt Verwandtschaft. Lange nicht gesehen, aber egal, jetzt kam es darauf an. Wie hieß sie doch gleich? Tante Erna! Genau! Das war sie, die liebe Tante Erna, die Schwester seiner längst verstorbenen Mutter, sicherlich auch nicht mehr die Jüngste, aber warum nicht? Wie sollte er sie finden? Er hatte seit vielen Jahren keinen Kontakt mehr mit ihr gehabt und überhaupt wusste er kaum, wie sie aussah und ob sie allein lebte und so weiter …

Kapp dachte nach. Er erinnerte sich an sein abgegriffenes Adressbüchlein, mit den Einträgen in Bleistift. Vielleicht … er öffnete das Handschuhfach seines Autos, wühlte sich durch altes Bonbonpapier, Erfrischungstücher, fand einen Stadtplan von Mainz und ha!, da war es, das Adressbuch, klein, leicht verbogen, fleckig. Er blätterte hektisch, blieb mit dem Zeigefinger an einem Eintrag hängen und murmelte: »Stimmt. Szymanski heißt die Tante Erna. Und aha, hier ist die Straße.«

Er stieg aus, murmelte mehrfach »Birkenstraße« vor sich hin, um die Adresse nicht zu vergessen, und ging festen Schritts in die Eingangshalle des Hostels. »Erstens: Ich reise sofort ab«, sagte er zu dem jungen Mann am Empfang. »Und zweitens: Wie komme ich zur Birkenstraße?«

***

»Dreier: Er ist so weit.« Das hatte Taheri getippt. Und abgeschickt.

***

Kapp parkte seinen Opel mitten zwischen Baumaschinen und Zementsäcken. Er suchte nach der richtigen Hausnummer, betrat das Haus einfach so, denn eine Tür zur Straße gab es wohl gerade nicht.

Die leben aber komisch, die Berliner, dachte er, als er die verschmutzte Treppe hinaufstieg. Wie das riecht! In jedem Stockwerk entzifferte er die Namen, bis er schließlich vor einer ramponierten Wohnungstür stand, auf der er den Namen Szymanski auf einem provisorischen Klebezettel fand. Er vermisste eine Klingel und klopfte deshalb heftig an die Tür. Er hörte Schritte. Die Tür ging auf.

»Hallo, Tante Erna!«, rief er laut und freudig. »Überraschung! Ich bin's, der Giselher, dein Neffe!«

Frau Szymanski stand der Mund offen. »Wer sind Sie? Äh, wer bist du?«, stotterte sie. »Wer ist es denn?«, rief es aus dem Wohnzimmer.

»Schau mal, was ich euch mitgebracht habe«, säuselte Kapp und überreichte ein Fläschchen LiebGrauenmilch.

***

»Sitze im 1. Wagen«, hatte Dreier auf seinem App-Account geschrieben. »In 4 Min am Zoo.«

Gut, dachte Cromm und ging im U-Bahnhof Zoologischer Garten auf dem Bahnsteig nach vorne und wartete auf die U9. Die U-Bahn kam pünktlich herangerauscht und hielt knapp vor dem Eingang zur Tunnelröhre. Er stieg ein und hörte noch von draußen die Durchsage »Zug nach Osloer Straße, zurückbleiben!«, dann schlossen die Türen mit einem energischen Klacken.

Er drängte sich an stehenden Fahrgästen vorbei, ging ganz nach vorne und dachte währenddessen daran, dass einer seiner Klassenkameraden gleich nach dem Abitur sich bei den Berliner Verkehrsbetrieben beworben hatte, um für den Rest seines Berufslebens U-Bahnen zu fahren. Ist das dein Ernst?, hatte Cromm ihn damals gefragt. Heute hatte er Verständnis. Ein geregelter Job, ein festes

Gehalt, ein Fahrplan als Gerüst und Richtschnur fürs Leben – das war ein klarer Lebensentwurf. So etwas gibt es kaum noch, dachte er.

In der ersten Sitzreihe des ersten Wagens saß Dreier und blickte ihn fest und ohne das Gesicht zu verziehen an. Cromm setzte sich schweigend ihm gegenüber.

Am U-Bahnhof Birkenstraße stiegen beide aus, stiegen hintereinander die Treppe hoch und ignorierten sich gegenseitig, bis sie das Tageslicht erreicht hatten.

»Na?«, sagte Cromm.

»Geht so!«, sagte Dreier.

Einträchtig gingen sie über die Straße und standen vor den eingerüsteten Häusern. Das Megaposter flatterte leicht im Wind. Unten vor dem Haus auf den ehemaligen Parkplätzen standen Schuttcontainer mit verschlossenen Deckeln. Aber wo waren die Arbeiter? Stille herrschte. Die Baustelle stand, nichts tat sich.

»Tja«, sagte Cromm. »Du siehst hier eine typische Phase, wenn Mieter terrorisiert werden. Mitten im Umbau gibt es Arbeitsunterbrechungen. Die werden vom Bauherrn so bestellt. Sie werden absichtlich gemacht. Damit die Mieter so richtig leiden.«

Dreier guckte und schwieg.

»Die Mieter sollen kapieren, dass sie nichts zu sagen haben, dass sie eher überflüssig sind.«

Dreier schüttelte leicht den Kopf.

»Es wird jeden Tag kälter«, sagte Cromm.

»Ja«, sagte Dreier.

Nirgends an der Baustelle fand sich eines der üblichen Schilder, die von den ausführenden Firmen aufgehängt wurden. Hier war niemand stolz auf seine Handwerkerarbeit. Niemand erwartete einen Werbeeffekt. Außer vielleicht Michael Kors mit seinem Megaposter.

»Ich könnte herauskriegen, wer hier die Aufträge bekommen hat«, sagte Cromm. »Interessiert dich das?«

»Sehr!«, sagte Dreier. »Wie willst du da drankommen?«

Cromm warf ihm einen strengen Blick zu. »Oh, Pardon!«, sagte Dreier.

»Jetzt gehen wir mal da rein«, sagte Cromm. »Getrennt? Oder gemeinsam?«

»Schluss mit der Geheimnistuerei«, sagte Dreier. »Wir gehen da jetzt rein. Zusammen!«

Sie gingen in den offen stehenden und schwer mitgenommenen Hausflur und die Treppe hoch. Cromm klopfte bei »Szymanski« und wartete. Die Tür ging auf, und Frau Szymanski streckte ihren Kopf heraus.

»Ich bin Silvio Cromm, und das ist mein Freund Dreier«, sagte Cromm.

»Sie sind von der Gesellschaft, oder?«, fragte Frau Szymanski.

»Sind wir!«, sagte Cromm. Dreier zuckte zusammen.

Frau Szymanski lächelte, nickte zur Begrüßung und sagte: »Die Klingel geht nicht. Die haben die Handwerker kaputt gemacht.«

»Aber nicht nur das!«, rief eine Stimme aus dem Hintergrund. »Kaputt machen können die gut!« Herr Szymanski tauchte etwas wackelig aus dem Wohnzimmer auf. Er war zornig und vergaß, seinen Gästen Guten Tag zu sagen.

»Kommen Sie nur rein!«, rief er. »Sehen Sie sich das mal an!«

Frau Szymanski machte Platz, die beiden gingen an ihr vorbei und folgten ihm in das Badezimmer. In das ehemalige Badezimmer. Die Wanne war herausgerissen worden, und stattdessen hatte man eine provisorische und wackelige Duschkabine aus Plastik installiert, ohne Armatur, ein Gummischlauch führte vom Waschbecken in die Kabine. Die Fliesen an Wand und Boden waren herausgeklopft worden, der Boden mit Folie abgedeckt.

»Das ist unser Bad«, sagte Szymanski voller Ingrimm. »Seit einer Woche. Es geht nicht weiter.«

»Hm«, sagte Cromm, »wie heißt eigentlich die Baufirma?«

»Keine Ahnung«, rief Frau Szymanski aus dem Hintergrund, »das sagen die Arbeiter nicht, die sprechen sowieso kaum Deutsch.«

»Die können nichts dafür«, sagte Szymanski. »Einer von ihnen hat gesagt, dass sie heute hierhin geschickt werden und morgen dorthin.«

Cromm blickte Dreier an, Dreier blickte zurück. Im Hintergrund hörte man ein Geräusch.

»Ach ja«, sagte Szymanski und verzog keine Miene. »Wir haben Besuch.«

»Besuch?« Cromm war verblüfft. In dieser fast unbewohnbaren Wohnung?

»Ja. Mein Neffe«, rief Frau Szymanski von hinten. »Er kommt aus Paulheim.«

»Saulheim, Tante Erna, Saulheim!«, sagte eine Stimme. Ein mittelalter stämmiger Mann, die glatten schwarzen Haare in der Mitte gescheitelt, in kariertem Flanellhemd und Jeans stand vor ihnen, grüßte freundlich und sagte: »Saulheim bei Mainz. Da komm ich her. Ich bin der Neffe und hier auf Geschäftsreise.«

Cromm und Dreier blickten sich kurz an. Beide dachten dasselbe: Was ist denn das für einer?

Kapp, der Herrn Syzmanski in den Flur zurückgedrängt hatte, schien die Verwunderung zu spüren und sagte: »Ich bin Getränkehersteller. Zurzeit hier in Berlin, um mein Späschell-Produkt zu vermarkten. Die LiebGrauenmilch. Schon mal gehört?«

Cromm war so verblüfft, dass er auf die sinnlose Frage antwortete: »Nein, ich erinnere mich nicht.«

Dreier dachte: Aha.

»Mein Neffe wohnt vorübergehend bei uns«, sagte Frau Szymanski.

»Und meine Ware lagert dahinten«, rief Kapp fröhlich. »Wollen Sie eine Probe?«

»Nein danke«, wehrten Cromm und Dreier synchron ab. »Wir sind wegen der Renovierungen hier«, sagte Cromm.

»Da sollten Sie aber mal Dampf machen«, rief Kapp, der das falsch verstanden hatte. »Hier zieht's, hier tropft's, hier ist es kalt.«

»Kommen Sie«, sagte Frau Szymanski, »gehen wir ins Wohnzimmer. Sie zog ihren Mann hinter sich her.

»Also«, fing Cromm an, als sie wieder unter sich waren, »gibt es inzwischen irgendwelche Renovierungen, die abgeschlossen wurden?«

Frau Szymanski lachte bitter und schüttelte den Kopf. Und ihr Mann fügte hinzu: »Wenn die mal da sind, dann geht's eigentlich nur um Zerstörung …«

»… und Dreck«, rief sie. »Der Staub zieht durch alle Ritzen. Abends ist die Wohnung wie mit Mehl bestäubt. Das geht bis in die Schränke.«

»Wir wollten darüber mit dem Verwalter sprechen, dem Dr. Gress.«

»Aber wir erreichen den nicht. Er ist nie da!«

»Oder er lässt sich verleugnen …«

»Das glaube ich auch!«

»Das ist doch kriminell, oder?«

»Wir haben schon überlegt, die Polizei zu rufen!«

Dreier zuckte zusammen.

»Demnächst sollen die Fenster kommen«, rief Szymanski. »Die neuen Fenster. Das wäre ein Fortschritt!

»Ach, demnächst …«, murmelte Frau Szymanski und flüsterte ihren Besuchern zu: »Wenn wir wüssten, wohin, würden wir weggehen.«

Dreier schaltete sich ein: »Wenn die Arbeiter das nächste Mal da sind, werden wir aktiv.« Wobei er offenließ, was er mit »aktiv« meinte. Und wen er mit »wir« meinte.

»Sie haben doch unsere Telefonnummer«, sagte Cromm. »Rufen Sie uns sofort an, auch wenn es früh am Morgen ist oder spätabends!

Außerdem gibt es doch bald die Aktion, dann werden auch die Nachbarn kommen, und das wird den Eigentümer und den Verwalter beeindrucken. Vielleicht bringt es was!«

Die Szymanskis schwiegen skeptisch.

Die beiden Besucher gingen durch den Flur zurück zur Wohnungstür. Aus dem Hintergrund hörten sie Kapp, der ihnen nachrief: »Wollen Sie vielleicht doch eine Probe ...?«

Frau Szymanski machte eine entschuldigende Geste und murmelte: »Der Bub ist schon in Ordnung.« Sie begleitete die Männer bis ins Treppenhaus. Cromm legte ihr die Hand auf den Arm und sagte tröstend: »Wir sind dran. Bald geht's los. Dann wird hier alles wieder gut.«

Sie blickte ihnen zweifelnd nach. Cromm und Dreier gingen die verdreckten Stufen hinab und versuchten nicht allzu viel von dem Geruch nach feuchtem Zement und Kalk in die Nase zu kriegen.

Auf der Straße holte Dreier seine Zigaretten raus. »Ich muss dringend eine rauchen«, erläuterte er. »Das ist ja hier schlimmer als mancher Tatort!«

»Das *ist* ein Tatort«, sagte Cromm.

***

Ob er spürt, dass sich mir die Haare sträuben?, dachte Feli, nachdem Gress seine Hand auf ihre gelegt hatte. Sie saßen im Grill Royal, mit Blick auf die in der Dämmerung glitzernde Spree.

»Die Dame bekommt die Speisekarte ohne Preise«, hatte Gress dem Kellner befohlen, und Feli hatte gedacht: Mein Gott, gibt's das noch? Wie old school ist das denn?

Jedenfalls spürte Dr. Mike Gress, der selbstzufriedene Anwalt und Verwalter, weder Felis gesträubte Haare noch ihren allgemeinen Widerwillen. Er glaubte sich auf der sicheren Seite.

Das hier ist Arbeit, machte sie sich Mut. Das ist ein Job für Profis. Ich tue das für eine gute Sache. Halt durch, Felicitas! Und so hatte sie finster Surf and Turf bestellt (der soll kräftig löhnen!) und dazu einen Lugana (ha, auch nicht gerade billig!). Gress hatte nicht gezuckt, sondern stattdessen den Druck auf ihrer Hand verstärkt. Feli dachte: Hoffentlich dauert es nicht so lange, bis das Essen kommt.

Auf der Spree vor ihnen fuhr ein beleuchtetes Touristenboot vorbei. Man hörte aus einem Lautsprecher die Stimme des Kapitäns: »... sehen Sie hier das Restaurant Grill Royal, wo sich die Schönen und Reichen dieser Stadt treffen ...«, dazu viele Gesichter und große Augen, die sich ihnen zuwandten.

»Jaaa«, sagte sie gedehnt, »es ist so schön, dass wir uns hier treffen.«

»Geht mir genauso. Ich freue mich, mit dir hier zu sein.«

»Aber mir geht es natürlich auch um die Immobilie.«

»Ja, aber hier, in diesem Ambiente? Wir wollen doch nicht über Geschäftliches reden!«

»Ich habe ernsthaft Interesse.«

»Ich auch.«

Feli bemerkte, dass das missverständlich gewesen war. »Ernsthaft Interesse an dieser Wohnung. Die Besichtigung hat mich überzeugt. Aber ich habe noch Fragen.«

»Natürlich«, log Gress, »geht es darum. Aber wir wollen uns doch auch einen schönen Abend machen. Nicht wahr, Feli? Ich darf Sie doch so nennen?«

Jetzt probierte Feli etwas aus. Nach dem Motto: Mal sehn, wie weit ich gehen kann, sagte sie: »Aber ja, mein Lieber. Und wir sollten uns duzen, meinst du nicht auch, mein lieber Michael?«

»Oh, ja«, flüsterte er, »aber bitte sag Mike. Michael ist so ein furchtbar altmodischer Name.«

Mike, dachte Feli, ist zwar nicht altmodisch, aber noch viel furchtbarer.

Dann hoben sie die Gläser mit dem Weißwein, sahen sich tief in die Augen (du siehst nix, gar nix bei mir, das verhindere ich, dachte

Feli) und sagten »Auf dich!« beziehungsweise »Auf dich!«, und damit war das erst einmal erledigt.

Als Feli dort weitermachte, wo sie aufgehört hatte, runzelte Gress ein wenig die Stirn und überlegte, ob hier etwas falsch lief, aber es war zu spät: »Also, noch mal zum Apartment, mein lieber Mike«, flötete Feli. »Mir gefällt das alles sehr gut, so wie ich es in der Musterwohnung gesehen habe. Wann wären denn die anderen Wohnungen fertig? Ich will ja nicht in einer Baustelle einziehen.«

»Natürlich, mein Herzblatt«, sagte Gress. Hat der wirklich Herzblatt gesagt?, dachte Feli. »Die arbeiten da mit Hochdruck, sie machen Überstunden. Im Frühjahr soll es so weit sein.« Das wird nichts, dachte Feli, lächelte und nickte und fügte sorgenvoll hinzu: »Aber da sind doch noch die vielen Mieter. Was, wenn die nicht ausziehen wollen?«

»Oh«, sagte Gress lächelnd und selbstgewiss, »die werde ich schon rauskriegen!«

»Rauskriegen? Aber Mike ...!«

»Rauswerfen! Die Bauarbeiten werden noch ein bisschen mehr, äh, verschärft, sodass es kalt wird oder kräftig zieht. Überall Dreck und feuchte Farbe, Bauschutt und Müll im Treppenhaus, es gibt da viele Möglichkeiten. Da werden auch die größten Helden schwach. Und das alles, damit Leute wie du, mein Schatz, da einziehen können.«

»Und was geschieht mit den alten Mietern?«, fragte der Schatz.

»Aber was weiß ich?! Es ist auch egal. Dieser Kiez wird durch mein Projekt an Wert gewinnen. Das Niveau steigt. Alle profitieren davon. Da stören die Alten und Armen nur. Sollen sie doch an den Stadtrand ziehen!«

»Du bist hart!«

»Das muss man sein, mein Liebes, das muss man sein – in diesem Gewerbe!«

»Weißt du«, sagte sie, »ich kenne mich ein bisschen aus. Am Bau kommt's auf die Handwerker an. Es gibt solche und solche. Wer ist denn die Firma, die den Ausbau macht?«

Gress schwieg nachdenklich. Was wollte sie denn jetzt noch, nachdem er ihr alles zu Füßen gelegt hatte? Er zögerte.

»Ich würde wirklich gerne kaufen. Aber ich muss immer alles wissen«, (Augenaufschlag), »so bin ich nun mal.«

Und als Gress weiterhin schwieg, überwand sich Feli und sagte ganz leise, fast unhörbar: »Ich mag es gerne hochwertig. Wie mit dir.«

Gress wurde weich. Er wandte seinen Mund ihrem Ohr zu und flüsterte. Keinen Liebesschwur, sondern den Namen der Firma. Feli seufzte, als sei sie überwältigt, und sie dachte: Na endlich! Mein Gott! Sie wiederholte flüsternd den Namen wie einen Liebesschwur, aber ihr ging es vielmehr darum, den Namen zu speichern.

»Und nun«, säuselte sie, »musst du mir erzählen, wie du zu diesem wichtigen Job gekommen bist. Und wer dieser reiche Investor ist, der die Häuser alle kauft. Und ob du auch dabei reich geworden bist. Weißt du, ich mag reiche Männer. Die haben so was.«

Feli war erschöpft. Mehr fiel ihr nicht ein. Sie hatte ihre Munition verschossen, aber der Gegner war nun auch sturmreif. Frauen, die seine Leistung erkannten und bewunderten, die konnten bei Dr. Mike Gress landen. Er rutschte auf seinem Stuhl hin und her und begann mit tiefer Stimme: »Nun, mein Schatz, das ist so …«

***

Zur gleichen Zeit näherte sich Eschweiler dem Haus in der Breiten Straße in Pankow. Im Erdgeschoss das Küchenstudio, darüber die Praxis des Anwalts Dr. Mike Gress, darüber Wohnungen. Es war spät. Der Laden war geschlossen. Die Kanzlei ebenfalls. In den Wohnungen brannte Licht.

Eschweiler trug einen dunkelblauen Overall mit einer großen Aufschrift: NOTFALL EINSATZ. Auf zwei Zeilen verteilt. Außerdem gab es den Schriftzug zweimal: auf der Brust und auf dem Rücken. Unübersehbar.

In der linken Hand trug er eine Werkzeugkiste aus grauem Kunststoff. An seinem breiten braunen Handwerkergürtel baumelten Taschenlampe, Mobiltelefon und etwas, das wie ein Elektroschocker aussah.

Er schloss die Haustür auf, fand instinktiv den Weg in den Keller, und das alles mit einer Körpersprache, die klar sagte: Ich bin autorisiert! Ich darf hier sein! Ich wünsche nicht gestört zu werden!

Ihn interessierten alle Leitungen, die Sicherungskästen mit den Zählern, die Kabel von der Telekom. Als er mit der Inspektion fertig war, öffnete er seinen Werkzeugkasten und entnahm kleine Geräte, die harmlos aussahen. Er begann mit seiner Arbeit, schraubte, verdrahtete und klebte an den Zuleitungen und Sicherungskästen. Er tat dies alles in einer völligen Selbstverständlichkeit, und als eine Mieterin mit einem vollen Wäschekorb auf dem Weg zur Waschküche vorbeikam, grüßte er zuvorkommend und fragte: »Ist denn bei Ihnen alles in Ordnung?« Als die Frau fragend guckte, sagte er: »Na, mit Strom und Fernsehempfang und WLAN. Alles okay?«

Die Frau nickte verwundert. Sie hätte eigentlich gar keinen Ausfall bemerkt. Eschweiler beruhigte sie: »Sehr gut, ich bin ja auch fast fertig. Schönen Abend noch!« Die Frau strebte erleichtert in die Waschküche und dachte, dass es doch immer noch gute Handwerker gab, die sogar abends zu einem Einsatz kamen.

Als Eschweiler mit der Arbeit fertig war, rief er mit seinem Mobiltelefon mit unterdrückter Nummer die Kanzlei des Anwalts an. Niemand meldete sich. Der Anrufbeantworter sprang an, verkündete die Arbeitszeiten und behauptete, sich über eine Mitteilung auf Band zu freuen. Gut, dachte Eschweiler, und sprach laut und deutlich: »Wir überprüfen alle Rechtsanwälte, ob sie auch ordentlich arbeiten.« Er beendete die Verbindung.

Dann streifte er sich einen kleinen Kopfhörer über, fischte ein elektronisches Gerät aus seinem Werkzeugkoffer, tippte auf die Tasten und hörte dann dieselben Worte leicht blechern aus dem Lautsprecher des Gress'schen Anrufbeantworters. Zufrieden drückte Eschweiler auf eine Remote-Löschtaste, und die Nachricht verschwand so schnell von dem Gerät des Anwalts, wie sie gekommen war.

»So«, sagte Eschweiler zu sich selbst, »jetzt sind wir ganz nah bei dir!« Und er verließ das Haus in der Breiten Straße, bestieg einen weißen Caddy und fuhr nach Hause.

***

»Wir liefern am kommenden Montag das von Ihnen bestellte Fahrzeug«, hieß es in dem per Einschreiben zugestellten Brief. »Bitte treffen Sie Vorsorge, dass Sie selbst oder eine von Ihnen bevollmächtigte Person anwesend sind. Bedenken Sie auch, dass die Einweisung in ein Fahrzeug dieser Kategorie eine gewisse Zeit in Anspruch nimmt. Sie sollten dafür eine Stunde ansetzen.«

Um elf Uhr war es so weit. Eine junge Frau im dunklen Hosenanzug und ein junger Mann im Anzug stiegen aus dem großen Wagen, ließen die schweren Türen mit einem sanften Plopp zufallen und drückten in der Glinkastraße auf den Klingelknopf des Plattenbaus.

Sie wären gerne ein wenig verwundert gewesen, in welches Umfeld sie die schwarz glänzende und gepanzerte Limousine lieferten, aber man hatte ihnen in der Mercedes-Benz-Niederlassung das Wundern streng verboten und ihnen dringend nahegelegt, nicht über Kunden und ihre Wohnung nachzudenken. »Diskretion«, hatte der Leiter der Niederlassung gesagt, »das ist eine unserer wesentlichen selling propositions.«

Die beiden hatten verstanden, was er sagen wollte. Sie hatten sich unterweisen lassen, wie dieser Panzerwagen zu behandeln war, damit keine Sirene losging, wie er gestartet wurde und wie man mit dem automatischen Getriebe umzugehen hatte. Die junge Frau hatte die Fahrzeugunterlagen in eine lederne Mappe gelegt, der junge Mann hatte das seifenstückgroße Metallding genommen, das der Schlüssel war, und beide hatten sich ehrfürchtig zu dem großen Fahrzeug begeben, der Navigation mitgeteilt, dass sie zur Glinkastraße wollten, und waren losgeglitten. Der Hausmeister hatte salutiert, da er zu spät realisiert hatte, dass da nur Kollegen im Fahrzeug saßen.

Jetzt öffnete ihnen ein älterer Mann in legerer Kleidung die Haustür. Er machte keine Anstalten, sie in die Wohnung zu bitten. Sie gingen zu dem Auto, und die Formalitäten mussten trotz Nieselregen auf der Straße verhandelt werden. Übergabe der Papiere und der Schlüssel, Einweisung in die grundlegenden Schritte, um das Fahrzeug in Gang zu setzen – wobei der Kunde Zeichen von Ungeduld zeigte. Übergabe einer gebundenen Broschüre von der Dicke eines Kriminalromans mit Erklärungen zur Bedienung und Wartung. Ein Formular, dass das Fahrzeug in ordentlichem Zustand übergeben worden war. Die beiden Autolieferanten lehnten an dem vorderen Kotflügel und breiteten die Papiere auf der Motorhaube aus. Passanten blickten neugierig herüber. Der Käufer nickte unentwegt, nahm alles entgegen und sagte knapp und unvermittelt »Auf Wiedersehen«. Er verschwendete keinen Gedanken an ein Trinkgeld, was vermutlich auch unangemessen gewesen wäre, und verschwand zügig in dem Haus.

Die beiden jungen und aufstrebenden Mercedes-Benz-Mitarbeiter machten sich pflichtgemäß schweigend, aber insgeheim verwundert auf den Weg zur nächsten U-Bahn-Station und bestiegen die nächste Bahn, die sie zur Niederlassung zurückbrachte.

Am Mittag kassierte das Auto ein Ticket, da es ohne Parkschein in der Haltebucht parkte. Es stand dort aber weiter unbewegt, bis es dunkel wurde. Gegen zehn Uhr abends verließ der Käufer sein Haus. Er öffnete das Fahrzeug, deponierte alle Unterlagen, Papiere und den Zweit- und den Drittschlüssel auf dem Beifahrersitz und verriegelte alle Türen. Er überquerte die Straße, warf den Autoschlüssel in den großen Briefkasten neben dem hohen doppelflügeligen Stahltor und ging gelassen nach Hause.

Etwa gegen Mitternacht tauchte eine dunkle Gestalt auf, öffnete die S-Klasse, ließ den Motor an (was angesichts der Qualität des Produkts kaum zu hören war) und überquerte mit dem Auto im Schritttempo die menschenleere Straße in Richtung Botschaft. Das doppelflügelige Tor war geräuschlos aufgeglitten. Die Hofeinfahrt wurde von grellweißen Scheinwerfern ausgeleuchtet. Im Hintergrund stand ein geöffneter Schiffscontainer der chinesischen Reederei COSCO. Das Auto fuhr in diesen Container, Lichter und Motor gingen aus. Der Fahrer stieg aus, schloss die Containertüren und verließ das menschenleere Gelände. Die Scheinwerfer auf dem Hof erloschen. Das doppelflügelige Tor hatte sich längst geschlossen. Die Glinkastraße lag in vollkommener Ruhe.

Am nächsten Tag wurde das Ortungssystem des Fahrzeugs abgeschaltet.

***

Sie kamen am Dienstag, als es noch dunkel war. Zwei Kleinbusse der Zollbehörde und ein ziviler Einsatzwagen der Polizei. Die Männer vom Zoll enterten die Baustelle in der Birkenstraße, kontrollierten die Hauseingänge und die Aufstiege zu dem Baugerüst. Als Erstes griffen sie sich den Bauleiter, der gerade das Gerüst hinaufklettern wollte. Die Verantwortung lag beim Zoll, aber das Wort führte Dreier, der den Zoll dazugerufen hatte.

Noch bevor die Kontrollen begannen, tauchten Reporter von zwei Berliner Zeitungen auf. Keiner wusste, wie sie von der Aktion erfahren hatten, aber Dreier zwinkerte den beiden zu und rief: »Moment noch! Gleich habe ich Zeit für euch!«

Nach ein paar Minuten standen zwölf Arbeiter in einer Reihe vor dem Baucontainer. Sie wurden einzeln aufgerufen, um überprüft zu werden. Allesamt konnten sie weder einen Wohnsitz oder eine Meldeadresse vorweisen, noch einen Nachweis des Arbeitgebers über ihren Status erbringen. Die meisten von ihnen kamen aus Osteuropa.

Sie arbeiteten, wie einer von ihnen erklärte, auf Abruf, täglich neu angeheuert, am Abend ausgezahlt. Sie waren Tagelöhner.

Dreier hörte einigen Gesprächen zwischen Zollbeamten und Arbeitern zu. Ihm taten die Männer leid. Sie waren auch Opfer, zwar anders als die Mieter, aber jedenfalls keine Täter.

Bei dem Bauleiter war das schon anders. Er hatte zwischendurch versucht zu telefonieren, war aber rigoros daran gehindert worden. Dreier griff sich den Mann, führte ihn hinter den Container und verhörte ihn im Schnelldurchgang: Wie heißt die Firma, die ihn beschäftigt? Wie? Die findet man gar nicht in den einschlägigen Verzeichnissen. Gibt es vielleicht eine Adresse und ein Telefon? Wer ist Ihr Chef? Wer hat angeordnet, dass so schleppend gearbeitet wird? Dass Arbeiten angefangen und vor Fertigstellung abgebrochen werden? Das sei nicht so? Eine Unterstellung? Wollen wir vielleicht gemeinsam eine Runde durch die Häuser gehen?

Als es ihm langte, sagte Dreier: »Das klingt nicht gut für Sie.« Worauf der Bauleiter, der bisher ziemlich forsch aufgetreten war, erbleichte und nach einem Sitzplatz fragte.

In diese Szene platzte Dr. Gress, der von irgendjemand alarmiert worden war. »Was ist denn hier los?«, tönte er und hoffte auf die geballte Wirkung von Stimme, Anzug, Rolex und gegeltem Haar.

Dreier trat nah an ihn heran und fragte: »... und Sie sind noch mal?«

»Dr. Mike Gress, Rechtsanwalt. Ich verwalte diese Immobilie.« Dreier ließ sich nicht beeindrucken. Er überließ den Bauleiter einem der Zollbeamten und führte Gress mit entschiedenem Griff weit in die Baustelle hinein, bis der mit seinen schwarz glänzenden Halbschuhen tief im Schlamm stand.

»Was erlauben Sie sich? Das wird Folgen haben!«, zischte Gress.

»Na klar! Ich hoffe doch sehr, dass das Folgen hat. Und zwar für Sie!« Dreier sprach leise. Er neigte dazu, leise zu werden, wenn er wütend war.

»Sie werden«, tönte der Anwalt, »sich verantworten …«

»Schluss damit!« Dreier flüsterte fast. Er stellte sich ganz nah vor den Anwalt, sozusagen Nase an Nase, zeigte seinen Ausweis und sagte: »Ich beschuldige Sie, unter dem Einsatz von illegalen Arbeitskräften diese Häuser mit den Hausnummern 29, 30 und 31 mutwillig unbewohnbar zu machen. Sie wollen damit die Mieter dieser Häuser unter Druck setzen und sie vertreiben. Ich fordere Sie auf, als Beschuldigter heute Nachmittag im Präsidium zum Verhör zu erscheinen. Bringen Sie einen Nachweis mit, für wen Sie das hier verwalten, wer der Eigentümer ist, wo er wohnt und so weiter. Verstanden?«

Als der Anwalt es noch einmal mit einer Drohung versuchte, sagte Dreier leise und überdeutlich: »Ich wüsste gerne, wer hinter Thirtynine steckt. Da lassen Sie sich mal eine plausible Antwort einfallen.«

Der Anwalt wurde daraufhin sehr still und war plötzlich in sich gekehrt. Er zog seine Schuhe aus dem Schlamm und griff nach seinem Wagenschlüssel.

»Wir sehen uns!« Jetzt war Dreier gut hörbar. Er winkte dem Anwalt zu.

Bevor Dreier die Aktion für beendet erklärte, sprach er mit den wartenden Journalisten. »Ich habe die sofortige Einstellung der Bauarbeiten verfügt«, erklärte Dreier. »Das war ja ohnehin eher ein Abriss als eine konstruktive Sanierung. Es gibt eine Fülle von Verstößen und Vergehen.« Er wurde ausführlich.

Als die Journalisten nach einer Weile gehen wollten, sagte Dreier: »Ach, ich möchte noch etwas Grundsätzliches sagen. Diese Aktion steht im Zusammenhang mit den neuen verstärkten polizeilichen Aktivitäten gegen Mieterterror. Die Berliner Polizei steht auf der Seite der Mieter und kämpft gegen übertriebene Luxussanierungen des internationalen Kapitals, die zur Vertreibung der angestammten Bewohner führen.« Kaum hatte er den Satz ausgesprochen, dachte er: Wie bin ich eigentlich auf den Begriff »internationales Kapital« gekommen, aber da war es schon zu spät.

»Ist das denn Aufgabe der Polizei?«, wurde er gefragt.

»Es handelt sich«, sprach Dreier, »um eine zentrale Aufgabe, die der Polizeipräsident von Berlin uns auferlegt hat.«

Die Journalisten schrieben mit.

***

Es war an diesem Tag nicht weiter viel passiert in der Stadt. Und so machten die Lokaljournalisten aus der vergleichsweise kleinen Sache eine große Story. Mit diesen Überschriften: »Polizeipräsident greift durch: Schluss mit der Vertreibung der Mieter!« – »Razzia! Die Polizei bekämpft den Terror gegen Mieter« oder – in einer konservativen Zeitung – »Polizei im Einsatz gegen Eigentümer: Rückkehr des Sozialismus?« Die Zeitungen lagen auf dem Tisch des Präsidenten. Die mit den größten Buchstaben ganz oben auf dem Stapel. So hatte sie »The Voice« drapiert, bevor ihr Chef das Büro betrat.

Als er kam, war seine Laune nicht gut, denn zu Hause hatte es Ärger gegeben, unter anderem weil seine Frau ihm, dem Chef der Berliner Polizei, zu wenig Bewunderung entgegenbrachte. Dann waren da die pubertären Kinder, die ihn einen Bullen nannten, ersatzweise einen Cop. Schwer auszuhalten.

Als er dann aber in seinem Büro war und die Überschriften sah, fühlte er sich doch gewürdigt. Endlich! Das würden auch die da oben registrieren und irgendwann honorieren.

Bevor er die Zeitungen ausführlich lesen konnte, stellte »The Voice« ein Gespräch durch. »Es ist der Sprecher der Senatskanzlei«, sagte sie in sanftem Tonfall. Immer wenn sie so sprach, wurde es unangenehm.

Er hörte die Stimme, und die klang nicht freundlich: »Es gehört nicht zu den Aufgaben der Berliner Polizei, Kampagnen einzelner Bevölkerungsgruppen zu unterstützen. Sie werden in den Zeitungen persönlich genannt. Es heißt, Sie wollten Schluss mit dem internationalen Kapital machen! Sind Sie aus dem Osten, oder was? So etwas steht nicht in Ihrer Stellenbeschreibung, wenn ich mich nicht irre! Jetzt haben wir hier die Beschwerde des von Ihrem Aktionismus Betroffenen und müssen den irgendwie beruhigen, bevor der vor Gericht zieht. Da hätten wir nämlich keine guten Chancen, sagen die Staatsanwälte, die ich befragt habe. Ich rate Ihnen dringend: Machen Sie das, was ein Polizeipräsident zu tun hat, und unterlassen Sie politische Kampagnen. Schönen Gruß vom Chef!«

Als der Präsident »Aber, aber!« sagen wollte, war die Leitung schon tot. Und damit war seine Laune wieder auf dem Niveau vom frühen Morgen. Er griff sich die Zeitungen mit den Überschriften und las die Artikel ausführlich. Und dann war er nicht mehr so angetan. Die Aktion gegen den Mieterterror sollte »eine zentrale Aufgabe sein, die der Polizeipräsident von Berlin uns auferlegt hat«? Wie konnte dieser Dreier es wagen!

Er lehnte sich in seinem luftgefederten und lederbespannten Sessel zurück, drückte auf die Ruftaste seiner Sprechanlage und befahl: »Holen Sie den zuständigen Beamten!«

Sie wusste, wen er meinte. Sie musste den Kollegen warnen, der von ihrem Chef zum Opfer auserkoren war.

Dreier kämpfte gerade mit den bürokratischen Folgen seiner Baustellenaktion. Er war dabei, Berichte, Protokolle und Ergebnisse aus den Verhören in ein abstraktes Beamtendeutsch umzuformulieren, als das Telefon klingelte. Er hob ab, lauschte, lächelte und erhob sich. »Ich muss zum Chef«, sagte er zu dem geistig abwesenden Kollegen.

***

»The Voice« hatte die linke Augenbraue angehoben und »Achtung« gesagt. Dann ging er hinein.

»Nehmen Sie Platz«, knurrte der Polizeipräsident und fügte ein harmlos klingendes »Tsts!« hinzu. Zugleich strahlte der ganze Mann eine Unruhe aus, die Dreier zwar registrierte, aber nicht zu deuten wusste. Er setzte sich und harrte der Dinge.

»Die Presse ist ja wie immer schneller als wir mit unseren Berichten«, begann der Präsident, »und wie ich sehen kann«, er klopfte mit dem Knöchel auf die vor ihm liegenden Zeitungen, »hat die Aktion da in der Birkenstraße ein großes Echo gefunden, auch dank Ihrer aktiven Öffentlichkeitsarbeit. Aber jetzt berichten Sie!«

Dreier freute sich über den vermeintlichen Zuspruch, holte tief Luft und erzählte zehn Minuten pausenlos von dem Einsatz.

Der Polizeipräsident hatte währenddessen eine sich vertiefende Falte auf der Stirn bekommen und mehrfach ungnädig und sehr kurz »ts« gemacht. Zugleich hatte er immer wieder unruhig auf die Telefonanlage geblickt, als erwartete er einen Anruf. Dreier bemerkte es nicht und hätte es auch nicht verstanden. Dann ereignete sich etwas, was für ihn zum Blitz-Lehrgang in Sachen politische Beweglichkeit wurde.

»Vielen Dank«, sagte der Präsident, als Dreier zum Ende gekommen war, sich aufrichtete und das ihm zustehende Lob erwartete. »Vielen Dank, Herr Kriminalhauptkommissar.« Pause. »Aber als ich Ihnen den Auftrag gab, als Leiter einer Sonderkommission die Entwicklung auf dem Immobiliensektor zu beobachten, meinte ich damit nicht, dass Sie den Klassenkampf eröffnen sollen. Ich muss Ihnen sagen, dass diese Sache unter Ihrer Leitung aus dem Ruder gelaufen ist und mir inzwischen größte Probleme bereitet.«

Dreier traute seinen Ohren nicht.

Der Präsident erinnerte sich an eine gelungene Formulierung und tönte: »Wir sind hier nicht im Osten, oder was! Politische Äußerungen stehen Ihnen nicht zu. Sie sind zu weit gegangen, insbesondere gegenüber dem Vertreter eines in dieser Stadt geschätzten Investors.«

»Meinen Sie etwa Thirtynine?«, fragte Dreier ganz direkt. »Seit wann ist das ein geschätzter Investor?«

Dem Polizeipräsidenten fiel die Kinnlade herunter, dann krächzte er: »Lassen Sie die Finger von dem. Das ist ein Befehl!«

»Ich weiß nicht, was hier los ist«, sagte Dreier, »aber für politische Spielchen bin ich nicht zu haben. Ich bin Polizist, nichts anderes!«

Er fand den Weg hinaus von ganz allein und ohne dazu aufgefordert worden zu sein. Dabei hatte der Polizeipräsident ihm noch allerlei Verwünschungen an den Kopf werfen wollen.

***

Dreier schloss die hölzerne gewachste Polizeipräsidentenbürotür hinter sich und atmete hörbar tief durch. Dass ihn dabei »The Voice« beobachtete, war ihm egal. Er musste sich berappeln. »The Voice« betrachtete ihn nicht ohne Mitgefühl, aber das bemerkte Dreier in seinem Zustand nicht. »Wie geht es Ihnen?«, fragte sie.

Dreier blickte sie an. Er hatte die Frage gehört. Aber nicht verstanden. Wie sollte es ihm gehen? Nach der Demütigung, die er gerade erlebt hatte?

Sie sagte: »Wie läuft es denn?«

Dreier schwieg noch immer. Was meinte die?

Er merkte, dass »The Voice« auf eine Antwort wartete, und sagte zögerlich: »Nun ja … wie es läuft … meinen Sie die Aktion gegen den Mieterterror? Oder in unserer Polizei insgesamt?«

»The Voice« lächelte. »Ja. Ich meine hier an der Spitze, in der Führung und in der Truppe insgesamt. Also: Sind Sie eigentlich mit Ihrer Arbeit zufrieden?«

Dreier war ratlos. Worauf wollte sie hinaus. Er holte Luft und sagte: »Was wollen Sie?«

»Ich habe den Eindruck, Sie sind nicht zufrieden.«

»Jaaaa, es gibt doch immer mal im Beruf Momente, da läuft es nicht so …«

»Jetzt hören Sie aber auf! Darum geht's nicht!«

So hatte Dreier die Frau noch nie reden hören. Resolut. Entschieden. Und es ging so weiter: »Wir haben hier ein Problem. Es geht nicht mehr nur um ein paar Hakenkreuze in einer Telegram-Gruppe. Da ist mehr. Da sammeln sich ein paar Idioten, die diese Polizei unterwandern und verändern wollen.«

Dreier traute seinen Ohren nicht. Die Frau hatte Ahnung. Und Mumm. Sie sprach aus, was ausgesprochen werden musste. Was er nicht gewagt hatte.

»Ich habe mit Taheri gesprochen«, sagte sie.

»Oh, verstehe«, sagte Dreier vorsichtig, ohne wirklich zu verstehen.

»Der setzt sich für Sie ein.«

»Danke! Um was geht's?«

»Für Ihre Bereitschaft, die rechten Unterwanderer aufzuhalten. Das wollen Sie doch auch, oder?«

»Ja ... natürlich ... ach, richtig, ich habe mit Taheri gesprochen ... weil, mein Zimmerkollege ist so einer, und da hat Taheri ...«

»The Voice« unterbrach ihn: »Hier!« Sie hielt ihm einen kleinen gelben Klebezettel hin. »Es gibt eine Antifa-Gruppe. Die arbeitet daran, den Nazis hier im Haus auf die Spur zu kommen und sie auffliegen zu lassen. Hier ist der Zugang zur Gruppe. Vielleicht können Sie mit Ihrer Erfahrung etwas beitragen.«

Dreier war perplex. Er nahm das Zettelchen schweigend entgegen, steckte es in die Tasche und wollte noch etwas sagen, als das Telefon auf dem Vorzimmertisch ertönte. Dreier verharrte in Warteposition, unsicher, ob sie ihm noch etwas mitgeben wollte. Sie meldete sich mit Namen und flötete im Vorzimmerdamenton: »Ja, bitte?« Sie hörte eine Weile zu und sagte dann: »Aber ja, Herr Senator, ich richte es aus. Er wird kommen.« Sie drückte einen Knopf auf der altertümlichen Sprechanlage und sprach hinein: »Herr Präsident? Das war der Innensenator. Er wünscht Sie um vierzehn Uhr zu sehen. Ich bestelle Ihren Wagen für dreizehn Uhr dreißig, okay?« Vom Präsidenten kam Schweigen.

»The Voice« schaute Dreier in die Augen, sagte: »Bis demnächst! Ich freue mich auf Sie!«, und wandte sich dem Studium einer Akte zu.

***

Am Sonnabend fand das Straßenfest statt. In der Birkenstraße vor der Baustelle. Die Sache war amtlich genehmigt, der Straßenabschnitt amtlich gesperrt. Das Wetter war kühl, es war trocken, sogar die Sonne schien ein wenig.

»Hierher die Transparente!«, rief der Student aus der WG und kommandierte seine Mitbewohner Richtung Gerüst. Da flatterte, das Megaposter überdeckend, handgemalt, aber deutlich lesbar der Text: »SCHLUSS MIT DEM MIETER-TERROR!« Und gleich daneben: »WIR LASSEN UNS NICHT VERTREIBEN!« Es ging nichts über professionelle studentische Demoerfahrung!

Eingeladen per Handzettel waren alle betroffenen Mieter, per E-Mail die Presse, per stille Post Verwandte und Unterstützer, darunter auch die Mitglieder der Gesellschaft. Gekommen war der Geschäftsführer des Mietervereins, und er hatte seinen Freund mitgebracht, der hauptberuflich eine kleine, aber erfolgreiche Wohnbaugenossenschaft führte. Dreier wusste über Cromm von dem Termin und hatte sich selbst eingeladen.

Und noch einer war dabei. Einer, der anonym bleiben wollte. Der Investor: Hans Park. Dick vermummt in einem schwarzen Mantel mit hohem Kragen, mit Strickmütze auf dem Kopf und dazu einer Brille mit eckiger Fassung und Gläsern ohne Korrekturfunktion, schlenderte er auf dem gegenüberliegenden Bürgersteig an den Festvorbereitungen vorbei, in der Hand eine Discountertüte, als wäre er auf dem Rückweg vom Einkauf.

Er wollte wissen, warum diese jämmerlichen Mieter sich plötzlich zur Wehr setzten. Das war das erste Mal. Bisher hatte er stets Erfolg gehabt, jeden Widerstand durch Gress aus der Welt räumen können und insgesamt immer viel Geld verdient. Jetzt drohte ihm eine Niederlage, vielleicht sogar ein Verlust. Er hatte Angst, Geld zu verlieren. Das durfte einfach nicht passieren.

Plötzlich sah er einen Mann, den er zunächst nicht zuordnen konnte. Dann fiel es ihm ein: Das war der Besucher, der neulich ungefragt zu ihm in die Wohnung gekommen war und erklärt hatte, er wolle das Haus in der Breiten Straße kaufen. Da saß dieser Kerl auf einer Bierbank und plauderte mit dem Mietervolk. Das war also eine Finte gewesen! Der Typ war ihm damals schon merkwürdig vorgekommen. Der wollte ihn vermutlich aushorchen. Parks Hand krampfte sich um die Einkaufstasche, er spürte Angst und Wut zugleich. Immer wieder ging er langsam auf und ab und blickte hinüber zu diesen widerspenstigen Leuten.

Um vierzehn Uhr stand alles bereit. Bierbänke und Tische für fünfzig Personen. Kästen mit Bier und Limonade, gespendet vom Wirt. In einer Ecke hatte Szymanskis zugelaufener Neffe Giselher Kapp ein paar geöffnete Kartons gestapelt. Er witterte eine Chance für seine LiebGrauenmilch. Dann stand da noch ein Klapptisch mit mehreren Kuchen (von diversen Mietern selbst gebacken) und ein paar Salzbrezeln (von irgendeinem backfaulen Mieter gekauft). Ein Megafon auf einem Tisch wartete auf seinen Einsatz.

Eine halbe Stunde später hatten sich die meisten Mieter versammelt – jedenfalls die, die Widerstand leisten wollten. Mittendrin die Szymanskis, warm angezogen, denn es war November, und die Sonne war schon dabei, sich davonzumachen. Der Wirt griff zum Megafon, es knisterte, man hörte ihn »Test! Test!« sagen, und dann ging es los.

»Liebe Mieterinnen und Mieter! Liebe Unterstützerinnen und Unterstützer! Wir von der Baustelle Birkenstraße kämpfen um unsere Wohnungen und unsere Geschäftsräume. Wir danken allen für ihre Hilfe. Wir freuen uns, dass auch die Presse gekommen ist, um unser gerechtes Anliegen …«

Und so ging es weiter, während sich einzelne Bauarbeiter, die sich neugierig dazugesellt hatten, den Bierkästen näherten. Dieweil wanderte Kapp mit einer Handvoll Fläschchen durch die Reihen und bot sein Produkt an.

Im Anschluss übernahm ein WG-Bewohner das Megafon, äußerte »auf das Schärfste« das Missfallen aller Mieter, erklärte die Birkenstraße zur Kampfzone und kündigte »einen Kampf bis zum Sieg« an, was jeder, der Demonstrationserfahrung hatte, nicht allzu ernst nahm.

Der Vertreter des Mietervereins sprach eine Solidaritätsadresse. Die Frau von der Linkspartei war wieder da, kämpfte um das Megafon und lieferte eine militante Rede ab, die zu lang geriet und sehr abstrakt formuliert war. Als sie schließlich an den Punkt gelangte, an dem sie die Lage der Mieter in der DDR als beispielhaft bezeichnete, wurde der allgemeine Geräuschpegel hoch. Sie gab das Megafon ab und setzte sich, nachdem sie alle solidarisch gegrüßt hatte.

All dies erlebten van de Loo und die anderen Mitglieder der Gesellschaft (außer Feli, die ihrem neuen Freund Mike nicht begegnen wollte) an einem Biertisch sitzend. Ihnen gegenüber saßen Mieter, aber auch Dreier, der eine Zigarette rauchte und so tat, als ob ihm Cromm und die anderen völlig unbekannt seien. Der Geschäftsführer vom Mieterverein hätte ihn erkennen können, der war aber zu beschäftigt.

Inzwischen war sogar Dr. Gress eingetroffen, verhüllt in Outdoorklamotten, als wolle er einen Berg besteigen. Er hatte sich klammheimlich in die leer stehende Musterwohnung begeben und blickte von dort hinab auf das Gewusel der Mieter und ihrer Unterstützer. Er ließ seinen Blick über die Menschen schweifen und guckte niemanden direkt an. Sonst hätte ihm Dreier auffallen können, der ihn vor ein paar Tagen so schroff behandelt hatte. Auch seinen vermummten Investor auf der gegenüberliegenden Straßenseite erkannte er nicht. Er wäre sehr überrascht gewesen, den scheuen Mann hier zu treffen.

Ernsthafte Sorgen machte Gress sich nicht. Die Polizei hatte er dank seiner Kontakte ruhigstellen können, und mit den renitenten Mietern würde er wie früher auch irgendwie fertigwerden. Er wusste, dass Park sich immer um seine Investitionen sorgte, so auch hier. Es war, als ob er unter Druck stünde, er wollte mehr, als mit moralisch einwandfreien Investitionen möglich war. Bisher war das immer gelungen, aber Park wirkte oft beunruhigt und gestresst. Er fragte sich manchmal, was sein Auftraggeber mit den Millionen machte. Man sah ja, dass er sich selbst nicht viel gönnte. Gress schüttelte den Kopf, blickte konzentriert nach unten und war sich sicher, auch diesen Zwergenaufstand (so nannte er das Straßenfest in Gedanken) wohlbehalten zu überstehen.

In diesem Moment nahmen die Dinge einen ungewöhnlichen Verlauf. Plötzlich waren aus Lautsprechern, die im Gerüst aufgehängt waren und die man zuvor gar nicht wahrgenommen hatte, Gesprächsfetzen zu vernehmen. Ein ganz normales Gespräch von Leuten, die sich offensichtlich nicht bewusst gewesen waren, dass ein Mikro sie aufzeichnete. Das machte die Sache interessant. Es dauerte eine ganze Weile, bis die Menschen auf der Straße aufmerksam wurden. Nach und nach trat Stille ein, bis irgendwann nur noch der Ton aus den Lautsprechern zu hören war:

»Aber da sind doch noch die vielen Mieter. Was, wenn die nicht ausziehen wollen?« – »Oh, die werde ich schon rauskriegen!«

Oha, dachte Gress, das ist meine Stimme. Wie zum Teufel …? Verblüfft hörte er sich weitersprechen:

»Die Bauarbeiten werden noch ein bisschen mehr, äh, verschärft, sodass es kalt wird oder kräftig zieht. Überall Dreck und feuchte Farbe, Bauschutt und Müll im Treppenhaus, es gibt da viele Möglichkeiten. Da werden auch die größten Helden

schwach. Und das alles, damit Leute wie du, mein Schatz, da einziehen können.« – »Und was geschieht mit den alten Mietern?« – »Aber was weiß ich! Es ist auch egal. Dieser Kiez wird durch mein Projekt an Wert gewinnen. Das Niveau steigt. Da stören die Alten und Armen nur. Sollen sie doch an den Stadtrand ziehen!« – »Du bist hart!« – »Das muss man sein, mein Liebes, das muss man sein – in diesem Gewerbe!«

Dr. Mike Gress, dem taffen Anwalt und Verwalter, wurde flau. Er hatte jedes seiner Worte erkannt, wusste aber nicht, jedenfalls in diesem Augenblick nicht, aus welchem Zusammenhang sie kamen. Ihm war klar, dass die Sätze unter den versammelten Mietern wie ein Brandbeschleuniger wirken mussten. Da der unsichtbare Regisseur dieser Vorführung offenbar nicht überzeugt war, dass alle alles mitgekriegt hatten, ließ er die Einspielung einfach noch ein zweites Mal laufen. Jetzt herrschte ringsum stilles Entsetzen und ungläubiges Kopfschütteln. Empörung machte sich breit. Dr. Gress erinnerte sich plötzlich, wo er diese Sätze gesagt hatte.

Die Übertragung brach ab und Musik wurde eingespielt, die von der WG ausgesucht worden war: »Avanti Popolo …« sang ein italienischer Chor, aber nicht zu laut, damit die inzwischen hoch aufgeregten Menschen auf der Straße diskutieren und sich untereinander besprechen konnten. Die Reaktionen waren sehr unterschiedlich.

Scheiße!, dachte Dr. Gress. Meine Stimme! Meine Aussagen! Wie konnte das passieren? Na warte, du Biest!

Dreier dachte: Nicht schlecht. Die Sache läuft gut – auch ohne die Billigung meines Präsidenten.

Der Geschäftsführer des Mietervereins lehnte sich hinüber zu dem Geschäftsführer der Wohnbaugenossenschaft und sagte: »Nicht wirklich überraschend, was man da zu hören bekommt, oder?« Der andere nickte: »Aber gut, wenn man uns das Original serviert. Das kann den den Kopf kosten.«

Van de Loo sagte zu seinen Leuten: »Die Feli hat's faustdick hinter den Ohren!« Eschweiler grinste, während er an einem elektronischen Gerät hantierte. Pfister nickte. Tabak dachte: Respekt! Das hat gesessen!

Herr Szymanski sagte zu Frau Szymanski: »Hat der uns gemeint?« Und sie erwiderte: »Was denkst du denn?«

Die Vertreterin der Linkspartei fand den Hinweis auf den Stadtrand gar nicht so schlimm. Da wohnte sie auch.

Die Mitglieder der WG empfanden den Hinweis auf den Stadtrand als Aufruf zur Deportation. Sie waren empört. Dem Kerl sollte man das Handwerk legen.

Die Bauarbeiter dachten: In dem Chaos merkt keiner, wenn wir uns noch eine Molle holen. Sie nickten sich in stillem Einverständnis zu.

Kapp sah seine Stunde gekommen und verteilte gratis seine kleinen Flaschen. Seinen Spruch über »einen aufgehenden Stern am Himmel der Mixgetränke« verstand niemand richtig, aber das bemerkte er nicht. Er verbuchte diese Aktion als Werbekampagne. Manche nahmen die Fläschchen dankend entgegen, tranken und schüttelten sich. Andere steckten die Gabe ein und wollten sie am nächsten Glascontainer entsorgen.

Die Journalisten waren sehr zufrieden, sie hatten genug notiert und trotteten Richtung U-Bahnhof, wo sie auf dem Bahnsteig noch Park hätten sehen können – wenn sie ihn gekannt hätten.

Es wurde kälter. Manche standen diskutierend zusammen, manche begannen aufzuräumen. Dr. Gress bestieg in einer Nebenstraße seinen Mercedes und hätte vor Wut fast in das Lenkrad gebissen. Das Straßenfest ging zu Ende.

***

Park kam tief beunruhigt in seiner Wohnung in der Glinkastraße an. Bisher war er mit diesem Gress zufrieden gewesen. Aber jetzt lief es nicht gut, und er ahnte, dass man ihm keine Misserfolge zugestehen würde. Er hatte feste Vorgaben: Die Geschäfte mussten viel Geld einbringen. Und sie mussten im Stillen abgewickelt werden. Das war sein Job, seine Ehre und seine Pflicht. Da konnte er keinen Mieteraufstand und schon gar keine Öffentlichkeit gebrauchen. Er hatte diesen Anwalt, damit der ihm Ärger und Aufsehen vom Leibe hielt. Dem musste mal die Meinung gesagt werden, damit er die Sache in der Birkenstraße vorantrieb. Er wählte kurz entschlossen die Nummer der Kanzlei, wohl wissend, dass er um diese Zeit keinen würde erreichen können. Der Anrufbeantworter sprang an. Park holte Luft und sprach laut und deutlich: »Ich bin unterwegs und nicht erreichbar. Deswegen auf diesem Weg. Ich bin unzufrieden! Ich habe den Eindruck, Sie haben das Projekt nicht im Griff. Was war das für ein organisierter Widerstand? Da waren sogar Journalisten! Die Presse kann ich gar nicht gebrauchen! Sie müssen sofort handeln. So geht das nicht weiter. Ich bin nicht bereit zur Hinnahme von Verlusten. Ich will die Häuser in der Birkenstraße nicht mit Verlusten verkaufen. Ich brauche Gewinne – und zwar in der Ihnen bekannten Höhe. Keine Ausnahme! Ich werde Sie zur Verantwortung ziehen. Sie wissen, was das heißt? Handeln Sie! Sofort!«

Und er legte auf, wie immer, ohne den Namen zu nennen und ohne Gruß.

Der Anrufbeantworter zeichnete alles brav auf. Dann meldete er sich – wie ihm vor Kurzem aufgetragen – bei der vorgegebenen Adresse, überspielte die ganze Aufzeichnung, und anschließend löschte er alles auf seinem eigenen Speicher. Sein Band war wieder leer und bereit für neue Anrufe. Zufrieden schaltete sich der Anrufbeantworter ab.

***

Noch am selben Abend registrierte Eschweiler die Aufzeichnung auf seinen Geräten, rief Cromm an, gab den Inhalt der Aufzeichnung wieder und verabredete sich mit ihm im Büro der Gesellschaft für den folgenden Tag.

Cromm lud alle anderen Mitglieder der Gesellschaft dazu. Er informierte Dreier und besprach das weitere Vorgehen.

Dreier meldete sich bei dem Mieterverein und sagte am Telefon: »Es ist bald so weit.«

Der Geschäftsführer des Mietervereins aktivierte den Geschäftsführer der Wohnbaugenossenschaft, und der wiederum meldete sich bei seinem Finanzvorstand mit der knappen Mitteilung: »Es ist so weit!«

***

Dreier war, obwohl es Abend und Wochenende war, ins Präsidium gefahren. Er musste ein Versprechen einlösen. Sofort. Bevor es zu spät war.

»Lieber Willy«, tippte er auf seinem Computer, »du wirst dich freuen, von mir zu hören. Du hast mir ja eine nette Nebentätigkeit übertragen. Aber ich informiere dich gerne, zumal du selbst ja offensichtlich nicht so darfst, wie du willst.«

Dreier las diese Einleitung noch mal durch, grinste über den scheinbar freundlichen, in Wirklichkeit vergifteten Ton und machte weiter.

»Inzwischen bin ich in Sachen Thirtynine vorangekommen und habe dieser Firma ein paar Schwierigkeiten bereitet. Da du dein Wissen auch aus den Zeitungen beziehst, bist du sicherlich gut informiert.«

Das war infam. Dreier lachte laut auf.

»Nun geht es aber richtig voran. Sehr bald schon werde ich mithilfe meiner Freunde bei dem Thirtynine-Projekt Birkenstraße einen großen und entscheidenden Schritt weiter sein. Das wird dann ein Erfolg unserer gemeinsamen Arbeit sein – auch wenn du selbst nicht allzu viel beitragen durftest.«

Das wird ihm überhaupt nicht gefallen, dachte Dreier. Aber was will er machen?

»Ich wünsche dir auch künftig viel Erfolg bei deinen Aktionen, mit herzlichen Grüßen in deinen Bunker in der Chausseestraße, dein Polizist.«

Dreier las das Ganze noch einmal durch. Er hatte dabei mindestens so viel Spaß wie beim Schreiben und drückte auf die Sendetaste.

***

Cromm hatte etwas vor. Noch heute Abend wollte er sich mit seinem Freund, seinem Lebenspartner, seinem Mann treffen. Getrennt wohnen, vereint schlagen – das ist unser Motto, sagte Cromm manchmal, stieß damit aber auf kein Wohlwollen bei seinem Freund, der weder den militärischen Bezug erklärt haben wollte noch die Formulierung gut zu finden bereit war.

Cromm und Hertzog trafen sich vor dem S-Bahnhof Friedrichstraße, umarmten sich herzlich und gingen nebeneinander die Friedrichstraße hinunter. Eigentlich hätten sie sich auch gerne an den Händen gehalten, aber so weit wie die jungen Schwulen, die keine Scheu hatten und auch keine Angst vor Anmache, waren sie nicht. Sie überquerten den Boulevard Unter den Linden und bogen dann rechts ein zur Komischen Oper. Sie hatten Karten für »Des Kaisers neue Kleider«, eine tschechische Operette aus den Sechzigerjahren. Das Opernhaus mit all seinem Geglitzer nahm sie auf und bescherte ihnen einen herrlichen Abend, während am Alexanderplatz Jugendbanden die Zeit totschlugen, in Spätis billiges Bier getrunken wurde und im Tiergarten Stricher frierend auf Kunden warteten. Während Park in der Glinkastraße ein Räucherstäbchen anzündete, Kapp im Gästezimmer der

Szymanskis neue Pläne schmiedete und im Botschaftsgebäude die Nachricht einging, dass der Container in dieser Nacht von einem Lastwagen im Auftrag der chinesischen Spedition abgeholt werden würde.

»Jetzt gehen wir einen trinken«, schlug Hertzog beseelt vor, als sie nach drei Stunden wieder auf der Straße standen. »Aber wo?« Er schaute sich in der unbelebten Straße um. »Wo gibt es denn hier was?«

»Gleich um die Ecke in der Glinkastraße ist das Café Nö. Die haben noch offen, und es gibt guten Wein«, sagte Cromm. »Komm!«

So geschah es. Sie hakten sich unter, erstens weil es dunkel war und zweitens weil die Operettenmusik sie nachhaltig beschwingt hatte. So liefen sie fröhlich in die Glinkastraße, fanden noch Stehplätze an der Bar und bestellten einen Pinot blanc aus dem Elsass.

Nach dem ersten Glas brauchten sie das zweite, fanden Sitzplätze an einem kleinen Bistrotisch, und bei Hertzog lockerte sich die Zunge. »Übrigens, der Sprecher«, sagte er (und bezog sich auf seinen Chef im Bundespresseamt), »ist wieder mal auf einem Rachefeldzug gegen die Stadt.«

Cromm hörte interessiert und schweigend zu.

»Es geht immer noch um die Lage der Mieter. Da wurde ja noch vor Kurzem Druck gemacht. Du erinnerst dich?«

Cromm erinnerte sich und dachte an ihren aktuellen Fall.

»Erst wurde von der Bundesregierung beim Regierenden im Roten Rathaus Dampf gemacht, damit die Berliner Mieter besser vor Ausbeutung und Verdrängung geschützt werden. Jetzt aber ein voller Schwenk: Kommando zurück!«

Cromm wurde hellwach. Kommando zurück?, dachte er. »Was ist passiert?«, fragte er.

»Der Sprecher tut immer geheimnisvoll. Aber er will sich gleichzeitig mit seinem Herrschaftswissen brüsten. In der Lage am Mittwoch hat er ›Neues über diese Stadt‹ erzählt. Das sagt er immer so abschätzig: ›diese Stadt‹. Er hasst Berlin. Er flüchtet am Wochenende immer nach Hause, nach Süddeutschland.«

»Und was ist mit ›dieser Stadt‹?«

»In dieser Stadt gibt es Ärger. Denn die Berliner Politik hat das Thema zunächst sehr ernst genommen. Es wurde ganz amtlich beschlossen, Mieterterror zu verfolgen und abzustellen. Es soll inzwischen eine Sonderkommission bei der Polizei geben. Die sind gegen einen der schlimmsten Investoren vorgegangen, gegen eine ausländische Heuschrecke.«

»Donnerwetter!«, sagte Cromm unschuldig.

»Aber vielleicht waren sie *zu* erfolgreich. Sie scheinen diesem ganz besonders üblen Spekulanten kräftig auf die Füße getreten zu haben, was ich ja sehr gut finde.«

»Ich auch!«, sagte Cromm ernsthaft.

»Ja, aber der hat sich anscheinend beschwert.«

»Beschwert? Bei wem kann man sich beschweren, wenn man wegen Mieterterror verfolgt wird?«

»Zum Beispiel bei der Regierung!«

»Bei der Regierung? Du willst sagen, ausländische Kriminelle können sich beschweren? Weil man sie hindert, unsere Mieter zu terrorisieren?«

»Nicht direkt. Aber mein Chef hat gesagt, wenn einer von denen zu Diplomaten Kontakt hat, kann er die aktivieren. Und wenn sich ein Botschafter oder ein Attaché beim Außenminister für ihn einsetzt, egal um was es da geht, hat das Gewicht.«

»Das kann doch nicht wahr sein!« Cromm war empört. Andererseits wusste er noch aus seiner aktiven Zeit, dass Diplomaten auch keine juristische Verfolgung fürchten mussten, wenn sie Verkehrsverstöße oder sogar schwere Verkehrsunfälle verursachten – was nicht selten vorkam. Die kamen ungeschoren davon.

»So sagt er das, mein Sprecher«, machte Hertzog weiter. »Und wenn er auch sonst nicht viel taugt – das wird er nicht erfunden haben.«

»Und was kam dann?«

»Dann? In der letzten Woche soll es informelle Gespräche zwischen Bundesregierung und Rathaus gegeben haben. Mit dem Ziel, ab sofort kürzerzutreten gegenüber diesem Investor. Die im Rathaus sind gleich eingeknickt.«

»Nicht zu fassen!«

»Doch! Die Senatskanzlei soll den Polizeipräsidenten ins Rathaus zitiert haben. Um ihn zusammenzufalten. Man hat ihm angeblich die Möglichkeit geboten, einen anderen Job zu machen. Auf einem weniger exponierten Posten.«

»Weißt du, ob der Präsident gehorcht?«

»So, wie der uns beschrieben wurde, wird der wohl über jedes Stöckchen springen, das man ihm hinhält.«

»Das glaube ich sofort«, sagte Cromm spontan, denn er kannte den Polizeipräsidenten noch aus seiner aktiven Zeit. »Kein Verlust für die Berliner Polizei.«

»Aber das wirst du erst mal nicht mitkriegen.«

Oh, doch, dachte Cromm. Das werde ich mitkriegen. Und vor allem der Dreier, der wird es voll abkriegen, oder es ist sogar schon passiert. Er stand abrupt auf, und Hertzog schaute ihn erstaunt an.

»Ich brauche dringend noch einen Schluck. Du auch?«

Hertzog schüttelte den Kopf.

Cromm ging an die Theke. Äußerlich unbewegt. Aber tief in ihm drin glühte eine Wut. Eine Wut über diesen Opportunismus bei manchen in der Politik. Die, ohne groß darüber nachzudenken, die ihnen anvertrauten Menschen mal beschützten und dann wieder anderen auslieferten. »Ich brauch dringend noch ein Glas von dem Elsässer«, sagte er.

»Dringend?!«, sagte die Frau an der Bar, lachte ihn an und goss ganz gemächlich sein Glas voll.

Als er zurück an den Tisch kam, fragte Hertzog: »Warum guckst du so? War doch ein schöner Abend, oder?«

Als sie sehr spät das Café verließen, fuhr draußen ein Lastwagen vorbei, beladen mit einem blauen Container, der groß die Buchstaben COSCO auf seinen Flanken trug.

***

»Da ist ein ungehobelter Klotz dran und verlangt im übelsten Macho-Ton nach dir«, sagte die Empfangsfrau der Finanzberatung zu Feli.

»Hat der Klotz einen Namen gesagt?«

»Dr. Gress.«

»Oh, der! Stell ihn durch!«

Feli wappnete sich, atmete tief durch und drückte einen Knopf an ihrer Telefoneinheit. »Hahmann!«, sagte sie.

»Du Miststück! Du bist eine Betrügerin! Du willst die Wohnung gar nicht kaufen! Du hast mich reingelegt!«

»Aber Schnucki!«, unterbrach ihn Feli.

»Hör auf mit deinem Schnucki! Ich glaube dir kein Wort!«

»Aber Schatzi!«

»Du bist eine Heiratsschwindlerin …!«

»Das ist nun aber wirklich falsch! Heiraten würde ich dich nie im Leben!«

Gress geriet kurz ins Schleudern, aber nur ganz kurz: »… und außerdem hast du unser Gespräch aufgezeichnet. Das darfst du nicht. Ich zeige dich an. Ich bringe dich vor Gericht.«

»Ja, das kannst du. Aber da würde ich alles noch mal vorführen und noch etwas mehr. Willst du das wirklich?«

»Du Dreckstück! Ich bring dich um!«

»Das solltest du nicht tun. Willst du eine Abschrift?«

»Du … was?«

»Na, von unseren Gesprächen! Eine Kopie! Wohin soll ich die schicken?«

Feli hörte zwei Sekunden schweres Atmen. Dann war die Leitung tot. Feli rief »Hallo?« Dann legte sie auf und schüttelte den Kopf. »Leute gibt's«, sagte sie.

***

Eschweiler war vor den anderen eingetroffen. Er saß in dem kleinen fensterlosen Raum, der einst das Badezimmer gewesen war. Dieses zwangsbelüftete Verlies hatte er sich zwischen Versammlungsraum und Küche eingerichtet, als die elektronischen Anforderungen für seine Einsätze zunahmen. Die nötige Ausrüstung wollte er nicht zu Hause aufbewahren, das hätte unnötige Fragen der Familie nach sich gezogen.

Also hatten die Gesellschafter bereits vor einem Jahr seinem Wunsch entsprochen. Er bekam vom Verein einen Geldbetrag und durfte auf eigene Faust einkaufen, was er mit großem Vergnügen tat. Seitdem verfügte er über diesen Raum, in dem er ganz nach Belieben verdrahten und löten konnte, schrauben und nieten, recherchieren und programmieren. Sein Prunkstück war die große schwarz glänzende Konsole von Avid, mit der er Töne bearbeiten und mischen konnte wie ein professioneller Tonmeister. Und genau das hatte er jetzt vor.

Cromm war fast zeitgleich mit van de Loo eingetroffen. Sie schauten neugierig durch die offen stehende Tür. Sitzplätze in dem mit Technik vollgestopften Raum gab es nicht – was Eschweiler auch ganz recht war. Also lehnte Cromm im Türrahmen, ein Glas in der Hand, und van de Loo stand dicht hinter ihm. Eschweiler würde ihn gleich brauchen.

»Hör mal!«, sagte er über die Schulter und spielte ein Stück Sprache vor. Leicht verzerrt, wie es nun mal von Anrufbeantwortern kommt: *»Ich bin unterwegs und nicht erreichbar. Deswegen auf …«*

Eschweiler hielt die Aufzeichnung an. »Ist er das?«, fragte er.

»Ja! Das ist er«, rief van de Loo. Und als Cromm fragend guckte: »Das ist dieser Park, den ich besucht habe und dem ich weisgemacht habe, dass ich von ihm das Haus in der Breiten Straße kaufen will. Der ist Thirtynine! Jetzt wissen wir es genau!«

Cromm nickte, und Eschweiler wirkte zufrieden. Er spielte in voller Lautstärke den ganzen Text vor, den er, wie er es formulierte, »vom Anrufbeantworter des Anwalts ausgeliehen« hatte.

»Ich bin unterwegs und nicht erreichbar. Deswegen auf diesem Weg: Ich bin unzufrieden! Ich habe den Eindruck, Sie haben das Projekt nicht im Griff. Was war das für ein organisierter Widerstand? Da waren sogar Journalisten! Die Presse kann ich gar nicht gebrauchen! Sie müssen sofort handeln. So geht das nicht weiter. Ich bin nicht bereit zur Hinnahme von Verlusten. Ich will die Häuser in der Birkenstraße nicht mit Verlusten verkaufen. Ich brauche Gewinne - und zwar in der Ihnen bekannten Höhe. Keine Ausnahme! Ich werde Sie zur Verantwortung ziehen. Sie wissen, was das heißt? Handeln Sie! Sofort!«

Van de Loo nickte. »Der ist unter Druck«, sagte er, als er alles gehört hatte.

»Unter welchem Druck?«, fragte Cromm.

»Ich sage dir, der handelt nicht für sich persönlich. Der muss liefern, und zwar bald«, sagte van de Loo.

»Na, das dürfte schwierig werden«, sagte Cromm, und zu Eschweiler: »Jetzt bist du dran. Viel Spaß!«

Eschweiler nickte.

Van de Loo drehte sich um und wanderte zufrieden in den Konferenzraum, um in einer mitgebrachten Zeitung den Immobilienteil zu studieren. Eschweiler fuhr die Tonspur vor und zurück, notierte sich etwas auf einem Block und begann dann mit dem Schnitt. Hin und her fuhr er einzelne Sprachfetzen, kopierte sie, glättete die Übergänge, der Ton jaulte oder knurrte, wenn das Tempo verändert wurde. Eschweiler ließ sich bei seiner Arbeit Zeit, sodass Cromm irgendwann in der Küche verschwand, um mit einem frisch gefüllten Glas wiederzukehren.

Endlich war Eschweiler zufrieden. Lehnte sich auf dem alten Bürostuhl zurück, sodass die Lehne bedenklich ächzte, und sagte über die Schulter: »So könnte es gehen!«

Als Cromm schwieg, sagte er: »Hör mal!«, und er fuhr sein Werk ab:

»Ich bin unterwegs und nicht erreichbar. Deswegen auf diesem Weg: Ich habe den Eindruck, Sie haben das Projekt nicht im Griff. So geht das nicht weiter. Ich will sofort verkaufen. Ich bin bereit zur Hinnahme von Verlusten. Ich brauche nicht Gewinne in der Ihnen bekannten Höhe. Eine Ausnahme. Sie wissen, was das heißt? Handeln Sie! Sofort!«

»Na?« Eschweiler drehte sich zu Cromm um.

»Jahaaa!«, jubelte Cromm. »Das ist es!« Er rief: »Paul! Komm mal schnell her!«

Van de Loo stutzte angesichts des Tonfalls, gehorchte aber. Als beide Männer bereit waren, spielte Eschweiler noch einmal sein Werk vor. Cromm war auch beim zweiten Mal begeistert. Er löste sich aus seiner Position am Türrahmen und zeigte Eschweiler mit beiden Händen das Victory-Zeichen. »Ja! So geht's! Sofort überspielen!«

Van de Loo nickte und machte »Hm!«

»Etwas Emotion könntest du schon zeigen!«, sagte Cromm tadelnd. »Du musst deine Gesellschafter loben!«

Van de Loo machte »Hmhm!« Und fügte hinzu: »Das muss reichen. Zu viel Lob ist ungesund.« Als er Eschweilers Hundeblick sah, ergänzte er: »Nicht schlecht!«

Eschweiler sagte nichts, drehte sich um und blickte stolz auf seine Konsole. Inzwischen waren die anderen eingetroffen, es kam zum

Stau im Flur vor dem Technikraum. Cromm begrüßte alle, und als er sicher war, dass sie vollzählig waren, rief er: »Wollt ihr hören, was Eschweiler komponiert hat?« Er sah allgemeines Nicken und rief: »Also noch mal! Beide Versionen! Und laut bitte!«

Die Mitglieder der Gesellschaft für unkonventionelle Maßnahmen waren brave und besonnene Leute. Sehr unterschiedliche Typen. Aber allen gemeinsam war, dass sie ruhig und überlegt handelten. Davon war in diesem Augenblick nichts zu spüren. Manche klatschten laut. Tabak stieß die geballte linke Faust zum Himmel. Pfister schlug Eschweiler auf die Schulter, was diesen völlig verdutzt gucken ließ. Cromm sang »Avanti Popolo«, konnte sich aber nicht erinnern, wo er die Melodie aufgeschnappt hatte. Da brach sich etwas Bahn: Begeisterung, überschäumende Freude, Triumph über den sich abzeichnenden Erfolg. Insgesamt wurde es für eine Weile ziemlich laut. Die Mieter in der Wohnung über ihnen wunderten sich: Was war denn in diesen sonst so ruhigen und braven Verein gefahren?

Dann setzten sie sich zusammen.

Feli berichtete ebenfalls stolz über ihre Erfahrungen mit Gress, besonders über seinen Anruf in ihrem Büro. Der Wutanfall lag als Datei auf ihrem Mobiltelefon vor, und sie spielte ihn mit großem Vergnügen ab.

Die Drohung nahm keiner von ihnen ernst. Van de Loo jedoch war schockiert, wie der Mann sich ausgedrückt hatte. Als Nichtakademiker hatte er einen tief sitzenden Respekt vor Menschen mit einem Doktortitel. Er unterstellte ihnen, dass sie sich besser benehmen, besser ausdrücken könnten und von Fall zu Fall auch intelligenter seien als der Rest der Menschheit. »Ich bin entsetzt«, sagte er, »wie der hier spricht!«

»Du glaubst wirklich, dass Studierte bessere Menschen sind?«, rief Pfister, der als Genosse und selbstbewusster Arbeiter die gegensätzliche These vertrat. Für ihn waren Akademiker Verräter der Arbeiterklasse, das äußerte er auch gelegentlich. Er hielt aber wohlweislich seine zweite Überzeugung zurück, nämlich dass man sie ausnahmslos an den nächstgelegenen Laternenmasten aufknüpfen solle.

Cromm ging dazwischen: »Lasst den Gress mal in Ruhe. Er kriegt ja jetzt genug zu tun.«

Da hatte er recht.

Dann besprachen sie ihre Aktion. Bevor der neu zusammengesetzte Text auf seinen Anrufbeantworter gespielt werden sollte, mussten sie prüfen, ob Park, wie er behauptet hatte, wirklich »unterwegs und nicht erreichbar« war. Den Job, den Mann anzurufen, übernahm van de Loo, weil, wie er sagte: »… der, falls er dann doch abheben sollte, sich nicht so sehr wundern wird, wenn ich dran bin.«

»Aber du wirst dich wundern«, sagte Cromm. »Weil er dich fragen wird, wer du wirklich bist.«

Van de Loo zuckte die Schultern: »Ich kann mich dumm stellen!«

»Stimmt auch wieder!«, sagte Cromm. Den finsteren Seitenblick ignorierte er.

Cromm übernahm es, den Kontakt zu Dreier herzustellen sowie zu dem Geschäftsführer des Mietervereins und zu der Wohnbaugenossenschaft, die kurzfristig einen recht großen Geldbetrag für die geplante Aktion bereitstellen musste.

»Der Notar ist auch meine Sache«, sagte van de Loo. »Ich kenne da einen, der zu ungewöhnlichen Einsätzen bereit ist. Und zu unüblichen Zeiten.«

»Was du für Leute kennst!«, sagte Cromm anerkennend.

***

Sie saßen um zehn Uhr morgens in der S7 und fuhren nach Potsdam. Dreier hatte in Fahrtrichtung links am Fenster Platz genommen, Cromm auf gleicher Höhe rechts am Fenster. Dazwischen der Gang. Kein Gespräch. Kein Blickkontakt.

Kurz bevor sie den Potsdamer Hauptbahnhof erreichten, kamen die Kontrolleure, zwei Männer, einer wies sich aus und fragte Dreier nach seiner Fahrkarte. Der andere blieb im Hintergrund.

Dreier wusste, dass sein Jobticket nur im Stadtgebiet von Berlin galt. Er winkte den Mann nah zu sich heran, holte seine Dienstmarke heraus, winkte ihn noch näher und flüsterte: »Drehen Sie sich unauffällig um. Sehen Sie den Mann da?« Er zeigte auf Cromm. »Den beschatte ich. Kontrollieren Sie den genau!« Dann lehnte Dreier sich zurück und blickte interessiert nach draußen.

Der Kontrolleur gehorchte. Als Cromm verzweifelt und vergeblich erklären wollte, warum sein Berliner Fahrschein bis Potsdam Gültigkeit haben müsse, wurde der Kontrolleur unfreundlich (»Das höre ich jeden Tag zehnmal!«) und rief seinen Kollegen dazu. Am Ende einer längeren Auseinandersetzung saß Cromm mit einer Quittung über »erhöhtes Beförderungsentgelt« da, der Kontrolleur steckte sechzig Euro in die Tasche, warf Dreier einen stolzen Blick zu, und Dreier hob anerkennend den Daumen. Cromm schäumte vor Wut.

Als sie im Potsdamer Hauptbahnhof aus der S-Bahn stiegen, war Cromm immer noch sauer: »Das hast du aber prima hingekriegt! Du willst mein Freund sein und hetzt die Kontrolleure auf mich?«

Dreier unterdrückte seine Schadenfreude. »Die hätten dich doch sowieso drangekriegt, und so konnte wenigstens ich das Geld sparen.«

»Kameradenschwein!«

»Ach was! Reg dich ab. Komm, ich geb dir einen Kaffee aus.«

»Einen mickrigen Kaffee? Du hast sechzig Euro gespart.«

»Willst du ein Croissant dazu?« Dreier konnte, wenn es darauf ankam, sehr unschuldig gucken. Cromm musste lächeln. Die Sache war vergessen.

Sie gingen vom Hauptbahnhof über die Havelbrücke und wandten sich rechts Richtung Museum Barberini. Dreier, mit einem Rest Schuldbewusstsein, löste die Eintrittskarten für sie beide. Sie betraten die Ausstellungsräume und fanden sich in einer Ausstellung impressionistischer Gemälde wieder. Beide waren keine typischen Museumsbesucher, aber schon bald nahmen die Bilder sie gefangen. Sie schlenderten getrennt durch die Räume, wurden gelassener und trafen sich zum Schluss im Museumscafé bei Cappuccino und russischem Zupfkuchen. An einem Ort, wo niemand einen Beamten der Berliner Polizei im Gespräch mit einem Pensionär ebendieser Behörde erwartet hätte.

»Der Präsident hat mich zu sich geholt und mir den Kopf gewaschen«, begann Dreier ihre Unterhaltung.

»Das ist immer mal gut!«

»Das war ernst!«

»Entschuldige! Mach weiter!«

»Er wirkte wie unter Druck, wie ferngesteuert und erklärte, die Aktion gegen Mieterterror sei ab sofort beendet. Ich sei meiner Funktion als Leiter der Sonderkommission mit sofortiger Wirkung enthoben. Ich solle die Finger von den beschuldigten Personen lassen und mich anderen Themen zuwenden.«

»Ich habe die Zeitungen nach deiner Aktion gelesen. Das war zu erwarten.«

»Wieso?«

»Weil du überzogen hast. Du hast der Presse irgendwas von internationalem Kapital erzählt.«

»Na, stimmt doch auch!«

»Diese Wörter lassen bei denen da oben alle Warnlampen angehen. Das klingt, als wärst du ein Radikaler. Und du hast außerdem den Eindruck erweckt, dein Präsident würde das auch so sehen.«

»Ich habe es ja auch so verstanden. Jedenfalls anfangs.«

»Karrierebeamte äußern sich nie konkret. Die halten sich immer alles offen. Müsstest du wissen.«

Dreier blickte angestrengt auf seinen Kuchen und sagte: »Ja, vielleicht. Ich war naiv. Aber …«, er lebte auf, »… es hat was gebracht.«

»Und was bitte?«

»Ein paar Stunden später wurde unser Präsident gefeuert!«

»Es ist dein Präsident, nicht unserer. Und er wurde nicht gefeuert, sondern befördert. Finanziell hat er sich verbessert.«

»Du weißt es schon?«

Cromm nickte.

»Aber du weißt nicht, wer ihm nachfolgt?«

Cromm schüttelte den Kopf.

»Aber ich! Eine Frau! Stell dir vor: eine Frau als oberste Chefin. Sie soll diesen Haufen militaristischer Kerle in den Griff kriegen!«

»Warum nicht?«, sagte Cromm. »Erzähl weiter!«

»Und das weißt du bestimmt auch nicht: Die Frau aus dem Vorzimmer des Präsidenten, die Kathrin Stumm …«

»The Voice?«, fragte Cromm.

»… oh, so nennen wir sie jetzt nicht mehr, also Frau Stumm wurde im gleichen Zuge befördert, zur Leitenden Polizeidirektorin. Damit ist sie meine Vorgesetzte. Ganz schöner Karrieresprung!«

»Ist das schlimm für dich?«

»Im Gegenteil. Ich finde die gut. Sie hat mir eine Tür aufgemacht.«

»Was heißt das?«

»Sie hat mich reingelassen in eine Gruppe, die sich Antifa-Polizei nennt. Die treffen sich unregelmäßig und nur virtuell. Es geht ihnen darum, die Rechtsextremen und Rassisten bei uns auffliegen zu lassen und ihre Organisation zu zerstören.«

»So was gibt's?«

»Rechte und Rassisten bei uns? Aber hallo!«

»Nein, ich meine die Gegenwehr.«

»Ja! Und seit ich das weiß, geht's mir besser. Ich dachte, ich bin der Einzige in unserem Laden, der was gegen die dumpfen Nazis hat.«

»Aber unternommen haben diese Kämpfer für Polizeimoral noch nichts?«

»Wart's ab. Wir sammeln noch Informationen. Das ist nicht so einfach.«

Cromm betrachtete Dreier. Tatsächlich!, dachte er, der wirkt, als er hätte er zurzeit seinen Frieden mit der Truppe gemacht. Gut für ihn!

»Klingt gut«, sagte Cromm. »Ich wünschte, das hätte es damals schon gegeben.«

»Damals? Als du …?«

»Genau!«

Darauf wusste Dreier nichts zu sagen und zuckte mit den Schultern.

»So!«, sagte Cromm. »Themenwechsel. Jetzt bin ich dran.«

Dreier nickte.

»Du hast mit deiner Aktion in der Birkenstraße schon für reichlich Wirbel gesorgt. Dazu kam dann das spektakuläre Straßenfest. Das hat den Investor aufgescheucht. Bei dem ist jetzt Feuer unterm Dach.«

»Bei dem Gress?«

»Nein, bei seinem Klienten.«

»Bei Thirtynine?«

»Genau! Der Inhaber heißt Hans Park.«

»Den Namen wollte mir der Anwalt beim Verhör einfach nicht nennen. Weißt du mehr?«

Cromm legte nach. »Hans Park ist halb Deutscher, halb Koreaner. Er ist seit Jahrzehnten Mitglied im Berliner Freundeskreis Nordkorea. Vor allem ist er der Mann, der viel Geld in die Hand nimmt, damit Geschäfte macht, um damit noch viel mehr Geld zu verdienen. Thirtynine Ltd ist der Firmen-Deckmantel für diese Geschäfte.«

»Immobiliengeschäfte?«

»Auch, aber nicht nur. Seit Jahren kauft er Häuser auf, lässt sie von Gress in Schuss bringen und verkauft mit hohem Gewinn. Aber er ist auch im Drogenmilieu gesehen worden. Ich vermute, er arbeitet nicht mit eigenem Geld. Das heißt, dass ein Misserfolg für ihn sehr gefährlich werden kann. Du weißt, dass überall in der Welt Sympathisanten im Auftrag von Pyöngyang unterwegs sind, um die Sanktionen zu unterlaufen?«

»Es gibt Sympathisanten? Für diese Diktatur?«

Cromm erinnerte sich an ein anderes Gespräch und sagte: »Aber Alter!«

***

Am nächsten Morgen betrat Dr. Gress seine Kanzlei in zwiespältiger Stimmung. Einerseits freute er sich. Es hatten sich für die Wohnungen in der Berliner Straße inzwischen dreißig ernsthafte Kaufinteressenten gemeldet. Die ihn zum Teil sogar bedrängten, um anderen Bewerbern vorgezogen zu werden. In Berlin herrschte Wohnungsmangel, das machte auch die zahlungskräftige Mittelklasse gefügig. Er könnte vermutlich noch an der Preisschraube drehen, dachte er. Das war also gut.

Andererseits war da dieses Straßenfest der aufständischen Mieter gewesen. Das nahm er nicht wirklich ernst. Er hatte in Berlin schon viele lautstarke Demos und Aktionen erlebt, ohne dass konkrete Taten folgten. Das war diesmal sicherlich auch so. Was ihn beunruhigte, war, dass er lange nichts mehr von Park gehört hatte. Zwar gab es immer wieder Phasen, in denen der Investor längere Zeit nicht erreichbar war, da war er geradezu unberechenbar. Aber so lange ohne Nachricht? Gab es ein Problem? Die Frage beunruhigte Gress. Schließlich ging es um seinen Kunden. Um genau zu sein: seinen einzigen Kunden.

Dann war da noch diese Tussi mit dem lächerlichen Vornamen Felicitas. Die hatte seine Aussagen den Mietern zugespielt. Kriminell! Dann hatte sie auch seinen Anruf aufgezeichnet. Noch jetzt, wenn er daran dachte, wurde er rot vor Wut. Frauen, die ihm überlegen waren, hielt er schwer aus. Er müsste dieser Ziege, er müsste, er müsste … Er kam zu keiner befriedigenden Lösung. Das kannte er eigentlich nicht von sich, und es machte ihn ganz krank.

So also war seine Stimmungslage: schwankend! Mit einer Tendenz ins Negative. Er ging flüchtig grüßend an Frau Krüger vorbei und wollte sein großes Büro betreten, aber sie rief ihn zurück: »Herr Dr. Gress, hier ist was auf dem Anrufbeantworter«, sagte sie, »etwas Komisches!«

Frau Krüger war »Komisches« gewohnt. Gress bezahlte sie gut, damit sie alles schweigend hinnahm und nicht plauderte. Wenn sie jetzt beunruhigt war, gab es einen ernsthaften Grund. Er machte auf dem Absatz kehrt und kam zu ihr an den Schreibtisch. Sie sagte: »Da! Hören Sie!«, drückte auf die Abspieltaste, und Gress erkannte sofort die Stimme:

»Ich bin unterwegs und nicht erreichbar. Deswegen auf diesem Weg: Ich habe den Eindruck, Sie haben das Projekt nicht im Griff. So geht das nicht weiter. Ich will sofort verkaufen. Ich bin bereit zur Hinnahme von Verlusten. Ich brauche nicht Gewinne in der Ihnen bekannten Höhe. Eine Ausnahme. Sie wissen, was das heißt? Handeln Sie! Sofort!«

Gress hatte schon vieles erlebt mit seinem Klienten. Aber so etwas nicht. Es hatte immer wieder mal schräge Deals und Anweisungen gegeben. Es hatte Befehle gegeben, Mieter etwas, nun ja, unsanft anzupacken.

Bei alldem war es immer nur um eins gegangen: Geld, mehr Geld, noch mehr Geld. Profit war das oberste Ziel gewesen, dabei waren dann hin und wieder Recht und Gesetz aus dem Blickfeld verschwunden. All das hatte Gress willig mitgemacht und umgesetzt. Im Windschatten aller Aktionen profitierte er ja auch: Sein Honorar war erfolgsabhängig.

Noch nie, wirklich noch nie, in ihrer jahrelangen Verbindung hatte Park eine Transaktion angeordnet, die mit Verlusten verbunden war. Verluste waren tabu. Und jetzt das! Mit Verlust verkaufen? Es musste etwas passiert sein.

Gress atmete tief aus und wieder ein. Frau Krüger sollte nicht sehen, wie ihn die Botschaft erschütterte. Er sagte: »Können Sie das noch mal abspielen?«

Aber Frau Krüger reagierte nicht. Auch das war ungewöhnlich. Frau Krüger hörte immer auf ihn und seine Wünsche. Jetzt aber starrte sie auf ihren Computermonitor, und Gress hatte den Eindruck, dass ihre Augäpfel hervortraten.

»Ich, äh!«, sagte Frau Krüger und zeigte auf ihren PC, »ich muss Ihnen das ausdrucken!«

»Was ist los?«

»Da ist eine E-Mail. Die ist so … so anders!« Frau Krüger war zwar verschwiegen, aber nicht blöd. Dass es in dieser Kanzlei um Immobiliendeals mit einem Beigeschmack ging, war ihr nicht verborgen geblieben. Auch dass ihr Chef einen einzigen Klienten hatte, um den sich alles drehte, der sich aber nie sehen ließ und der extrem geheimnisvoll tat, wusste sie genau, behielt es aber wie alles, was in diesen Räumen passierte, für sich. Es ging in dieser Kanzlei ausschließlich um Geschäfte, mit denen sich viel Geld verdienen ließ. Umso mehr verblüffte sie diese Mail.

Das Blatt lief aus dem Drucker. Gress riss es förmlich heraus. Er widerstand seiner Neugier. Nein, Frau Krüger sollte seine Reaktion nicht sehen, also rang er sich ein flüchtige »Danke« ab und eilte – das Papier an die Anzugbrust gepresst – in sein Büro. Die Tür machte er kräftig zu. Er umkurvte seinen Schreibtisch, sank in seinen Bürosessel und las:

»Sie kennen meinen Auftrag. Verkaufen! Sie sind dafür autorisiert. Ich habe alles vorbereitet. Die Sache eilt: Notartermin heute um 21 Uhr. Notar Dr. Samuel Wageman, Kurfürstenstraße 111. Der Käufer wird dort sein. Der Preis ist besprochen und beschlossen. Sie unterschreiben. Keine Kontaktaufnahme! Keine Fragen!«

Na toll! Und wo war die Unterschrift? Wo war der Absender? Die Botschaft kam über einen Remailer. Das hieß, der Absender war unsichtbar. Man konnte die Mail nicht zurückverfolgen. Aber so war das ja oft bei seinem Klienten: Heimlichtuerei ohne Ende. Wochenlanges Abtauchen. Dann wieder Kaufaufträge für viel Geld und Verkauforders für noch mehr Geld. Das war typisch. Andererseits hatte der noch nie einen Auftrag erteilt, bei dem es so eilte. War er in Geldnot?

Gress hielt sich für einen coolen Hund. Doch jetzt spürte er Angst. Man hatte ihm das Heft des Handelns aus der Hand genommen. Er musste fremdgesteuert funktionieren, bei einer Aktion, die er nicht verstand und die ihm Sorgen bereitete. Er musste zu später Stunde bei einem sogenannten Mitternachtsnotar antreten. Mitternachtsnotar – so nannte man augenzwinkernd einen Notar, der außerhalb üblicher Bürozeiten in aller Eile Verträge durchzog. Es waren die wirklich schrägen Vögel der Branche.

»Hallo?« Frau Krüger klopfte und kam herein.

»Was ist?«

»Wir haben Probleme!«

Gress wurde sauer. Klar gab es Probleme. Das war doch offensichtlich. Was, dachte er, will die denn noch? Und das sagte er dann auch: »Was denn noch?«

»Alles ist ausgefallen. Unser Strom. Unser Festnetz. Und das WLAN auch.«

»Das ist jetzt scheißegal«, brüllte Gress. »Machen Sie Ihren Job! Rufen Sie einen Elektriker!«

Frau Krüger war beleidigt. »Wie soll ich denn ohne Telefon …?«

»Raus jetzt!«

Frau Krüger drehte sich schweigend um. Das konnte der mit ihr nicht machen. Ich muss mich nicht anschreien lassen, dachte sie. Sie schloss die Tür.

***

Dr. Mike Gress stand in der Kurfürstenstraße vor dem angegebenen Haus, schaute nach oben und wunderte sich. Für das Büro eines Notars war das eine bescheidene Lage. »Notar Dr. Samuel Wageman, Erster Stock«, sagte ein billiges Plastikschild außen an der Eingangstür. Hier hatte also der Mitternachtsnotar seine Kanzlei. Im Erdgeschoss gab es Tattoo-Stechen und Meditieren in einem gemeinsamen Etablissement. Und im zweiten Obergeschoss versprach eine Firma für Zeitarbeit »die richtigen Jobs für dich«.

Wageman wartete bereits. Diesen Service zur späten Stunde bot er gerne an, denn es lohnte sich für ihn zusätzlich zu der amtlichen Gebühr. Dafür schaute er dann nicht so genau hin, was er zum Beurkunden bekam.

Der Käufer war bereits anwesend, als Gress misstrauisch direkt vom speckigen Flur in das Zimmer des Notars trat. Ein Vorzimmer oder Sekretariat gab es nicht. Der Käufer erhob sich, musterte ihn begrenzt freundlich und stellte sich vor. Gress verstand den Namen nicht, hörte aber dann Soundso-Genossenschaft und zuckte zusammen. Genossenschaft?! Mit Genossenschaften hatte er prinzipiell nichts zu tun. Die waren gemeinnützig, nicht am Gewinn orientiert. Das waren seine Feinde. Aber er hatte in dieser Sache ja nichts zu melden. Seine Unterschrift war gefragt und sonst nichts.

Der Notar betrachtete sorgfältig die Ausweise der geladenen Parteien. Gress fragte er nach einer Vollmacht, die bestätigte, dass er für den Eigentümer handeln dürfe. Gress zog das Dokument aus seiner Mappe. Der Notar ging zu einem Scanner, machte Kopien und händigte ihnen die Papiere aus. Anschließend erhielt jeder ein Exemplar des Kaufvertrags. »Zum Mitlesen!«, wie der Notar erläuterte. Beide nickten.

»Sie wissen, um was es geht?« Beide nickten.

»Alle Einzelheiten geklärt? Ich muss nichts erläutern?« Beide nickten.

Gress dachte: Nichts ist geklärt, aber…

Der Notar räusperte sich zufrieden und begann den Vertragstext vorzulesen. Gress kannte die unterschiedlichsten Notare, aber so einen hatte er noch nicht erlebt. Der Mann las in einem Tempo, bei dem die Sprache vollkommen verschliffen wurde und alle Endsilben verloren gingen. So wurde aus der »Birkenstraße« die »Birnsta«. Der Käufer zuckte nicht mit der Wimper, tat so, als ob er folgen könne, und so beherrschte sich auch Gress und nahm alles hin, wie es kam. Als jedoch der Kaufpreis vorgelesen wurde, wurde ihm ganz schlecht. Der Kaufpreis, den er hier zum ersten Mal hörte und den er gleich besiegeln würde, lag sehr weit unter dem, was die Immobilien gekostet hatten. Sein Klient würde in wenigen Minuten viel Geld verlieren. Der Käufer wirkte zufrieden, Gress verschluckte sich und musste husten. Der Notar sah kurz auf.

»Wollen Sie unterbrechen?«, fragte er.

»Nein!«, krächzte Gress. »Geht schon wieder.«

Und so machte der Schnellleser weiter, noch schneller als bisher, als wolle er die Unterbrechung wettmachen.

»Sind Sie einverstanden?«, fragte er schließlich in die Runde. Käufer und Verkäufer sagten fast synchron: »Ja!« und unterschrieben mehrere Ausfertigungen.

»Und nun noch die ergänzende Vereinbarung«, sagte der Notar.

Was kommt jetzt?, dachte Gress.

Der Notar ließ sich nicht bremsen. »Ergänzende Vereinbarung zwischen den Parteien«, las er vor. »Das Eigentum geht mit praktischer Wirkung zum heutigen Tag in den Besitz des Käufers über. Alle bisher ausgeführten Bau- und Renovierungsarbeiten sind vom Verkäufer zu bezahlen. Der Käufer ist berechtigt, diese Bauarbeiten zu unterbrechen und zu beenden. Eventuell anfallende Vertragsstrafen aus Auseinandersetzungen mit den in der Birkenstraße beschäftigten Handwerksfirmen trägt der Verkäufer. Dies alles gilt unabhängig vom Zeitpunkt der Eintragung ins Grundbuch. Bitte unterschreiben Sie hier!«

Mir jetzt auch egal, dachte Gress und unterschrieb.

Das ist wichtig, dachte der Geschäftsführer der Wohnbaugenossenschaft, und unterschrieb.

»Meine Herren, ich gratuliere Ihnen zum vollzogenen Eigentumswechsel«, sagte Notar Dr. Samuel Wageman in verständlicher Sprache und normalem Tempo. Dann schaute er auf die Uhr, als ginge es um einen zu messenden Rekord.

***

Sie hatten sich im Dunkeln versteckt wie Detektive. Kaum war der missmutige Gress aus dem Haus gekommen und in seinen im Halteverbot parkenden Mercedes gestiegen und abgefahren, trauten sie sich hervor. Van de Loo und Cromm stürmten auf den Geschäftsführer der Wohnbaugenossenschaft zu. Er wusste, dass sie auf ihn gewartet hatten, und empfing sie mit hochgerecktem Daumen. »Wir haben die Häuser!«, rief er. Sie umarmten ihn, erst war van de Loo dran, dann Cromm.

Van de Loo rief: »Erzählen Sie!«

Cromm fragte: »War es schwierig?«

»Überhaupt nicht. Von Gress kam nichts, kaum ein Wort. Er hat alles wie vorgegeben unterzeichnet. Als er den Kaufpreis hörte, wurde er blass.«

»Klar«, sagte van de Loo. »Er verliert Geld.«

»Nee«, verbesserte Cromm, »nicht er, sein Boss. Der verliert sehr viel Geld.«

»Stimmt. Ich frage mich, wie ihr den überzeugt habt, diesen Deal zu machen«, sagte der Käufer.

Van de Loo und Cromm sahen sich an. Dann sagte Cromm: »Das war nicht einfach.«

»Und für den möglichen Ärger sind wir zuständig«, fügte van de Loo hinzu.

Das sagt er so locker, dachte Cromm. Hoffentlich geht das gut. Dann verschob er die Sorgen in den Hinterkopf, lächelte und sagte: »Genau! Das muss Sie nicht kümmern. Das ist unser Ding.«

***

Am ersten Tag nach dem Eigentümerwechsel tat sich nichts auf der Baustelle in der Birkenstraße. Es herrschte eine fast verdächtig vollkommene Stille. Eine besonders aufseiten der Hausbewohner gespannte Stille. Aber dann …!

Am Tag darauf, es war ein Donnerstag, ging es rund. Es kamen Arbeiter einer anderen Baufirma. Keine anonymen Tagelöhner. Sie trugen einheitliche Overalls mit einem Firmennamen auf dem Rücken. Den gleichen Namen trug ein Kleinbus, der auf der Straße parkte.

Als Erstes wurde von ihnen das Megaposter mit dem Schriftzug Michael Kors abgehängt. Stattdessen zogen die Arbeiter ein deutlich kleineres Banner hoch und zurrten es am Gerüst fest. Auf dem stand, dass diese Häuser der Wohnbaugenossenschaft gehörten und in deren Auftrag renoviert würden. Darunter ein Slogan: »Wir machen Wohnen wunderbar!« Über den Slogan schüttelten manche den Kopf, anderen gefiel er.

Pfister und Eschweiler waren sehr früh eingetroffen, gemeinsam mit dem Geschäftsführer der Genossenschaft. Sie wollten sehen, ob der Wechsel in den konstruktiven Renovierungsmodus klappte.

Die Männer betrachteten die drei Häuser. Hinter dem Gerüst sah es aus wie nach einem Krieg: offene Fensterhöhlen, mit Folien verkleidet. Offene Hauseingänge. Die alten Türen waren ausgehebelt und abgeholt worden, die neuen aber noch nicht geliefert. Abisolierte Klingeldrähte statt Klingeln. Auf splitternde Holzbohlen, die neben dem Eingang lehnten, hatte man verbeulte blecherne Briefkästen genagelt. Man hatte versprochen, eine »modernsten Ansprüchen genügende, digitalisierte Briefkasten- und Video-Sprech-Anlage« zu installieren, nur wann, das hatte man den Mietern nicht gesagt.

Nicht von außen sichtbar waren die Zustände in den Wohnungen. Viele Mieter hatten in ihren Badezimmern fehlende Badewannen und offene Schlitze für neue Leitungen. In manchen Wohnzimmern waren die Außenwände geöffnet, um »sehr bald, Sie werden sehen« raumhoch verglast zu werden. Vorarbeiten für die angekündigten Balkone hatten die Fassaden aufgerissen. Die Treppenhäuser verfügten über keine geraden Stufen mehr und verlangten von den Bewohnern einen Hindernislauf. Die verschiedenen Heizungen der Häuser und die Heißwasserversorgung sollten vereinheitlicht werden; klar, dass da zeitweise etwas ausfiel, was im immer kälter werdenden Herbst besonders unangenehm war.

Eigentlich sind das Bauruinen, dachte Pfister. Da sollten keine Menschen drin leben. Was sind das nur für Firmen, die sich für so etwas hergeben?, dachte er.

»Es wird teuer«, sagte der Genossenschafter zu den beiden, »das alles instand zu setzen. Und auch noch schnell, bevor der Winter kommt.« Dann besann er sich auf die Kaufverhandlungen und fügte hinzu: »Zum Glück hat der Verkäufer so einen Preis gemacht, der die Renovierungen bezahlbar macht.« Er lachte.

Es kam ein Lastwagen von der Fensterbau-Firma, voll beladen mit neuen Fenstern. Pfister ging auf den Bauleiter zu und fragte misstrauisch: »Wie kommt's, dass das jetzt so schnell ging?«

Der zuckte nur mit den Schultern: »Das Zeug stand seit Wochen bei uns auf dem Hof. Ich musste die Sachen zurückhalten!« Er zuckte noch mal mit den Schultern, als ob er sagen wollte: Ich war's nicht! Dann rief er seinen Arbeitertrupp zusammen. Der Ton, in dem er die Aufgaben verteilte, versprach hurtige Ausführung.

Inzwischen sammelten sich die ersten Mieter vor den Häusern. Es hatte sich herumgesprochen, dass »da was mit den Eigentümern« gewesen sei. Schlimmer geht immer, dachten sich einige. Doch das Ehepaar Szymanski, mit Herrschaftswissen versehen, teilte denen, die es hören wollten, mit, dass jetzt bald alles gut würde. Hoffentlich, dachten die anderen Mieter. Sie blickten hoch zu dem Banner der Genossenschaft.

»Wisst ihr, was der Vorteil der Genossenschaft ist?«, fragte der WG-Student seine Mitbewohner, die alle vor dem Haus standen. »Na?«, fragten die. Und er antwortete schnippisch: »Das Poster da oben! Es ist kleiner als der Reklamescheiß vorher!« Die Mitbewohner lächelten pflichtschuldig.

Andere Mieter interessierten sich ernsthaft für ihre Zukunft und belagerten den Geschäftsführer der Genossenschaft. Was haben Sie hier vor?, fragten sie ihn. Was muss ich tun, um Mitglied zu werden? Was bedeutet das für die Renovierungen? Und für die Mieten? Geduldig ging er auf ihre Fragen ein und beschloss, als alle beantwortet waren, ein Rundschreiben zu entwerfen, in dem das Ganze für alle – auch die nicht Anwesenden – erklärt wurde.

Dann tauchte auch ein Journalist auf. Keiner wusste, wie er davon erfahren hatte, aber es war einer von denen, die schon zweimal über die Birkenstraße berichtet hatten. Er interviewte die Mieter, die bereit waren zu reden, er griff sich den Mann von der Genossenschaft und befragte ihn zu seinen Absichten, und er versuchte es auch mit Pfister und Eschweiler, die aber so maulfaul waren, dass er bald von ihnen abließ. Zuletzt machte er Fotos von den hohen Fensterstapeln. Am nächsten Tag fand sich in der Zeitung unter der Überschrift »Ende gut!« ein Artikel, der den Sieg der Mieter in der Birkenstraße beschrieb. Über den Verbleib des Vorbesitzers konnte der Autor nur spekulieren, darum schrieb er etwas wolkig, man habe ihn »überzeugen können, das Objekt abzugeben« – was in gewissem Sinne der Wahrheit entsprach.

***

Wo bleibt er nur?, dachte Dreier. Sein Zimmerkollege machte sich rar. Nicht dass er den dumpfen Typ mit seinen antisemitischen Sprüchen vermisste. Aber dass er sich nun gar nicht sehen ließ – immerhin war es bereits nach zehn Uhr –, ging ja auch nicht.

Dreier hatte inzwischen an seiner ersten virtuellen Konferenz der Antifa-Polizei teilgenommen. Er hatte verblüfft registriert, wer alles dabei war, darunter Kolleginnen und Kollegen, denen er so ein Engagement nicht zugetraut hatte. Aber den anderen ging es mit ihm wohl ähnlich, sie reagierten auf seine digitale Präsenz ebenfalls erstaunt, allerdings freundlich erstaunt und wohlwollend.

Er hatte erfahren, wie eng das rechte Netzwerk in der Berliner Polizei gesponnen war, wie gerade die jungen Anwärter im Vorbereitungsdienst, die nicht zu widersprechen wagten, von Ausbildern in diesen Zirkel hineindirigiert wurden, wo menschenverachtende Rituale gepflegt wurden und hin und wieder sogar vom Umsturz und einem ominösen Tag der Machtübernahme getönt wurde.

In den vergangenen Monaten hatte Dreier immer öfter ans Aufhören gedacht. Er hatte überlegt, welche Arbeit ein ehemaliger Polizist in der Wirtschaft finden könnte. Er hatte darüber auch mit seiner Frau gesprochen. Sie hatte ihn darin bestärkt, sich umzuschauen, weil sie »nicht länger an jedem Abend einen schlecht gelaunten Mann zu Hause haben« wollte.

Seit Dreier an der Konferenz der Antifa-Gruppe teilgenommen hatte, war seine Resignation jedoch verflogen. Er hatte Gleichgesinnte gesehen und gehört. Er war nicht allein. Nein, er war Polizist und wollte es bleiben. Eine Frage hatte ihn beschäftigt, aber als Neuling in der Gruppe wagte er nicht, das Wort zu ergreifen. Eine Kollegin aus dem kriminaltechnischen Institut hatte diese Frage gestellt, nämlich was man mit diesen Erkenntnissen zu tun gedenke, denn es könnte irgendwann zu spät sein. Die Antwort kam von einem ihm bis dahin unbekannten Kollegen und sie lautete: bald. Schon bald werde man die Informationen über das rechte Netz weitergeben an eine Führungspersönlichkeit, die daraus dann Schlüsse ziehen könne. Das war zwar nicht so konkret, wie Dreier gehofft hatte, aber immerhin!

Als die Tür aufflog und sein schnaufender Kollege mit ungewöhnlich schnellen Schritten das Büro betrat, über der Schulter eine große offene Einkaufstasche mit der schrillen Reklame eines Supermarkts, wurde Dreier aus seinen Gedanken über das Erlebte zurück in die Wirklichkeit geholt.

»Da bist du ja«, begrüßte Dreier ihn. Der andere gönnte ihm nicht einen Blick.

»Ich habe dich vermisst«, log Dreier, aber auch das löste keine Erwiderung aus. Der Kollege riss die Schubladen seines Schreibtischs auf und stopfte wahllos Papiere, Kugelschreiber, Schokoriegel, Gleitgel, eine alte Bild-Zeitung, die Nazilektüre, Briefmarken und ausgeschnittene Gebrauchtwagenanzeigen in die Tasche.

»Was machst du?«, fragte Dreier.

»Ich bin versetzt worden«, zischte der Kollege.

»Oh, herzlichen Glückwunsch«, meinte Dreier und löste bei dem anderen ein bitteres Lachen aus. »Wohin geht's denn, Herr Kollege?«

»Mobilitätsservice!«, zischte er. »Abteilung Dienstfahrräder!«

Dreier schaffte es kaum, ernst zu bleiben. Sagte dann aber nach einer Pause todernst: »Oh, eine neue Herausforderung. Respekt!«

Der andere sagte nichts mehr, schwang die Tasche über seine Schulter, öffnete seinen Schrank, ignorierte die Zielscheibe mit dem Porträt des Innensenators, griff nach der verfilzten grünen Strickjacke und dem speckigen Tirolerhut im Schrank und verließ das Büro. Ohne Gruß. Mit Türknallen.

»Alles Gute!«, rief Dreier ihm fröhlich hinterher. Er stand auf, öffnete das Fenster, um schlechte Schwingungen hinauszulassen, und führte einen kurzen Tanz auf. Die Füße stampften, die Arme mit geballten Fäusten stießen rhythmisch zur Decke hoch, dazu rief er dreimal »Yeah«. Das musste erst mal reichen. Er war allein. Er hatte das

Zimmer wieder für sich – und hoffentlich dauerte dieser Zustand möglichst lange.

Auf Dreiers Computermonitor erschien im Intranet und unter dem Emblem der Polizei eine Nachricht: »Um 11 Uhr übertragen wir live die Pressekonferenz der neuen Polizeipräsidentin der Polizei Berlin.«

Dreier öffnete die rechte Schublade seines Schreibtischs. Er nahm das Strohpüppchen heraus und streichelte es liebevoll.

***

Die Präsidentin schlug sich gut. Sie redete nicht so forsch-weltfremd wie ihr Vorgänger. Sie sprach auch Probleme deutlich an und erreichte damit die Aufmerksamkeit der Polizisten, die die Möglichkeit hatten, ihr auf dem Computerbildschirm zu folgen.

Sie sprach über die Zukunft der Berliner Polizei, über Personalpolitik und Pläne, über Entwicklungen und Perspektiven. Man spürte, dass sie Erfahrung hatte und nicht von außen aufgepfropft worden war. Dreier ließ die Live-Schalte laufen, hörte nach den ersten aufmerksamen Minuten eher beiläufig zu und blätterte gleichzeitig in einem Vorgang. Bis er aufgeschreckt wurde. Die Präsidentin hatte etwas gesagt, was ihn hellwach werden ließ.

»Liebe Kollegen, liebe Kolleginnen!«, sagte die Präsidentin. »Man hat lange Zeit bestritten, dass es innerhalb unserer Polizei eine Zusammenrottung von Angehörigen …« – hat die gerade Zusammenrottung gesagt?, dachte Dreier – »… unserer Organisation gibt, die sich in illegalen Chaträumen verabreden und dort Meinungen vertreten, die nicht mit der Arbeit der Polizei in einer demokratisch verfassten Gesellschaft vereinbar sind. Das nehme ich nicht hin. Rechtsradikale und Neonazis werde ich nicht dulden.«

Oha!, dachte Dreier. Die Akte glitt ihm aus der Hand und schlug auf dem Fußboden auf. Er bemerkte es nicht.

»Ich habe lange geglaubt, es handele sich dabei um Gerüchte.«

Du auch!, dachte Dreier.

»Man hat mir aber gleich am ersten Tag nach der Übernahme dieses Amtes Beweise auf den Tisch gelegt.«

Ach du Scheiße, dachte Dreier. Sie haben es getan!

»Ich habe den Regierenden Bürgermeister informiert. Ich habe Schritte gegen diese Gruppierung eingeleitet. Es wird ermittelt. Das Ergebnis wird intern und öffentlich zur Kenntnis gebracht. Sie werden sehr bald Weiteres erfahren …«,

Donnerwetter, dachte Dreier.

»… aber so viel schon jetzt: Alle bekannt gewordenen Teilnehmer an diesen Treffen sind mit sofortiger Wirkung suspendiert. Zunächst vorübergehend. Wenn positive Ermittlungsergebnisse vorliegen: endgültig. Die Betroffenen wurden von mir persönlich informiert.«

Die Präsidentin sprach noch, aber Dreier hörte nicht mehr zu. Er musste an den Kollegen denken, der bis vor Kurzem ihm in seinem Arbeitszimmer gegenübergesessen hatte. Jetzt darf der noch nicht einmal mehr die Dienstfahrräder verwalten, dachte er, jetzt ist er seinen Job komplett los. Dreier spürte kein Mitleid.

Es hielt ihn nicht mehr auf seinem Bürostuhl. Er sprang auf, griff in die Schublade, nahm sein Päckchen Zigaretten und zündete gegen alle Vorschriften eine an. Dann ging er ans Fenster, öffnete es und blies den Rauch in den Berliner Himmel.

***

Ein Obdachloser fand am frühen Morgen den leblosen Körper. Mitten im Tiergarten lag ein Mann auf dem Bauch, Gesicht nach unten und halb versteckt im Gebüsch, in der Nähe eines öffentlichen Toilettenhäuschens. Es sah so aus, als habe er die ganze Nacht da gelegen.

Der Obdachlose sprach einen Jogger an. Der hatte sein Mobiltelefon dabei. Zehn Minuten später war die Polizei vor Ort, ihr Wagen war mit Blaulicht durch den Park gefahren, schnell, ohne Sirene.

Als der Streifenbeamte, Polizeihauptmeister Johann Knapp, vorsichtig den Puls fühlen wollte, fand er keinen. Er drehte den auf dem Bauch liegenden Mann langsam um. Er sah das Einschussloch in der Stirn und machte mit der Hand eine Bewegung in Richtung der wartenden Kollegin. Dann richtete er sich auf, ging zum Streifenwagen und rief die Mordkommission. Die beiden Polizisten sperrten gemeinsam den Tatort ab und warteten.

In der Lagebesprechung berichtete ein Beamter über den Fall. Das Gewaltopfer sei ein etwa sechzig Jahre alter Mann. Er sei durch einen Schuss aus einer Waffe mit Schalldämpfer aus der Nähe getötet worden. Keine Spuren eines Kampfes, als habe das Opfer den Täter gekannt und von ihm nichts befürchtet. Tatzeitpunkt am Vortag zwischen zweiundzwanzig und vierundzwanzig Uhr. Niemand habe den Schuss gehört, was angesichts des Schalldämpfers verständlich sei. Jemand hatte zur fraglichen Zeit einen Radfahrer gesehen, der in hohem Tempo ohne Licht durch den Park gefahren war. Der Fundort war nur wenige Meter neben einem breiten Rad- und Spazierweg, in der Nähe einer öffentlichen Toilette, es gebe eine Fülle von nicht zuzuordnenden Fuß- und Fahrradspuren. Nichts, was man hätte verwenden können.

Eine Besonderheit: Der Mann war nicht auf Anhieb zu identifizieren. Er hatte entweder nichts bei sich gehabt (was unwahrscheinlich war). Oder man hatte ihm alles, was zu seiner Identifizierung hätte dienen können, nach der Hinrichtung (so drückte sich der Beamte aus) abgenommen. Es gab keine Schlüssel, kein Portemonnaie, keine Papiere, keine Armbanduhr und kein Mobiltelefon. Die Kleidung trug Etiketten, aber es handelte sich um Allerweltsware aus Billigläden.

Das war ungewöhnlich. Der oder die Täter wollten offensichtlich die Identifikation des Opfers erschweren. Der zuständige Abteilungsleiter ordnete an, dass die Presse darüber informiert werden solle und dass man ein unverfängliches Foto des Opfers – also ohne die Schusswunde – verteilen solle, verbunden mit der Frage an die Öffentlichkeit, wem dieser Mann bekannt sei. So geschah es.

***

Eeva-Elina und Pfister saßen zusammen in ihrem Büro in der Botschaft. Eeva-Elina hatte dem Pförtner am Eingang gesagt, dass ein deutscher bildender Künstler, der Skulpturen aus Holz produziere, bei ihr um einen Gesprächstermin nachgesucht habe. Da er ausschließlich Holz aus finnischen Wäldern verarbeite, sei er ein nicht unwichtiger Gesprächspartner. So war Pfister an dem Empfang der finnischen Botschaft ohne Weiteres durchgewinkt worden, und als man ihm den Weg in ihr Büro erklären wollte, hatte er gesagt: »Kenne ich!«, was eine vorübergehende Irritation ausgelöst, aber letztlich seinen Zugang nicht behindert hatte.

Jetzt saßen sie da und diskutierten. Es ging um ihre Zukunft, eine gemeinsame Zukunft, sie hatten sich füreinander entschieden und wollten künftig zusammenleben. Eeva-Elina und Pfister waren ein Paar, aber ohne Aussicht auf eine gemeinsame Wohnung. Ihre war zu klein, und er hatte ein Zimmer in einer WG. Seit sie die Häuser in der Birkenstraße gesehen hatten, ging beiden diese Adresse nicht mehr aus dem Sinn. Da war doch eine Wohnung frei! Diese Musterwohnung! Ob man da rankommen konnte?

Pfister hatte eine Idee. Er war Schreiner in einem genossenschaftlich organisierten Betrieb. Die Wohnung in der Birkenstraße gehörte jetzt der Wohnbaugenossenschaft. Genossenschaft und Genossenschaft! Das war doch eine ideelle Verbindung. Mit der man argumentieren konnte, oder etwa nicht?

Eeva-Elina empfand das als etwas weit hergeholt, aber warum nicht? »Schreib doch eine Mail!«, schlug sie vor. Doch Pfister konnte zwar handwerklich vorbildliche Nut-Feder-Verbindungen herstellen, aber das Schreiben war nicht sein Ding, und einen Computer empfand er als Bedrohung.

»Ich gehe da einfach hin«, sagte er. Und beschloss, die Geschäftsstelle der Wohnbaugenossenschaft persönlich aufzusuchen.

Da Eeva-Elina Zweifel hatte, ob sein Solo-Auftritt dort erfolgreich sein könnte, sagte sie spontan: »Ich komme mit!«

Am nächsten Tag zogen sie los.

***

Giuseppa hatte ihn lange genug beobachtet. Der junge Mann aus Syrien, den ihr Bruder ihr empfohlen hatte und der in ihrem Restaurant Parma 3 als Aushilfe beschäftigt wurde, machte sich gut. Sogar sehr gut. Er bot sich immer wieder für Aufgaben an, die über Aushilfsarbeiten hinausgingen. Der will was leisten und hat außerdem Talent für das Kochen, dachte Giuseppa.

»Kommen Sie nachher zu mir«, sagte sie zu ihm.

Als er vor ihr saß und unsicher guckte, sagte sie: »Sie machen einen guten Job.«

Er lächelte.

»Ich habe Sie beobachtet und habe etwas beschlossen. Ich gebe Ihnen ab sofort einen Ausbildungsplatz. Die Ausbildungsvergütung ist nicht hoch, weniger als Ihr Lohn als Aushilfe, und die Arbeit ist hart, aber wenn Sie durchhalten, erhöht sie sich jährlich. Den Vertrag erhalten Sie am Montag, und wenn Sie wollen, unterschreiben Sie.«

Er weinte.

***

Van de Loo saß beim Frühstück in der Küche, trank Kaffee und raschelte mit der Morgenzeitung. Als er zum Lokalteil für Berlin kam, blickte ihn Park aus der Zeitung heraus an, etwas unscharf, leicht retuschiert, dennoch unverkennbar. »Das ist Park!«, rief er laut in seine menschenleere Küche. Er las den zugehörigen Artikel und sagte: »Das ist ja 'n Ding!« Der Aufforderung, sich bei der Polizei zu melden, gedachte er nicht zu folgen. »Lieber nicht«, sagte er abermals laut vor sich hin. Er griff zum Mobiltelefon, rief Cromm an und sagte: »Könntest du dafür sorgen, dass wir noch heute Abend zusammenkommen? Es ist eilig.«

***

Manche kamen auf den letzten Drücker, zum Beispiel Feli, sie war spät im Büro losgekommen und hatte – da sie etwas gegen den öffentlichen Nahverkehr hatte und aufs Autofahren bestand – viel Zeit im Berufsverkehr verloren. Auch Eschweiler, der Servicetermine für Bankautomaten im Ortsteil Buch absolvieren musste und eine weite Anreise gehabt hatte, war spät dran. Aber dann waren sie alle da.

Van de Loo hielt die Zeitung hoch und zeigte die Seite mit dem Foto von Park in die Runde. Nicht alle konnten mit dem Bild etwas verbinden, Cromm schon. »Das ist der Chef von Thirtynine, dem Vorbesitzer der Häuser in der Birkenstraße«, sagte er. »Erschossen im Tiergarten. Man muss es so sagen: Er wurde exekutiert.«

Minutenlang war es laut im Büro. Alle redeten, außer van de Loo. Als Ruhe einkehrte, sagte er: »Wir wissen nicht, was passiert ist, und die Polizei …«

»… weiß es auch nicht«, unterbrach Cromm, der kurz zuvor mit Dreier telefoniert hatte. »Die haben ihn erst vor ein paar Stunden identifizieren können, dank des Hinweises eines Autoverkäufers.«

»Gibt es Vermutungen?«

Van de Loo blickte Cromm an, als überließe er es ihm weiterzumachen.

Cromm sagte: »Es sieht aus wie eine Hinrichtung. Im LKA vermuten sie, dass ausländische Drahtzieher dahinterstecken.«

»Schon wieder!«, rief Eschweiler.

»Ja«, sagte Cromm, »schon wieder. Und wieder im Tiergarten.«

***

Tabak ging durch den Laden und schaute abwechselnd nach rechts und nach links. Es war der dritte Tag nach der Wiedereröffnung, und er konnte noch gar nicht fassen, wie es hier aussah. Zwei volle Wochen war der Markt geschlossen gewesen, während Handwerker unter Hochdruck und zum Teil mehr als zwölf Stunden täglich arbeiteten. Es ging um die Einrichtung von Bedientheken für Backwaren, Käse und Fleisch, das Anschließen von Kühltheken und Gefrierschränken, ein neues Lichtkonzept (»hell und doch warm«). Schließlich kamen Elektriker und montierten außen das neue große Schild: Edeka Center Neukölln. Dann wurde geöffnet, und die Kunden kamen in solchen Massen, als bekämen sie etwas geschenkt.

Vorbei war es mit dem Supermarkt Istanbul. Es ging um einen größeren Kundenkreis, um mehr Umsätze, um ein neues Sortiment. Geschäftsführung: Vural Tabak.

Ja, dachte er, jetzt bin ich Angestellter in dem Laden, der meinem Vater gehörte. Aber es hatte nur noch die Alternative gegeben, das Geschäft zu liquidieren. Danach hätte er sich anderswo Arbeit suchen müssen. Dann lieber so, dachte er. Ich bin hier der Chef, wenn auch nicht mehr der Eigentümer. Dafür hatte er kürzere Arbeitszeiten als bisher.

Er stand draußen vor der Tür dieses strahlenden, vollen, brummenden Supermarkts und trank einen Tee aus dem Pappbecher. »Chef, wir brauchen Sie! Sie müssen bedienen! Es gibt einfach zu viele Kunden!«, rief seine Vertreterin. »Ich komme!«, rief er zurück und trank den Tee aus. Tabak war mit sich im Reinen.

»Na, Alter?«, sagte eine Stimme. »So okay?«

Tabak sagte: »So okay!« und ging hinein.

***

Kapp fuhr nach Hause. Der Opel lief so schwerelos, als ob ihn die rheinhessische Heimat anlockte. In Wahrheit war das Auto einfach leichter. Der Laderaum war bis auf die Reisetasche von Kapp völlig leer.

Beim Straßenfest in der Birkenstraße hatte Kapp etwa hundert Fläschchen verschenkt. Er war ins Gespräch gekommen mit Tabak, der auf einer Bierbank saß und sich ein Muster der LiebGrauenmilch näher angeschaut hatte. »Was ist das denn?«, hatte Tabak laut gedacht. Von gegenüber war die Antwort gekommen: »Das kann ich erklären!« Am Ende hatten sie sich gut verstanden, der Berliner Lebensmittelhändler und der Saulheimer Tüftler.

»Ich habe noch ein paar Fläschchen übrig«, hatte Kapp gesagt und Tabak hoffnungsvoll angeblickt.

»Wissen Sie was?«, hatte der gesagt. »Das ist so ein verrücktes Zeug, das kann, wenn überhaupt, nur in Berlin funktionieren.«

»Sag ich doch!«, rief Kapp, der das Wort »verrückt« überhört hatte.

»Bringen Sie mir alles in die Karl-Marx-Straße«, sagte Tabak. »Mal sehn, ob das jemand kauft.«

Kapp war begeistert und vergaß, die professionellen Fragen nach Einkaufspreis und Verkaufspreis zu stellen.

»Wenn sich Kunden finden, wird es sich für Sie lohnen. Wenn nicht, räume ich das Zeug ins Lager«, versprach Tabak. »Bis Sie es abholen.«

Kapp war sich sicher, dass sich für seine Fläschchen Käufer finden würden, die dann in ihrer Begeisterung irgendwann auch Nachschub verlangen würden. Als er nach Hause fuhr, war er fest entschlossen, die Produktion hochzufahren. Der Müller würde gucken. Und seine Frau auch.

***

»Wir können es gar nicht fassen«, sagte Frau Szymanski und hielt die Hände von van de Loo. Der wollte sich lösen, schaffte es aber nicht und ergab sich in sein Schicksal. Szymanskis waren in das Büro in der

Wollankstraße gekommen, begleitet von drei weiteren älteren Gestalten, zwei Rentnerinnen und einem ehemaligen S-Bahn-Fahrer im Alter von neunundachtzig. Schwankende Gestalten alle miteinander, aber rüstig und bewaffnet mit einem Blumenstrauß, einer Schachtel Konfekt und einer Flasche Rotkäppchen.

Die Delegation füllte den kleinen Laden, und ihre Stimmen schwirrten durcheinander. Sie hatten sich angemeldet. Van de Loo hatte seine Truppe um Beistand gebeten: »Bitte! Wer Zeit hat, der möge kommen und mich retten!« So kletterten jetzt Cromm, Feli und Pfister die Treppe hinunter und machten das enge Ladenlokal noch ein bisschen voller.

»Wir können es nicht fassen«, wiederholte Frau Szymanski. Ihr Mann nickte, alle lächelten. Der alte Ex-S-Bahn-Fahrer räusperte sich und sagte: »Die Genossenschaft hat inzwischen alle Fenster einbauen lassen, wunderbare Fenster mit Isolierverglasung!«

»Und so schnell ging das!«, rief Herr Szymanski.

Wieder allgemeines Nicken. Feli lächelte alle rundum an und sagte: »Ja, wie schnell! Ein Wunder! Wo doch in Berlin alles immer etwas länger dauert.«

Cromm und van de Loo musterten sie misstrauisch von der Seite, konnten aber keine Ironie entdecken.

Die Mitbringsel wurden übergeben. Van de Loo hatte inzwischen seine Hände freimachen können. »Wollen wir darauf anstoßen?«, fragte er in der Hoffnung, dass man höflich ablehnen würde. »Oh, ja!« und »Gute Idee!«, scholl es ihm entgegen. Er seufzte leise und blickte Cromm an. Der verstand, drehte sich um, steuerte die Treppe an und begab sich auf Gläsersuche.

***

Frau Krüger betrat kalt lächelnd sein Zimmer und verkündete: »Der Elektriker ist fertig. Im Keller war irgendwas an den Leitungen, deshalb war alles ausgefallen. Jetzt geht's wieder!«

Der Anwalt hörte ihr nicht richtig zu. Er prüfte in Gedanken seine Optionen. Ihm gingen in wechselnder Reihenfolge folgende Alternativen durch den Kopf: Zeugenaussage. Auswandern. Aus dem Fenster springen. Er konnte sich nicht entscheiden und blickte hoch: »Was haben Sie gesagt?«

Frau Krüger streckte ihm einen Umschlag hin: »… und ich hätte da meine Kündigung. Hier!«

Die hat's gut, dachte er. Und das dachte er zum ersten Mal, seit sie für ihn arbeitete.

***

Pfister räusperte sich und holte tief Luft. Er wollte etwas länger reden. Das war er nicht gewohnt. Zu Hause hatte er seinen Text geübt, ihn Eeva-Elina vorgetragen, sie hatte einige Veränderungen vorgeschlagen, jetzt saß er hier vor den Mitgliedern der Gesellschaft und hob an:

»Also. Ich habe drei Sachen.«

Was hat der denn vor?, dachte Eschweiler, vielleicht hätte ich vorher eine rauchen sollen?

»Erstens. Ich habe mich entschlossen, mit meiner Bekannten, nein, Freundin, also mit Eeva-Elina, die ich nun seit mehr als einem Jahr kenne, zusammenzuziehen. Wir wollen gemeinsam wohnen, nicht getrennt.«

Das ist ein Ding, staunte Cromm. Dieser alte und scheinbar ewige Junggeselle!

»Zweitens: Wir haben uns bei der Wohnbaugenossenschaft um die bereits fertiggestellte Musterwohnung in der Birkenstraße beworben. Als Mieter. Wir haben die überzeugt, und sie haben uns genommen. Die Wohnung ist ja praktisch bezugsfertig, und wir werden in vier Wochen einziehen.«

»Hoffentlich ist der Balkon schon dran«, rief Feli. Pfister verstand nicht und er wollte sich auch nicht unterbrechen lassen.

»Drittens habe ich mit Eeva-Elina meine Mitarbeit hier bei euch diskutiert. Sie ist der Meinung, dass das zu viel von unserer gemeinsamen Freizeit kostet.«

Und du? Was meinst du?, dachte van de Loo grimmig.

»Ich denke, sie hat recht«, sagte Pfister. »Deswegen danke ich euch, dass ich mitmachen durfte. Insbesondere danke ich dir, Eschweiler, weil ich so gut mit dir zusammengearbeitet habe.«

Eschweiler schluckte und griff hilfesuchend nach der f6-Packung.

»Ihr versteht mich hoffentlich«, sagte Pfister. »Ich bin dann weg.«

***

Ja, das war noch der große Schreibtisch, den er in der Breiten Straße in seiner großen Kanzlei gehabt hatte. Nur stand der Tisch jetzt in einem kleinen Hinterzimmer. Dr. Gress strich über die durch den Umzug ein wenig zerkratzte Platte. Die werde ich aufpolieren müssen, dachte er. Aber sonst? Ist doch gar nicht so schlecht!

In der Wriezener Straße, nicht weit von der Wollankstraße entfernt, hatte eine alte Raucherkneipe schließen müssen. Noch hing die Schultheiss-Reklame über der Tür, aber innen war alles frisch tapeziert und gestrichen. Hier würde er sein neues Büro eröffnen. Nicht nur andere Räume, sondern eine in jeder Hinsicht andere Kanzlei. Direkter Eingang von der Straße, ein Empfang, wo früher die Theke gestanden hatte, dahinter sein kleines Büro. Sogar getrennte Toiletten. Alles etwas bescheidener als bisher, aber warum denn nicht?

Zum Glück hatte er nicht seine Anwaltslizenz verloren. Hätte passieren können. Aber er konnte weitermachen. Und das tat er.

Das neue Schild war bereits bestellt. »Dr. Michael Gress – Fachanwalt für Mietrecht – Geöffnet Montag bis Freitag, 8–18 Uhr« stand da. Bei diesem Thema kannte er sich gut aus, es müsste doch gerade in dieser Ecke von Gesundbrunnen genügend Mandanten geben, dachte der Anwalt. Schließlich bedurften hier in diesem Ortsteil mit den vielen renovierungsbedürftigen Häusern jede Menge Mieter seiner Unterstützung. Ich habe wieder eine Zukunft, dachte Dr. Michael Gress.

***

Van de Loo saß in seinem Wohnarbeitszimmer im Sessel. Auf dem Beistelltisch der Nachmittagstee, ein Darjeeling, dazu Hörnchen und englische Orangenmarmelade. Alles sehr stilvoll. Er schlug seine Zeitung auf und studierte unter den Immobilienanzeigen Angebote aus dem brandenburgischen Umland. Ein Haus in Berlin zu kaufen hatte er sich aus dem Kopf geschlagen. Aber warum nicht in einem der wachsenden Orte gleich hinter der Stadtgrenze? Man nennt das doch den Speckgürtel von Berlin, dachte van de Loo, so ein Stückchen vom Speck hätte ich gerne. Aber heute fand er auch dort nichts. Na gut, dachte er, dann eben beim nächsten Mal, und er faltete die Zeitung zusammen.

Leicht gelangweilt betrachtete er die Titelseite, ein Foto sprang ihn an. Der nordkoreanische Diktator, auf Tour durch seine kalte Hauptstadt, grüßte wichtig und gewichtig aus dem Fond einer dunklen glänzenden Limousine. Das Volk durfte draußen stehen und jubeln. Donnerwetter, dachte van de Loo, der sich mit Autos auskannte. Dieser Kerl fährt die allerneueste Mercedes S-Klasse. Für Nordkorea gab es doch ein Embargo, das scharf überwacht wurde! Wie hat der das bloß geschafft?

zurück in die richtige Spur

Kriminalroman

Mafiöse Schutzgelderpressungen, die in Brandanschlägen gipfeln, versetzen die Berliner in Angst und Schrecken. Ein harter Fall für die Gesellschaft für unkonventionelle Maßnahmen – die diesen auf bewährte Weise löst: unblutig, aber nachhaltig.

»Der zweite Krimi von Opoczynski, der seine Spannung aus den fantastischen Ideen und Methoden der Protagonisten bezieht.«
Buchkultur

MICHAEL OPOCZYNSKI
GEISTERFAHRER

224 Seiten · Hardcover mit Schutzumschlag
14,5 × 21,0 cm · ISBN: 978-3-7109-0065-5
€ 20,00 / CHF 28.90 (UVP)

WENN DEMOKRATIE ZU SCHEITERN DROHT

Der Abschuss einer Militärmaschine führt zum Eklat zwischen den EU-Bündnispartnern. Eine perfekte Gelegenheit für die innenpolitischen Gegner des deutschen Kanzlers, den ungeliebten Politiker loszuwerden. Während die Außenministerin mit einem NATO-Geheimdienst paktiert, spannt der Verteidigungsminister die Presse für seine Zwecke ein. Doch was beide nicht ahnen: Der Chef der Bundeswehr hat längst alle Fäden für einen Staatsstreich in der Hand, um die Schaltzentralen der Macht an sich zu reißen.

JOHANN PALINKAS
COUP

400 Seiten · Hardcover mit Farbschnitt
14,5 × 21,0 cm · ISBN: 978-3-7109-0120-1
€ 22,00 / CHF 30.90 (UVP)

GEFANGEN IN DER WEISSEN HÖLLE

Spitzbergen im Arktischen Ozean: entmilitarisierte Zone, Bergbau, mehr Eisbären als Einwohner. Für Abenteurer ein Paradies aus Eis, Schnee und weißer Weite – und die Hölle auf Erden, wenn man ihr schutzlos ausgeliefert ist.

Ein rasanter Thriller um den Ausbau der politischen Macht in Nordeuropa – und ein actionreicher Höllenritt durch die eisige Wildnis Spitzbergens.

ODD HARALD HAUGE
GEJAGT IM EIS

352 Seiten · Klappenbroschur
13,5 × 20,5 cm · ISBN: 978-3-7109-0112-6
€ 16,00 / CHF 22.90 (UVP)